COMO SER ANTIRRACISTA

COMO
SER
ANTIRRACISTA

COMO SER ANTIRRACISTA

IBRAM X. KENDI

ALTA CULT
EDITORA
Rio de Janeiro, 2020

Como ser antirracista
Copyright © 2020 da Starlin Alta Editora e Consultoria Eireli. ISBN: 978-85-508-1455-1

Translated from original How To Be an Antiracist. Copyright © 2019 by Ibram X. Kendi. ISBN 9780525509288. This translation is published and sold by permission of Penguin Random House LLC an imprint of Random House. Press the owner of all rights to publish and sell the same. PORTUGUESE language edition published by Starlin Alta Editora e Consultoria Eireli, Copyright © 2020 by Starlin Alta Editora e Consultoria Eireli.

Todos os direitos estão reservados e protegidos por Lei. Nenhuma parte deste livro, sem autorização prévia por escrito da editora, poderá ser reproduzida ou transmitida. A violação dos Direitos Autorais é crime estabelecido na Lei nº 9.610/98 e com punição de acordo com o artigo 184 do Código Penal.

A editora não se responsabiliza pelo conteúdo da obra, formulada exclusivamente pelo(s) autor(es).

Marcas Registradas: Todos os termos mencionados e reconhecidos como Marca Registrada e/ou Comercial são de responsabilidade de seus proprietários. A editora informa não estar associada a nenhum produto e/ou fornecedor apresentado no livro.

Impresso no Brasil — 1ª Edição, 2020 — Edição revisada conforme o Acordo Ortográfico da Língua Portuguesa de 2009.

Publique seu livro com a Alta Books. Para mais informações envie um e-mail para autoria@altabooks.com.br

Obra disponível para venda corporativa e/ou personalizada. Para mais informações, fale com projetos@altabooks.com.br

Produção Editorial	Produtor Editorial	Marketing Editorial	Vendas Atacado e Varejo	Ouvidoria
Editora Alta Books	Juliana de Oliveira	Livia Carvalho marketing@altabooks.com.br	Daniele Fonseca Viviane Paiva comercial@altabooks.com.br	ouvidoria@altabooks.com.br
Gerência Editorial Anderson Vieira		**Editor de Aquisição** José Rugeri j.rugeri@altabooks.com.br		

Equipe Editorial	Adriano Barros Ana Carla Fernandes Ian Verçosa Illysabelle Trajano	Keyciane Botelho Larissa Lima Laryssa Gomes Leandro Lacerda	Maria de Lourdes Borges Paulo Gomes Raquel Porto Rodrigo Dutra	Thales Silva Thauan Gomes Thiê Alves

Tradução	Copidesque	Revisão Gramatical	Revisão Técnica	Diagramação
Edite Siegert	Wendy Campos	Vivian Sbravatti Hellen Suzuki	João Raphael R. dos Santos Mestre em Educação Antirracista pelo PPGE-UFRJ	Luisa Maria Gomes

Erratas e arquivos de apoio: No site da editora relatamos, com a devida correção, qualquer erro encontrado em nossos livros, bem como disponibilizamos arquivos de apoio se aplicáveis à obra em questão.

Acesse o site www.altabooks.com.br e procure pelo título do livro desejado para ter acesso às erratas, aos arquivos de apoio e/ou a outros conteúdos aplicáveis à obra.

Suporte Técnico: A obra é comercializada na forma em que está, sem direito a suporte técnico ou orientação pessoal/exclusiva ao leitor.

A editora não se responsabiliza pela manutenção, atualização e idioma dos sites referidos pelos autores nesta obra.

Dados Internacionais de Catalogação na Publicação (CIP) de acordo com ISBD

K33c   Kendi, Ibram X.
         Como ser antirracista / Ibram X. Kendi ; traduzido por Edite Siegert. - Rio de Janeiro : Alta Books, 2020.
         320 p. ; 16cm x 23cm.

         Inclui índice e bibliografia.
         Tradução de: How to be an antiracist.
         ISBN: 978-85-508-1455-1

         1. Anti-racismo. 2. Justiça racial. 3. Racismo. 4. Aspectos raciais – Estados Unidos. I. Siegert, Edite. II. Título.

2020-275   CDD 305.8
                CDU 323.14

Elaborado por Odilio Hilario Moreira Junior - CRB-8/9949

Rua Viúva Cláudio, 291 — Bairro Industrial do Jacaré
CEP: 20.970-031 — Rio de Janeiro (RJ)
Tels.: (21) 3278-8069 / 3278-8419
www.altabooks.com.br — atendimento@altabooks.com.br
www.facebook.com/altabooks — www.instagram.com/altabooks

à sobrevivência

A sobrevivência

SOBRE O AUTOR

IBRAM X. KENDI é autor de best-sellers do *New York Times* e diretor-fundador do Centro de Políticas e Pesquisas Antirracistas na American University. Professor de história e relações internacionais, Kendi também é palestrante frequente e colunista da revista *The Atlantic*. Ele é autor de *Stamped from the Beginning: The Definitive History of Racist Ideas in America* ["Marcado Desde o Início: A História Definitiva das Ideias Racistas nos Estados Unidos", em tradução livre], que ganhou o Prêmio do Livro Nacional de Não Ficção, e *The Black Campus Movement* ["O Movimento do Campus Negro", em tradução livre], que ganhou o Prêmio do Livro W.E.B. Du Bois. Kendi mora em Washington, D.C.

ibramxkendi.com
Facebook.com/ibramxkendi
Twitter: @dribram
Instagram: @ibramxk

AGRADECIMENTOS

A pergunta que serve de estrutura para este livro me foi feita repetidas vezes. A insistência das pessoas em plateias, conversas privadas, e-mails, telefonemas e na mídia social em saber como ser antirracista me impeliu a escrever este livro. Gostaria, primeiro, de agradecer às pessoas — as muitas pessoas que conheço e as que não conheço — que confiaram em mim para lhes dar uma resposta.

Gostaria de agradecer a Ayesha Pande, minha agente literária e amiga, por me incentivar a escrever o livro quando lhe apresentei a ideia, em 2016. Sou um eterno apreciador de seu apoio, cuidado e confiança indeléveis durante o processo, da ideia ao livro.

Gostaria de agradecer a Chris Jackson, editor de meu livro, por sua sabedoria editorial e visão construtiva. Foi muito difícil conceber e escrever este livro — uma narrativa cronológica pessoal entremeada com uma série de capítulos cujos temas se conectam e progridem em uma sequência que levam, como uma escada, ao antirracismo. E, por isso, agradeço profundamente sua paciência e as ferramentas conceituais perspicazes que ajudaram na construção do livro. E a toda a equipe da One World: obrigado, principalmente a você, Nicole. Também preciso agradecer o trabalho de todo o pessoal fantástico da produção, vendas, marketing e publicidade da Random House, especialmente minha colega da Eagle, Maria. Sei o quanto você é essencial para fazer com que estas páginas cheguem ao grande público, e não sei como lhe agradecer o suficiente.

Eu não teria produzido este livro sem as lembranças de seus personagens, especialmente meu pai, que tem uma memória quase perfeita, e, claro, minha mãe, e Sadiqa, Kaila, Yaba, Clarence e Weckea, outra pessoa com uma memória impecável. Então, o meu obrigado. Eu não teria produzido este livro sem os conhecimentos e informações sobre racismo e antirracismo. E, assim, obrigado a todos os pesquisadores, teóricos e jornalistas especializados no tema.

Eu não teria produzido este livro sem a minha saúde. E, assim, meu obrigado a todos os provedores de saúde que me auxiliaram na luta contra o câncer.

Um grupo enorme de pessoas durante minha vida, conscientemente ou não, com boas intenções ou não, ergueram espelhos que me obrigaram a fazer uma autorreflexão. Preciso agradecer a todas essas pessoas, muitas das quais estão neste livro. Gostaria de expressar minha gratidão a todos os que me ajudaram na jornada pela universidade, de meus professores, como os Drs. Jackson, Asante e Mazama, a meus colegas e mentores nas faculdades e universidades em que trabalhei. Em especial, gostaria de agradecer aos meus colegas da American University por seu apoio incrível. Há muitas pessoas a mencionar, mas não quero esquecer Sylvia, Mary, Teresa, Courtney, Fanta, Cheryl, Nancy, Camille, Peter, Christine, Jim, Jeff, Vicky, Eric, Max, Eric, Edwina, Theresa, Rebecca, Lily, Lisa, Kyle, Derrick, Keith, Kristie, Kelly, Rachel, Elizabeth, Alan, Jonathan, Gautham, Dan e todos meus outros colegas do Departamento de História e da Faculdade de Serviço Internacional. Em particular, gostaria de agradecer aos meus amigos e colegas do Centro de Políticas e Pesquisas Antirracistas, principalmente Christine, Christopher, Rachel, Amanda, Jordanna, Jessica, Derek, Garrett, Malini e Kareem.

Obrigado a todos os meus amigos e parentes, principalmente meu irmão, Akil, e meu cunhado, Macharia. Vocês sabem que este livro não seria possível sem vocês e seu amor. Sabem a quem estou me referindo. Obrigado. Muito amor e respeito.

Finalmente, quero agradecer à minha filha, Imani. Algum dia, você saberá o quanto foi essencial para a vida deste livro. E quero saudar novamente Sadiqa, minha rocha, minha parceira e melhor amiga, que me deu tanta coisa e significou tanto para mim e a humanidade.

SUMÁRIO

MINHA INTRODUÇÃO RACISTA	3
1. DEFINIÇÕES	13
2. DUELO DE CONSCIÊNCIAS	25
3. PODER	37
4. BIOLOGIA	47
5. ETNIA	61
6. CORPO	75
7. CULTURA	89
8. COMPORTAMENTO	101
9. COR	117
10. BRANCO	133
11. NEGRO	149
12. CLASSE	165

xiv • SUMÁRIO

13. ESPAÇO	181
14. GÊNERO	197
15. SEXUALIDADE	209
16. FRACASSO	217
17. SUCESSO	233
18. SOBREVIVÊNCIA	245
Notas	257
Índice	303

COMO SER ANTIRRACISTA

MINHA INTRODUÇÃO RACISTA

EU DETESTAVA TERNOS E GRAVATAS. Durante 17 anos, estive cercado pelo pessoal da igreja, de terno, gravata e chapéu. Meu guarda-roupa de adolescente era um grito de rebeldia do filho de um pastor.

Era 17 de janeiro de 2000. Mais de 3 mil negros — e uma pequena quantidade de brancos — chegaram, naquela segunda-feira de manhã, em seus melhores trajes dominicais à Hylton Memorial Chapel, na Virgínia do Norte. Meus pais estavam em estado de choque. De algum modo, seu desajeitado filho tinha conseguido chegar à última etapa do concurso de oratória Martin Luther King Jr., do condado de Prince William.

Eu não apareci com um colarinho branco debaixo de um terno escuro e gravata escura combinando, como a maioria dos competidores. Vestia um exuberante blazer marrom-dourado com uma estilosa camisa preta e uma gravata com listras coloridas. A bainha de minha calça baggy preta embolada em volta de minhas botas creme. Eu já tinha sido reprovado no teste de respeitabilidade antes de abrir a boca; mesmo assim, meus pais, Carol e Larry, eram só sorrisos. Eles não se lembravam da última vez que tinham me visto usar um blazer e uma gravata, por mais extravagantes que fossem.

Contudo, não eram só minhas roupas que não combinavam com o cenário. Meus concorrentes eram prodígios acadêmicos. Eu não. Minha média geral era inferior a 3,0; a minha pontuação do teste de aptidão escolar mal chegava a 1.000. As faculdades estavam recrutando meus concorrentes. Eu me sentia nas nuvens pela surpresa de ter recebido cartas de admissão das duas faculdades nas quais me inscrevi sem muita convicção.

Algumas semanas antes, eu estava na quadra de basquete da escola com meu time, fazendo aquecimento para um jogo, treinando arremessos com a bola ao redor do garrafão. Meu pai, com todo o seu 1,90m e 90 quilos, surgiu na entrada do ginásio. Lentamente, ele caminhou pela quadra, agitando os braços para chamar minha atenção — e me constrangendo diante do que podíamos chamar de "juiz branco". Típico de meu pai. Ele não dava a mínima para o que os intolerantes brancos pensavam dele. Raramente, ou nunca, colocava uma máscara de felicidade, fingia uma voz mais calma, ocultava uma opinião ou evitava fazer uma cena. Eu amava e detestava meu pai por viver de acordo com suas regras em um mundo que geralmente renega aos negros o direito de serem eles mesmos. Era o tipo de desafio que poderia ter causado seu linchamento por uma turba, em um tempo e lugar diferentes — ou seu linchamento por homens com distintivos, nos dias de hoje.

Corri até ele antes que percorresse todo o trajeto até o garrafão agitando os braços. Estranhamente alvoroçado, ele me entregou um envelope de papel pardo.

"Isso chegou para você hoje."

Com um sinal, ele pediu que eu abrisse o envelope, bem ali no meio da quadra sob os olhares dos alunos e professores brancos.

Abri a carta e a li: eu tinha sido admitido na Hampton University, na Virgínia do Sul. O choque que senti imediatamente explodiu na forma de uma felicidade inexplicável. Abracei meu pai e suspirei. Lágrimas se misturaram ao suor provocado pelo treino de aquecimento em meu rosto. Os olhares brancos e críticos à nossa volta se apagaram.

Eu achava que era estúpido e burro demais para frequentar a faculdade. Claro, a inteligência é tão subjetiva quanto a beleza. Mas eu continuava a usar padrões "objetivos", como pontuação em testes e boletins escolares para me julgar. Não foi surpresa eu enviar inscrições apenas para duas universidades: uma para Hampton e outra para a instituição que acabei por frequentar, Florida A&M University. Menos inscrições significavam menos rejeições — e eu realmente esperava que essas duas universidades historicamente negras me rejeitassem. Por que uma universidade aceitaria um idiota que não entendia Shakespeare em seu campus? Nunca me ocorreu que talvez não estivesse realmente tentando entender Shakespeare e que esse fosse o motivo pelo qual abandonei a aula de Literatura Inglesa II no último ano. Por outro lado, eu não lia muito naquela época.

Talvez, se eu tivesse lido história, teria aprendido sobre o significado histórico da nova cidade para a qual minha família se mudou ao sair de Nova York, em 1997. Teria aprendido sobre todos aqueles memoriais da Confederação que me cercavam em Manassas, Virgínia, como os dos mortos do exército de Robert E. Lee. Poderia ter aprendido por que tantos turistas visitam o Parque Nacional do Campo de Batalhas de Manassas a fim de reviver a glória das vitórias dos confederados nas Batalhas de Bull Run durante a Guerra Civil. Foi lá que o General Thomas J. Jackson adquiriu o apelido, "Stonewall" [Muro de Pedra], por sua obstinada defesa da Confederação. Os habitantes da Virgínia do Norte mantiveram o muro de pedra intacto após todos esses anos. Alguém notou a ironia de que, nesse concurso de oratória Martin Luther King Jr., minha vida negra livre representava a Escola Secundária Stonewall Jackson?

OS ORGANIZADORES DO AGRADÁVEL evento da irmandade Delta Sigma Theta, os orgulhosos dignatários e os competidores ocupavam a tribuna. (O grupo era grande demais para dizer que estávamos todos no púlpito.) O público sentava-se em filas que circundavam o púlpito longo e curvo, dando espaço para os oradores andarem até as extremidades da capela enquanto proferiam seus discursos; cinco degraus também nos permitiam descer até o público, se quiséssemos.

Os alunos do ensino fundamental proferiram discursos surpreendentemente adultos. O emocionante coral infantil tinha cantado atrás de nós. O público voltou a sentar-se e ficou em silêncio, aguardando os três oradores do ensino médio.

Fui o primeiro, finalmente me aproximando do clímax de uma experiência que já tinha mudado a minha vida. De vencer a competição da escola meses antes a ganhar como "melhor, segundo os juízes" em uma competição em todo o condado semanas atrás — fui dominado por uma forte confiança acadêmica. Se saí dessa experiência cheio de confiança para a faculdade, era porque vinha de um período de extrema insegurança no ensino médio. Até hoje eu me pergunto se foi meu baixo senso de identidade que gerou um baixo senso de identidade em relação ao meu povo. Ou foi meu baixo senso de identidade em relação ao meu povo que despertou um baixo senso de identidade em mim? Como a famosa pergunta sobre o ovo e a galinha, a resposta é menos importante do que o ciclo que descreve. Ideias racistas fazem pessoas não brancas não se respeitarem, o que as torna mais vulneráveis a ideias racistas. Ideias racistas fazem os brancos terem uma boa opinião de si mesmos, o que os atrai ainda mais para ideias racistas.

Eu me considerava um aluno medíocre e fui bombardeado por mensagens — de negros, de brancos, da mídia — que me diziam que o motivo estava enraizado em minha raça… o que me deixou mais desestimulado e menos motivado a estudar… o que só reforçou ainda mais a ideia racista de que os negros simplesmente não eram muito estudiosos… o que me fez sentir ainda mais desespero ou indiferença… e assim por diante. Em nenhum ponto esse ciclo foi interrompido por uma análise mais profunda de minhas próprias circunstâncias ou deficiências específicas ou um olhar crítico sobre as ideias da sociedade que me julgavam — em vez disso, o ciclo solidificou as ideias racistas dentro de mim até eu estar preparado para pregá-las aos outros.

EU ME LEMBRO DO CONCURSO MLK com muito carinho, mas, quando recordo o discurso racista que fiz, enrubesço, envergonhado.

"Qual seria a mensagem do Dr. King para o milênio? Vamos imaginar um zangado Dr. King de 71 anos..." E eu comecei com minha remixagem do discurso de King, "Eu Tenho um Sonho".

Foi jubilosa, comecei, a nossa emancipação da escravatura. Mas "hoje, 135 anos depois, o negro ainda não está livre". Eu já estava trovejando, o tom zangado, mais Malcolm do que Martin. "As mentes de nossos jovens ainda estão aprisionadas!"

Eu não disse que as mentes de nossos jovens estão aprisionadas por ideias racistas, como eu diria hoje.

"Eles acham que está tudo bem serem os mais temidos de nossa sociedade!" disse eu, como se tivessem culpa por serem tão temidos.

"Eles acham que está tudo bem não pensar!" acusei, abordando a clássica ideia racista de que os jovens negros não valorizam a educação tanto quanto seus colegas não negros. Ninguém pareceu se importar com o fato de que essa conhecida ideia foi transmitida por histórias, mas nunca se baseou em provas. Mesmo assim, a multidão me encorajou com seus aplausos. Continuei a disparar ideias racistas comprovadas e não comprovadas sobre tudo de errado que havia com os jovens negros — ironicamente, no dia em que tudo que havia de certo sobre os jovens negros estava bem diante de todos.

Comecei a andar impetuosamente para frente e para trás pelo palco, ganhando força.

"Eles acham que a gravidez é um excelente plano de vida!" Aplausos. "Acham que está tudo bem limitar seus sonhos aos esportes e à música!" Aplausos.

Será que tinha esquecido que eu — não os "jovens negros" — limitara meus sonhos aos esportes? E eu estava chamando os jovens negros de "eles"? Quem eu pensava que era? Aparentemente, estar naquele palco ilustre me tirou do campo do ordinário — e, portanto, inferior — dos jovens negros e me colocou no campo do incomum e extraordinário.

Em meus esforços de oratória entremeados de aplausos entusiasmados, não me dei conta de que dizer que algo está errado em um grupo racial é dizer que algo nesse grupo racial é inferior. Não me dei conta de que dizer que um grupo racial é inferior é expressar uma ideia racista. Achei que estava servindo ao meu povo quando, na verdade, estava propagando ideias racistas sobre meu povo para o meu povo. O juiz negro parecia estar aceitando tudo e dando tapinhas nas minhas costas pedindo mais. E eu dei mais.

"Suas mentes estão sendo mantidas prisioneiras, e as mentes de nossos adultos estão logo atrás delas," disse eu, gesticulando para o chão. "Porque, de algum modo, eles acham que a revolução cultural que começou no dia do nascimento do sonho no famoso discurso acabou.

"Como pode ter acabado quando, muitas vezes, não somos bem-sucedidos porque nos falta coragem e perseverança?" Aplausos.

"Como pode ter acabado, se nossos filhos deixam suas casas sem saber que rumo tomar na vida, sabendo apenas que rumo não tomar na vida?" Aplausos.

"Como pode ter acabado, se tudo isso está acontecendo em nossa comunidade?" perguntei, baixando a voz. "Então, eu lhes digo, meus amigos, que mesmo que talvez essa revolução cultural nunca termine, eu ainda tenho um sonho..."

AINDA TENHO UM PESADELO — a recordação desse discurso sempre que reúno coragem para relembrá-lo se renova. É difícil acreditar que terminei o ensino médio em 2000 promovendo tantas ideias racistas. Uma cultura racista me entregou a munição para atirar no povo negro, atirar em mim mesmo, e eu a aceitei e usei. O racismo internalizado é o verdadeiro crime de negros contra negros.

Fui um crédulo e ingênuo que viu as lutas contínuas do povo negro no Dia de MLK de 2000 e decidiu que os próprios negros eram o problema. Esta é a função consistente das ideias racistas — e de qualquer tipo de intolerância mais ampla: manipular-nos para ver as pessoas como o problema, e não as políticas que as ludibriam.

A linguagem usada pelo 45º presidente dos Estados Unidos oferece um exemplo claro de como esse tipo de linguagem e pensamento racista funciona. Muito antes de se tornar presidente, Donald Trump gostava de dizer: "A preguiça é uma característica dos negros." Quando ele decidiu candidatar-se à presidência, seu plano para tornar a América grande outra vez foi difamar imigrantes latinos como uma maioria de criminosos e estupradores, e exigir bilhões para um muro na fronteira para impedir sua entrada. Ele prometeu "impedir total e completamente a entrada de muçulmanos nos Estados Unidos". Quando se tornou presidente, chamou sistematicamente seus críticos negros de "estúpidos". Declarou que "todos os imigrantes do Haiti têm AIDS", enquanto enaltecia supremacistas brancos como "pessoas ótimas", no verão de 2017.

O tempo todo, sempre que alguém ressaltava o óbvio, Trump respondia com variações do conhecido refrão: "Não, não. Eu não sou racista. Sou a pessoa menos racista que você já entrevistou", que "você já conheceu", que "já viu". O comportamento de Trump pode ser incomum, mas suas negativas são normais. Quando políticas racistas repercutem, também são seguidas por negações de que são racistas.

A negação é o batimento cardíaco do racismo, pulsando em ideologias, raças e nações. Ela bate dentro de nós. Muitos de nós que rebatemos firmemente as ideias racistas de Trump negamos as nossas próprias com firmeza. Quantas vezes assumimos automaticamente uma postura defensiva quando alguém chama de racista algo que fizemos ou dissemos? Quantos de nós concordaríamos com essa declaração: "Racista não é uma palavra descritiva. É uma palavra pejorativa. É o mesmo que dizer: 'Eu não gosto de você.'" Essas são, na verdade, as palavras do supremacista branco Richard Spencer, que, como Trump, se identifica como "não racista". Quantos de nós que desprezam os Trumps e supremacistas brancos do mundo partilham essa autodefinição de "não racista"?

Qual é o problema em ser "não racista"? É uma declaração que mostra neutralidade: "Não sou racista, mas também não sou agressivamente contra o racismo." Todavia, não existe neutralidade na luta contra o racismo. O contrário de "racista" não é "não racista". É "antirracista". Qual é a diferença? As pessoas podem ser racistas, endossando uma ideia de hierarquia racial, ou antirracistas, defendendo a igualdade racial. Podem defender que os problemas nascem nos grupos de pessoas, uma ideia racista, ou identificar as raízes dos problemas no poder e nas políticas, uma ideia antirracista. Uma pessoa pode permitir que as desigualdades raciais persistam, uma atitude racista, ou confrontar as desigualdades raciais, uma atitude antirracista. Não há uma posição intermediária segura de "não racista". A alegação de uma neutralidade "não racista" é uma máscara para o racismo. Isso pode parecer radical, mas é importante que apliquemos um dos princípios essenciais do antirracismo desde o início, que é devolver o uso adequado ao termo "racista". "Racista" não é — como argumenta Richard Spencer — um termo pejorativo. Não é o pior termo no idioma inglês; não é o equivalente a um insulto. Ele é descritivo, e o único modo de desfazer o racismo é identificá-lo e descrevê-lo consistentemente e, então, derrubá-lo. A tentativa de transformar esse termo descritivo em um insulto quase inutilizável é, claro, destinado a fazer o oposto: paralisar nossas ações.

• • •

A IDEIA COMUM DE ALEGAR "cegueira para a cor de pele" é semelhante à noção de ser "não racista" — assim como o "não racista", o indivíduo que se diz incapaz de ver a cor da pele, deliberadamente ignorando raças, não enxerga o racismo e acaba caindo no racismo passivo. A linguagem da "cegueira para cor de pele" — assim como a de "não racista" — é uma máscara que esconde o racismo. "Nossa Constituição não vê cor da pele", declarou o juiz John Harlan, da Suprema Corte dos EUA, em seu voto discordante na ação *Plessy versus Ferguson*, que sancionou as leis segregacionistas de Jim Crow em 1896. "Os brancos se consideram dominantes neste país", prosseguiu o juiz Harlan. "Eu não duvido que continuará sendo assim para sempre, se permanecer fiel ao seu grande legado." Uma Constituição daltônica em um país supremacista branco.

MINHA INTRODUÇÃO RACISTA • 11

A BOA NOTÍCIA É QUE o racista e o antirracista não são identidades definitivas. Podemos ser racistas em um momento e antirracistas em outro. O que falamos e fazemos em relação à raça em cada momento determina o que — e não quem — somos.

Eu costumava ser racista quase o tempo todo. Estou mudando. Não estou mais me identificando com racistas declarando ser "não racista". Não estou mais falando por trás da máscara da neutralidade racial. Não estou mais sendo manipulado por ideias racistas que veem grupos raciais como problemas. Não acredito mais que uma pessoa negra não possa ser racista. Não policio mais todas as minhas ações com base nas palavras de um suposto juiz branco ou negro, tentando convencer brancos de minha humanidade igualitária, tentando convencer negros de que sou um bom representante da raça. Não me importo mais com os efeitos que as ações de outros negros exercem em mim, já que nenhum de nós é representante da raça, nenhum de nós é responsável pelas ideias racistas dos outros. E constatei que o movimento do racismo para o antirracismo é sempre contínuo — ele exige que se compreenda e ignore o racismo baseado em biologia, etnicidade, corpo, cultura, comportamento, cor, espaço e classe. E, além disso, significa estar pronto para lutar nas intersecções do racismo com outras intolerâncias.

. . .

POR FIM, ESTE LIVRO É sobre a luta principal de que todos participamos, a luta para sermos integralmente humanos e para ver que os outros são integralmente humanos. Partilho minha jornada de ter crescido no duelo da consciência racial da classe média negra da era Reagan, ter feito uma conversão à direita na estrada de dez faixas do racismo antinegro — uma estrada misteriosamente livre de policiais e com combustível à vontade — e depois ter dado uma guinada para a estrada de duas faixas do racismo antibranco, onde o combustível é raro e há polícia em todos os lugares, antes de encontrar e finalmente tomar a estrada de terra sem iluminação do antirracismo.

Depois dessa jornada extenuante até a estrada de terra do antirracismo, a humanidade pode chegar à clareira de um futuro em potencial: um mundo antirracista em toda sua imperfeita beleza. Ele pode se tornar real se focarmos o poder, e não as pessoas; se focarmos a mudança de políticas e não de grupos de pessoas. Ele é possível, se superarmos nosso cinismo sobre a persistência do racismo.

Nós sabemos ser racistas. Sabemos como fingir não ser racistas. Agora, vamos aprender a ser antirracistas.

DEFINIÇÕES

RACISTA: Alguém que apoia uma política racista por meio de ações ou inações, ou expressando ideias racistas.

ANTIRRACISTA: Alguém que apoia uma política antirracista por meio de ações ou expressando ideias antirracistas.

O SOUL LIBERATION AGITAVA o palco da arena da Universidade de Illinois, sacudindo seus dashikis e cabelos afro que se erguiam como punhos cerrados — uma visão incrível para ser contemplada pelos 11 mil universitários na plateia. O Soul Liberation não se parecia nada com os grupos brancos de terno que entoaram hinos por quase dois dias depois do aniversário de Jesus em 1970.

Alunos negros conseguiram convencer a InterVarsity Christian Fellowship, o primeiro organizador do movimento evangélico nos EUA, a dedicar a segunda noite da conferência à teologia negra. Mais de 500 participantes negros de todo o país estavam presentes quando o Soul Liberation iniciou a apresentação. Dois desses estudantes negros eram meus pais.

Eles não estavam sentados juntos. Dias antes, viajaram no mesmo ônibus durante 24 horas, que pareceram 42, de Manhattan à região central de Illinois, atravessando os estados da Pensilvânia, Ohio e Indiana. Cem negros nova-iorquinos dirigiram-se à InterVarsity's Urbana '70.

Minha mãe e meu pai se conheceram no feriado de Ações de Graças semanas antes, quando Larry, um aluno de contabilidade do Baruch College de Manhattan, ajudou a organizar um evento de recrutamento para Urbana '70 em sua igreja em Jamaica, Queens. Carol era uma das 30 pessoas que apareceram — ela voltara para o Queens do Nyack College, uma pequena faculdade cristã a cerca de 70 quilômetros ao norte da casa de seus pais em Far Rockaway. O primeiro encontro foi banal, mas Carol notou Larry, um estudante excessivamente sério com um imenso cabelo afro, o rosto escondido por uma barba volumosa; e Larry notou Carol, uma moça pequena de 19 anos, com sardas sobre a pele cor de caramelo, apesar de apenas terem trocado algumas palavras. Os dois, separadamente, decidiram ir a Urbana '70 quando souberam que Tom Skinner pregaria e que o Soul Liberation se apresentaria. Aos 28 anos de idade, Skinner estava ficando famoso como um jovem evangelista da teologia negra da libertação. Ex-membro de uma gangue e filho de um pastor batista, ele alcançava milhares de pessoas por meio de seu programa de rádio e suas excursões, em que pregava lotando locais icônicos, como o Teatro Apolo, no Harlem, bairro em que nasceu. Em 1970, Skinner publicou seu terceiro e quarto livros, *How Black Is the Gospel?* ["O Evangelho É Negro?", em tradução livre] e *Words of Revolution* ["Palavras da Revolução", em tradução livre].

Carol e Larry devoraram os dois livros como se fossem uma canção de James Brown ou uma luta de Muhammad Ali. Carol descobriu Skinner por meio de seu irmão mais novo, Johnnie, que estudava na mesma faculdade que ela. A ligação de Larry era mais ideológica. Na primavera de 1970, ele se matriculou na aula "The Black Aesthetic" [A Estética Negra], ministrada por Addison Gayle Jr., lendário estudioso literário da Baruch College. Pela primeira vez, Larry leu *Da Próxima Vez, o Fogo*, de James Baldwin, e *Native Son* ["Filho Nativo", em tradução livre], de Richard Wright, as peças intensas de Amiri Baraka e o manifesto revolucionário proibido *The Spook Who Sat by the Door* ["O Fantasma à Espreita", em tradução livre], de Sam Greenlee. Foi um despertar. Depois da aula de Gayle, Larry começou a procurar um meio de conciliar a fé com sua recém-descoberta consciência negra. A busca o levou a Tom Skinner.

O SOUL LIBERATION ABRIU a apresentação com seu popular hino, "Power to the People". Os corpos dos estudantes negros que tinham se aproximado da frente da arena começaram a se mover quase em sincronia ao som do ressoar da bateria e do pesado baixo e, juntamente com as palmas cadenciadas, geraram o *rhythm & blues* de um *revival* rural do sul.

A onda de ritmo contagiou os milhares de corpos brancos na arena. Logo eles, também, estavam de pé, movendo-se e cantando ao som pungente do poder negro.

Cada acorde do Soul Liberation pareceu aumentar a expectativa para a apresentação do principal orador da noite. Quando a música terminou, chegara a hora: Tom Skinner, de terno escuro e gravata vermelha, postou-se atrás do púlpito, e com a voz séria começou sua lição de história.

"A igreja evangélica... apoiou o *status quo*. Ela apoiou a escravatura; apoiou a segregação; pregou contra qualquer tentativa de os homens negros se sustentarem por seus próprios meios."

Skinner contou como passou a cultuar o Jesus Cristo branco da elite, que purificava as pessoas por meio de "regras e regulamentos", um salvador que pressagiou a visão de Richard Nixon sobre a lei e a ordem. Mas, um dia, Skinner se deu conta de que entendeu tudo errado. Jesus não estava no Rotary Club e não era policial. Era um "revolucionário radical, com pelos no peito e sujeira debaixo das unhas". O novo conceito de Skinner sobre Jesus nasceu e se comprometeu a uma nova leitura do evangelho. "Qualquer evangelho que não... fale da questão da escravatura" e da "injustiça" e da "desigualdade" — qualquer evangelho que não queira ir até onde as pessoas estão famintas e pobres e as libertar em nome de Jesus Cristo — não é o evangelho."

Na época de Jesus, "havia um sistema em funcionamento, assim como hoje", declarou Skinner. Mas "Jesus era perigoso. Ele era perigoso porque estava mudando o sistema". Os romanos prenderam esse "revolucionário", "o pregaram em uma cruz", o mataram e enterraram. Mas, três dias depois, Jesus "ressuscitou" para nos dar seu testemunho hoje. "Proclamem liberdade aos cativos e preguem libertação do mundo das trevas aos prisioneiros da escuridão", e "saiam pelo mundo e digam aos homens presos mental, espiritual e fisicamente: 'O libertador chegou!'".

A última frase ecoou pela multidão. "O libertador chegou!" Os estudantes praticamente saltaram de seus assentos em ovação — vestindo o manto desse novo evangelho. Os libertadores chegaram. Meus pais foram profundamente receptivos ao chamado de Skinner para a libertação evangélica e participaram de uma série de convenções negras ao longo da semana da conferência, que reforçaram seu chamado todas as noites. Em Urbana '70, meu pai e minha mãe se viram deixando a igreja civilizada, conservadora e racista da qual faziam parte. Eles foram salvos pela teologia negra da libertação e se uniram à igreja sem igreja do movimento Black Power. Nascido nos dias de Malcolm X, Fannie Lou Hamer, Stokely Carmichael e outros antirracistas que confrontaram segregacionistas e assimilacionistas nos anos de 1950 e 1960, o movimento da solidariedade negra, do orgulho cultural negro e da autodeterminação política e econômica negra extasiaram todo o mundo negro. E então, em 1970, o poder negro extasiou meus pais. Eles pararam de pensar em salvar e começaram a pensar em libertar o povo negro.

Na primavera de 1971, minha mãe voltou ao Nyack College e ajudou a formar a união dos estudantes negros, uma organização que desafiou a teologia racista, as bandeiras dos Confederados nas portas dos dormitórios e a escassez de programação e de alunos negros. Ela começou a usar vestidos e amarrar lenços de estampas africanas em seu cabelo afro que deixava crescer. Ela sonhava em viajar para sua pátria-mãe como missionária.

Papai voltou à sua igreja e deixou seu famoso coral de jovens. Ele começou a organizar programas que faziam perguntas provocativas: "O cristianismo é a religião do homem branco?" "A igreja negra é relevante para a comunidade negra?" Ele começou a ler a obra de James Cone, o estudioso pai da teologia da libertação negra e autor do influente *Black Theology & Black Power* ["Teologia Negra e Black Power", em tradução livre], em 1969.

Um dia, na primavera de 1971, meu pai juntou coragem para ir até o Harlem e assistir à aula de Cone no Union Theological Seminar. Cone falou sobre seu novo livro, *A Black Theology of Liberation* ["A Teologia Negra da Libertação", em tradução livre]. Depois da aula, meu pai falou com o professor.

"Como o senhor define um cristão?", perguntou meu pai com seu jeito sério.

Cone olhou para ele com a mesma seriedade e respondeu: "Um cristão é alguém que luta pela libertação."

A definição operacional de James Cone de um cristão descreveu o cristianismo dos escravizados, não o cristianismo dos escravistas. Ouvir essa definição foi um momento de revelação na vida de meu pai. Minha mãe teve uma revelação semelhante em sua união de estudantes negros — que o cristianismo tratava de luta e libertação. Meus pais agora tinham, separadamente, chegado a um credo com que moldar suas vidas, para ser o tipo de cristão que Jesus, o revolucionário, os inspirou a ser. Essa nova definição de uma palavra que eles já tinham escolhido como sua identidade fundamental naturalmente os transformou.

MINHA PRÓPRIA JORNADA ainda em curso para ser um antirracista começou em Urbana '70. A mudança de meus pais reverberou em seus dois filhos ainda não nascidos — essa nova definição de vida cristã tornou-se o credo que serviu de alicerce para as suas vidas e a de seus filhos. Não consigo dissociar a luta religiosa de meus pais para serem cristãos de minha luta secular para ser um antirracista. E a principal atitude para nós foi definir nossos termos de modo que pudéssemos começar a descrever o mundo e nosso lugar nele. Definições nos ligam a princípios. Essa é uma questão séria: se não realizarmos o trabalho básico de definir o tipo de pessoas que queremos ser em uma linguagem estável e consistente, não poderemos trabalhar para atingir metas estáveis e consistentes. Alguns dos passos mais importantes que dei para me tornar antirracista foram os momentos em que cheguei a definições básicas. Ser antirracista é estabelecer definições lúcidas de racismo/antirracismo, políticas racistas/ antirracistas, ideias racistas/antirracistas, pessoas racistas/antirracistas. Ser racista é constantemente redefinir o racismo de modo a exonerar as mudanças nas políticas, ideias e subjetividades.

Assim, vamos estabelecer algumas definições. O que é racismo? É a união de políticas racistas e ideias racistas que produzem e normalizam desigualdades raciais. Certo, então, o que são políticas e ideias racistas? Temos que defini-las separadamente para compreender por que estão unidas e por que interagem tão bem uma com a outra. Na verdade, vamos recuar um pouco e pensar na definição de outra frase importante: desigualdade racial.

A desigualdade racial ocorre quando dois ou mais grupos étnicos não se encontram em condições de igualdade. Um exemplo de desigualdade racial: 71% das famílias brancas moravam em casas próprias em 2014, comparadas a 45% de famílias de latinos e 41% de famílias negras. Igualdade racial é quando dois ou mais grupos sociais estão em pé de relativa igualdade. Um exemplo de igualdade racial seria se houvesse porcentagens relativamente comparáveis de todos os grupos étnicos vivendo em casas próprias nos anos 1940, 1970 ou, ao menos, 1990.

Uma política racista é qualquer medida que produza ou sustente desigualdade racial entre grupos raciais. Uma política antirracista é qualquer medida que produza ou sustente igualdade racial entre grupos étnicos. Por política, eu me refiro a leis, normas, procedimentos, processos, regulamentações e diretrizes escritas e não escritas que orientam as pessoas. Não existem políticas não racistas ou neutras em relação à raça. Cada política, em cada instituição, em cada comunidade, em cada nação, produz ou sustenta desigualdade ou igualdade racial entre grupos raciais.

Políticas raciais têm sido descritas por outros termos: "racismo institucional", "racismo estrutural" e "racismo sistemático", por exemplo. Mas esses termos são mais vagos do que "política racista". Quando eu os uso, me vejo tendo que explicar imediatamente o que significam.

"Política racista" é mais tangível e rigoroso, e tem maior probabilidade de ser compreendido pelas pessoas, incluindo suas vítimas, que podem não ter o benefício de uma ampla fluência em termos raciais. "Política racista" diz exatamente qual é o problema e onde ele se encontra. "Racismo institucional", "racismo estrutural" e "racismo sistemático" são redundantes. O racismo em si é institucional, estrutural e sistêmico.

"Política racista" também define melhor a essência do racismo do que "discriminação racial", outra expressão comum. "Discriminação racial" é uma manifestação imediata e visível de uma política racial subjacente. Quando alguém discrimina uma pessoa de um grupo racial, está adotando uma política ou tirando vantagem da falta de uma política protetiva. Todos temos o poder de discriminar. Apenas alguns poucos privilegiados têm o poder de criar políticas. Focar a "discriminação racial" desvia nosso olhar dos agentes centrais do racismo: política e legisladores racistas, ou o que eu chamo de poder racista.

Desde os anos 1960, o poder racista tem se apropriado da expressão "discriminação racial", transformando o ato de discriminação com base na raça em um ato inerentemente racista. Mas se a discriminação racial for definida como tratar, considerar ou fazer diferença a favor ou contra um indivíduo com base na raça, então, a discriminação racial não é inerentemente racista. A questão determinante é se a discriminação está criando igualdade ou desigualdade. Se a discriminação criar igualdade, é antirracista. Se criar desigualdade, é racista. Alguém que reproduz desigualdade por meio do auxílio permanente para que um grupo étnico super-representado obtenha riqueza e poder é totalmente diferente de alguém que desafia essa desigualdade por meio do auxílio temporário para que um grupo étnico sub-representado obtenha riqueza e poder relativos até que a igualdade seja atingida.

A única solução para a discriminação racial é a discriminação antirracista. A única solução para a discriminação passada é a discriminação presente. A única solução para a discriminação presente é a discriminação futura. Como disse o presidente Lyndon B. Johnson, em 1965: "Não se pega uma pessoa durante anos debilitada por correntes e a liberta, a coloca na linha de largada de uma corrida e diz: 'Você está livre para

competir com todos os outros', e ainda acredita, de fato, que foi totalmente justo." Como Harry Blackmun, juiz da Suprema Corte dos Estados Unidos escreveu em 1978: "Para solucionar a questão do racismo,
precisamos antes considerar a raça. Não há outra maneira. E, para tratar
algumas pessoas da mesma forma, é preciso tratá-las de modo diferente."

Os defensores racistas da discriminação racial concebida para manter as desigualdades raciais antes dos anos de 1960 são hoje os oponentes racistas da discriminação antirracista, concebida para derrubar essas
desigualdades raciais. O movimento racista mais ameaçador não é o
esforço improvável da direita alternativa em direção a um nacionalismo
étnico branco, mas o esforço regular norte-americano em direção a um
nacionalismo étnico "neutro". Na verdade, a construção da neutralidade
étnica alimenta a vitimização nacionalista branca ao apresentar a noção
de que qualquer política que proteja ou promova norte-americanos não
brancos em direção à igualdade é uma "discriminação reversa".

É assim que o poder racista pode chamar as políticas de ação afirmativa que conseguem reduzir as desigualdades raciais de "conscientes
de raça" e testes padronizados que produzem desigualdades raciais de
"neutros em relação à raça". É assim que ele pode responsabilizar o comportamento de grupos raciais inteiros pelas desigualdades entre grupos
raciais diferentes e ainda afirmar que suas ideias "não são racistas". Mas
não existem ideias não racistas, apenas ideias racistas e antirracistas.

Assim, o que é uma ideia racista? Uma ideia racista é qualquer ideia
que aponte um grupo étnico como inferior ou superior a outro, em
qualquer aspecto. Ideias racistas defendem que inferioridades e superio-
ridades em grupos étnicos explicam as desigualdades raciais na sociedade. Como Thomas Jefferson suspeitou uma década depois de declarar a
independência branca: "Os negros, quer originalmente uma raça distinta ou diferenciada pelo tempo e pelas circunstâncias, são inferiores aos
brancos nas dotações do corpo e da mente."

Uma ideia antirracista é qualquer ideia que indique que os grupos
étnicos são iguais em todas as suas aparentes diferenças — que não há
nada certo ou errado com qualquer grupo étnico. Ideias antirracistas
defendem que políticas racistas são a causa de desigualdades raciais.

Compreender as diferenças entre políticas e ideias racistas e antirracistas permite-nos voltar às nossas definições fundamentais. O racismo é uma coleção poderosa de políticas racistas que levam à desigualdade racial e são substanciadas por ideias racistas. O antirracismo é uma coleção poderosa de políticas antirracistas que levam à igualdade racial e são substanciadas por ideias antirracistas.

· · ·

QUANDO TIVERMOS UMA DEFINIÇÃO sólida de racismo e antirracismo, poderemos começar a entender o mundo categorizado por raças que nos cerca, que está diante de nós. Meus avós maternos, Mary Ann e Alvin, mudaram-se com a família para a cidade de Nova York nos anos 1950, na última etapa da Grande Migração, feliz por afastar os filhos dos violentos segregacionistas da Geórgia e do trabalho na colheita de algodão sob o sol cada vez mais quente do estado.

Pensando bem, eles também estavam afastando a família dos efeitos das mudanças climáticas. A política climática de não fazer nada é uma política racista, visto que o afetado pela mudança climática é predominantemente o sul não branco, mais do que o norte mais branco, mesmo que o norte global mais branco esteja contribuindo mais para sua aceleração. A terra está sendo submersa e as temperaturas estão subindo da Flórida a Bangladesh. Secas e escassez de alimentos estão afligindo pessoas no leste e sul da África, uma região que já abriga 25% da população malnutrida do mundo. Catástrofes ambientais causadas pelo homem que prejudicam desproporcionalmente pessoas não brancas não são incomuns; por exemplo, cerca de 4 mil regiões dos EUA — principalmente pobres e não brancas — têm taxas de envenenamento por chumbo mais altas que Flint, Michigan.

Pertenço à geração seguinte a dos colhedores de algodão que trabalhavam em troca de alguns trocados sob o clima quente em Guyton, perto de Savannah. Foi lá que enterramos minha avó, em 1993. Lembranças de sua calma reconfortante, sua incrível capacidade de cultivar plantas e seus grandes sacos para lixo com presentes de Natal povoavam nossas mentes enquanto voltávamos para Nova York de seu funeral de carro. No dia seguinte, meu pai aventurou-se até Flushing, Queens, para visitar sua mãe, também chamada Mary Ann. Ela tinha uma pele retinta maravilhosa, um sorriso envolvente e um senso de humor incrível.

Quando meu pai abriu a porta de seu apartamento, ele sentiu um cheiro forte vindo do forno aceso, e também outros odores. Ao não ver a mãe, ele correu pelo corredor até seu quarto nos fundos. Foi ali que encontrou a mãe, como se estivesse dormindo, mas morta. Sua luta contra o Alzheimer, uma doença mais prevalente entre afro-americanos, terminara.

Talvez não haja privilégios brancos mais significativos do que a própria vida. Os brancos vivem cerca de 3,5 anos mais que os negros nos Estados Unidos, o que é apenas a mais gritante de uma série de disparidades de saúde, começando desde a infância, quando crianças negras morrem duas vezes mais que as brancas. Mas pelo menos minhas avós e eu nos conhecemos, convivemos, nos amamos. Nunca conheci meu avô paterno. Nunca conheci meu avô materno, Alvin, morto pelo câncer três anos antes de meu nascimento. Nos Estados Unidos, afro-americanos têm probabilidade 25% maior de morrer de câncer do que brancos. Meu pai sobreviveu a um câncer de próstata, que mata duas vezes mais negros que brancos. O câncer de mama causa a morte desproporcional de mulheres negras.

Três milhões de afro-americanos e 4 milhões de latinos garantiram seguro-saúde por meio da Lei de Proteção e Cuidado Acessível ao Paciente (Obamacare), reduzindo a taxa de pessoas não seguradas em cerca de 11% antes de o presidente Obama deixar o cargo. Contudo, desconcertantes 28,5 milhões de norte-americanos continuaram sem seguro, um número prestes a aumentar depois que o Congresso revogou a lei, em 2017. E está ficando mais difícil para pessoas não brancas votarem para tirar do cargo os políticos que criam essas políticas destinadas a abreviar suas vidas. A política de votação racista evoluiu da privação de direitos pelas leis de Jim Crow à privação de direitos pelo encarceramento em massa e pelas leis de identificação eleitoral. Às vezes, esses esforços são tão flagrantes que são derrubados: a Carolina do Norte promulgou uma dessas leis específicas de identificação eleitoral, mas, em julho de 2016, o Tribunal de Apelações para o Quarto Circuito a derrubou, decidindo que suas várias provisões "visam afro-americanos com precisão quase cirúrgica". Mas outras permaneceram e foram bem-sucedidas. A rígida lei de identificação eleitoral de Wisconsin suprimiu cerca de 200 mil votos — novamente visando principalmente eleitores não brancos — na eleição de 2016. Donald Trump venceu nesse estado decisivo por 22.748 votos.

Estamos cercados pela desigualdade racial, tão visível quanto a lei, tão oculta quanto nossos pensamentos privados. A pergunta para cada um de nós é: de que lado da história nos encontramos? Um racista é alguém que apoia uma política racista com suas ações ou falta delas ou expressando uma ideia racista. Um antirracista é alguém que apoia uma política antirracista com suas ações ou expressando uma ideia antirracista. "Racista" e "antirracista" são como etiquetas de nomes removíveis colocadas e recolocadas com base no que alguém está fazendo ou não, apoiando ou expressando em cada momento. Elas não são tatuagens permanentes. Ninguém se torna racista ou antirracista. Podemos apenas nos empenhar em ser um ou outro. Podemos inconscientemente lutar para ser racista. Podemos conscientemente lutar para ser antirracista. Como combater um vício, ser antirracista exige autoconhecimento, autocrítica constante e autoanálise contínua.

Ideias racistas definiram nossa sociedade desde seu início e podem parecer tão naturais e óbvias a ponto de serem banais, mas ideias antirracistas continuam sendo difíceis de serem compreendidas, em parte porque vão contra a corrente da história dos EUA. Como Audre Lorde disse em 1980: "Todos fomos programados para reagir às diferenças humanas com medo e aversão, e para lidar com essa diferença de uma entre três formas: ignorá-la e, se não for possível, copiá-la, se acharmos que é dominante; ou destruí-la, se acharmos que é inferior. Mas não dispomos de padrões para nos reconhecermos como iguais apesar das diferenças humanas". Ser antirracista é uma opção radical diante dessa história, e exige uma reorientação radical de nossa consciência.

CAPÍTULO 2

DUELO DE CONSCIÊNCIAS

ASSIMILACIONISTA: Aquele que expressa a ideia racista de que um grupo étnico é inferior em termos culturais e de comportamento, e apoia programas de enriquecimento cultural ou comportamental para desenvolver esse grupo étnico.

SEGREGACIONISTA: Aquele que expressa a ideia racista de que um grupo étnico permanentemente inferior nunca poderá ser desenvolvido e apoia políticas que segregam esse grupo racial.

ANTIRRACISTA: Aquele que expressa a ideia de que grupos étnicos são iguais e não precisam de desenvolvimento, e apoia políticas que reduzem a desigualdade racial.

MEUS PAIS NÃO TINHAM se visto desde a viagem de ônibus para a Urbana '70. O Natal de 1973 se aproximava. O Soul Liberation fez uma apresentação na icônica Igreja Presbiteriana Broadway, no Harlem, que se transformou em uma reunião menor para os participantes da Urbana '70 em Nova York. Meus pais foram. Velhos amigos apareceram, e alguns novos. Depois que os acordes do Soul Liberation silenciaram, meus pais finalmente se falaram de novo e a centelha finalmente se acendeu.

Dias depois, meu pai ligou. Ele a convidou para sair. "Fui chamada ao campo missionário", respondeu minha mãe. "Viajo em março."

Meu pai e minha mãe foram perseverantes, mesmo depois que ela partiu para lecionar em uma vila rural na Libéria, perto de Monróvia, durante nove meses. Oito anos depois, eles estavam casados, ousando me chamar, seu segundo filho, "pai exaltado", quando cheguei a um mundo que não se dedicava à pratica de exaltar pessoas negras. Logo antes dessa chegada, quando minha mãe grávida comemorava seu 31º aniversário, em 24 de junho de 1982, o presidente Reagan declarou guerra a esse filho por nascer. "Precisamos combater o abuso de drogas com aplicação de leis mais rígidas", disse ele no Jardim das Rosas.

Naturalmente, não foi o abuso de drogas que foi combatido, mas pessoas como eu, nascidas nesse regime de "aplicação de leis mais rígidas". As políticas mais rigorosas para crimes relacionados a drogas — não um crescimento líquido da criminalidade — fez a população carcerária norte-americana quadruplicar entre 1980 a 2000. Embora criminosos violentos costumem ser responsáveis por cerca de metade da população prisional em qualquer época, mais pessoas foram encarceradas por crimes relacionados a drogas do que por crimes violentos em cada ano de 1993 a 2009. É mais provável que brancos vendam drogas do que negros e latinos, mas a taxa de consumo é semelhante entre os grupos étnicos. No entanto, afro-americanos têm muito mais probabilidade de serem encarcerados por crimes relacionados a drogas do que brancos. Negros não violentos envolvidos em tráfico de drogas ficam presos por mais ou menos o mesmo tempo (58,7 meses) que criminosos brancos violentos (61,7 meses). Em 2016, brancos e latinos ainda eram super-representados na população prisional em 56%, dobro de sua porcentagem na população adulta norte-americana. Brancos ainda foram sub-representados na população prisional em 30%, cerca de metade de sua porcentagem da população adulta norte-americana.

Reagan não iniciou essa suposta guerra, segundo relato da historiadora Elizabeth Hinton. O presidente Lyndon B. Johnson foi o primeiro a nos colocar em posição vulnerável quando designou o ano de 1965 como "o ano em que os EUA começaram uma guerra intensa, inteligente e eficiente contra a criminalidade". Meus pais frequentavam o ensino médio quando a guerra contra o crime de Johnson transformou sua negligenciada guerra contra a pobreza em piada, assim como um atirador fortemente armado zomba do cirurgião de trauma mal equipado. O presidente Richard Nixon anunciou sua guerra contra as drogas em 1971 para derrubar seus mais duros críticos — negros e ativistas antiguerra. "Nós poderíamos prender seus líderes, invadir suas casas, dispersar suas reuniões e atacá-los noite após noite no noticiário noturno", contou John Erlichman, assessor para assuntos domésticos no governo Nixon, a um repórter da *Harper's*, anos depois. "Sabíamos que estávamos mentindo sobre as drogas? Claro que sim."

Os negros aderiram aos ataques, convencidos de que traficantes de drogas assassinos, criminosos armados e ladrões viciados em heroína estavam "jogando pelo ralo" "todas as conquistas arduamente alcançadas pelo movimento de direitos civis", citando um editorial do *Washington Afro-American,* em 1981. Alguns líderes negros, se não a maioria, em um esforço de parecer salvadores do povo contra essa ameaça, mudaram de atitude e colocaram criminosos negros ao lado dos racistas brancos como inimigos do povo.

Apelos aparentemente contraditórios para prender e salvar negros se enfrentaram em legislaturas de todo o país, mas também nas mentes dos norte-americanos. Líderes negros se uniram a republicanos de Nixon a Reagan, e a democratas de Johnson a Bill Clinton, para exigir, e receber, mais policiais, penas de prisão mínimas obrigatórias e mais severas e mais presídios. Mas eles também exigiram o fim da brutalidade policial, mais empregos, escolas melhores e programas de tratamento para dependentes químicos. Esses pedidos foram recebidos com menor entusiasmo.

Quando nasci, em 1982, a vergonha sobre o "Black on Black crime" [Crime de Negros contra Negros] estava prestes a sufocar o orgulho de uma geração pelo "Black is beautiful" [Negro é lindo]. Muitos norte-americanos não negros olhavam para dependentes químicos negros com repugnância — mas um número imenso de negros olhava para os mesmos dependentes com vergonha.

Meus pais nasceram em famílias pobres, um no projeto habitacional ao norte, o outro na área rural ao sul. Ambos estruturaram sua jornada da pobreza até a classe média nos anos 1980 escalando os degraus da educação e do trabalho árduo. Enquanto subiam, foram inundados por discussões racistas sobre negros que se recusavam a subir, que estavam irresponsavelmente presos à heroína e ao crack, que gostavam de roubar e ficar criminalmente dependentes do dinheiro arduamente ganho de norte-americanos em ascensão como eles.

Em 1985, a admirada advogada de direitos civis Eleanor Holmes Norton usou o *New York Times* para declarar que a "solução... não é tão simples quanto atender necessidades e oferecer oportunidades", como os antirracistas defendiam. Ela encorajou a "derrubada da sub-cultura complicada e predatória dos guetos". Ela pediu a pessoas, como meus pais, "originários no gueto", que salvassem os "homens e mulheres do gueto", incutindo neles os valores do "trabalho árduo, da educação, do respeito pela família" e "conseguir uma vida melhor para seus filhos". Norton não apresentou provas empíricas para substanciar sua posição de que certos negros do "gueto" careciam de alguns desses valores.

Mas meus pais, assim como muitos outros da nova classe média negra, absorveram essas ideias. A classe que desafiou políticas racistas dos anos 1950 até 1970 agora começava a desafiar outros negros nos anos 1980 e 1990. O antirracismo parecia uma indulgência comparado ao comportamento autodestrutivo que testemunhavam à sua volta. Meus pais seguiram a orientação de Norton: eles me alimentaram com o mantra de que a educação e o trabalho árduo me elevariam, como tinham elevado a eles, e, no fim, elevariam a todos os negros. Meus pais — mesmo a partir do interior de sua consciência racial — eram suscetíveis à ideia racista de que era a preguiça que mantinha os negros em posição inferior, e assim deram mais atenção a criticar os negros do que às políticas de Reagan, que destruía a escada que eles subiram e depois puniam as pessoas por caírem.

A Revolução Reagan era simplesmente isto: uma revolução radical para o benefício dos já poderosos. Ela enriqueceu ainda mais os norte-americanos de alta renda, reduzindo seus impostos e as regulamentações governamentais, aprovando emendas orçamentárias suplementares para as forças armadas e controlando o poder dos sindicatos. Setenta por cento de negros com renda média disseram que viram "muita discriminação racial" em 1979, antes de os revolucionários de Reagan reduzirem a aplicação das leis de direitos civis e as regulações de ações afirmativas, antes de limitar os subsídios para governos locais e estaduais cujos contratos e empregos se tornaram caminhos seguros para as residências urbanas unifamiliares da classe média negra. No mesmo mês do aniversário de minha mãe em 1982, em que Reagan anunciou sua guerra contra as drogas, ele cortou a rede de segurança dos programas de bem-estar federais e do Medicaid [programa de saúde social dos Estados Unidos para famílias e indivíduos de baixa renda e recursos limitados], levando mais negros de baixa renda à pobreza. Sua "rígida aplicação da lei" jogou mais negros nas garras de policiais violentos, que mataram 22 negros para cada branco no início dos anos 1980. Jovens negros tinham 4 vezes mais probabilidade de ficar desempregados em 1985 do que em 1954. Mas poucos associaram o aumento do desemprego ao aumento de crimes violentos.

Há muito os norte-americanos vêm sendo treinados para enxergar as limitações das pessoas, e não das políticas. Este é um erro fácil de ser cometido: as pessoas estão na nossa frente. Políticas estão distantes. Somos especialmente incapazes de ver as políticas espreitando por trás das dificuldades das pessoas. E, dessa forma, meus pais deixaram de ver os problemas das políticas para ver os problemas das pessoas — e voltaram a se esforçar para salvar e civilizar negros, em vez de libertá-los. A teologia do civilizador tornou-se mais atraente para meus pais, diante do aumento do uso do crack e dos danos que ele causou aos negros, assim como fez com tantos filhos dos direitos civis e do Black Power. Mas, de diversas formas, a teologia da libertação permaneceu seu lar filosófico, o lar em que me criaram.

NO FUNDO, MEUS pais ainda eram as pessoas empolgadas pela teologia da libertação em Urbana. Minha mãe ainda sonhava em viajar pelo mundo negro como uma missionária libertadora, um sonho que seus amigos liberianos encorajaram em 1974. Papai sonhava em escrever poesias libertadoras, um sonho que o professor Addison Gayle incentivou em 1971.

Sempre me pergunto o que teria acontecido se meus pais não tivessem permitido que seus receios justificáveis os impedissem de buscar seus sonhos. Mamãe viajante ajudando a libertar o mundo negro. Papai acompanhando-a e encontrando inspiração para sua poesia de liberdade. Em vez disso, mamãe se contentou com uma carreira em tecnologias da saúde. Meu pai aceitou uma carreira em contabilidade. Eles ingressaram na classe média norte-americana — um espaço, na época e hoje, definido por sua desproporcional maioria branca — e começaram a ver a si mesmos e ao seu povo não só através de seus olhos, mas também "pelos olhos dos outros". Eles se uniram a outros negros que tentavam se encaixar nesse espaço branco enquanto ainda tentavam ser eles mesmos e salvar seu povo. Eles não usavam uma máscara, mas dividiram suas mentes em dois.

Essa dupla conceitual refletia o que W.E.B. Du Bois expressou de maneira indelével em *As Almas da Gente Negra*, em 1903. "É uma sensação peculiar, essa dupla consciência, essa sensação de sempre olhar para si mesmo pelos olhos dos outros", escreveu Du Bois. Ele não iria "africanizar a América" tampouco "branquear sua alma negra em uma inundação de norte-americanismo branco". Du Bois desejou habitar conceitos opostos. Ser norte-americano é ser branco. Ser branco é não ser negro.

O que Du Bois denominou consciência dupla pode ser chamado mais precisamente de *duelo* de consciências. "As pessoas sempre sentem essa dualidade", explicou Du Bois, "uma norte-americana, uma negra; duas almas, dois pensamentos, duas lutas não reconciliadas; dois ideais em luta em um corpo escuro, cuja força persistente por si só evita que seja dilacerado". Du Bois também explicou como essa guerra estava sendo travada em seu próprio corpo escuro, querendo ser um negro e querendo "se misturar à massa de norte-americanos do mesmo modo que irlandeses e escandinavos" faziam.

Esse duelo de ideias existia em 1903 e o mesmo duelo se apossou de meus pais — e continua até hoje. O duelo dentro da consciência negra parece ocorrer geralmente entre ideias antirracistas e assimilacionistas. Du Bois acreditava no conceito antirracista da relatividade racial, em que cada grupo racial se vê com os próprios olhos e o conceito assimilacionista dos padrões raciais, em que "se olha para si mesmo pelos olhos" de outro grupo étnico — nesse caso, os brancos. Em outras palavras, ele queria libertar os negros do racismo, mas também queria mudá-los, salvá-los de seus "vestígios de barbárie". Em 1903, Du Bois argumentou que o racismo e "o baixo nível social de grande parte da raça" foram "responsáveis" pela "degradação dos negros". A assimilação seria parte da solução para esse problema.

Ideias assimilacionistas são ideias racistas. Os assimilacionistas podem posicionar cada grupo étnico como o padrão superior a que outro grupo étnico deveria se comparar, um modelo a ser alcançado. Os assimilacionistas normalmente posicionam os brancos como o padrão superior. "Será que os norte-americanos param para pensar que nesta terra há milhões de pessoas de sangue negro... que, julgados por qualquer padrão, atingiram a melhor medida do melhor tipo de cultura moderna europeia? É justo, é digno, é cristão... menosprezar tal aspiração?", pergunta Du Bois em 1903.

O DUELO DE CONSCIÊNCIAS ocorreu de modo diferente para meus pais, que passaram a ser completamente orientados pela autossuficiência negra. Em 1985, eles foram atraídos para a Igreja Episcopal Metodista Africana Allen de Floyd H. Flake, no sul de Queens. Flake e Elaine, sua esposa igualmente admirável, transformaram Allen em uma megaigreja e um dos maiores empregadores do setor privado por meio de seu reinado de empreendimentos comerciais e de serviço social. De sua escola ao complexo de moradias para idosos ao centro de crise para vítimas de violência doméstica, não havia barreiras para a igreja de Flake. Era exatamente o tipo de ministério que naturalmente fascinaria os descendentes de Urbana '70. Meu pai se uniu à equipe ministerial de Flake em 1989.

Meu programa religioso preferido acontecia nos dias de Ação de Graças. Chegávamos quando filas de pessoas cercavam o edifício da igreja, que tinha um cheiro especialmente bom naquele dia. O perfume dos molhos e calda de cranberry aquecia o ar de novembro. Os aromas se multiplicavam em delícias enquanto entrávamos na sala de confraternização onde ficavam os fornos. Eu geralmente me posicionava na interminável linha de produção dos servidores. Mal conseguia enxergar através da comida, mas eu me esticava na ponta dos pés para poder sentir um pouquinho de todas aquelas 5 mil pessoas. Eu tentava ser tão gentil com elas quanto a torta de pêssego de minha mãe. Esse programa de pessoas negras alimentarem pessoas negras personificava o evangelho da autossuficiência negra com que os adultos na minha vida estavam me alimentando.

A autossuficiência negra era uma espada de dois gumes. De um lado, o repúdio à supremacia, ao paternalismo, a governadores e salvadores brancos. Do outro, o amor pelo paternalismo, por governadores e salvadores negros. De um lado, a crença antirracista de que os negros são totalmente capazes de governar a si mesmos e confiam em si mesmos. Do outro, a ideia assimilacionista de que os negros deveriam focar o esforço para melhorar de vida sem depender dos outros, largar o crack, sair das esquinas, recusar a "caridade" do governo, como se esses fossem os fatores parcialmente responsáveis por manter suas rendas baixas. Esse duelo de consciências alimentou o orgulho dos negros pela insistência de que não havia nada de errado com o povo negro, mas também cultivou a vergonha com a sugestão de que havia algo errado no comportamento dos negros... bem, pelo menos com aqueles outros negros. Se o problema estivesse em nosso comportamento, então os revolucionários de Reagan não estavam impedindo os negros de crescer — nós estávamos nos impedindo de crescer.

OS BRANCOS TRAVAM SEU próprio duelo de consciências, entre o segregacionismo e o assimilacionismo: o mercador de escravizados e o missionário, o explorador pró-escravatura e o civilizador antiescravatura, o eugenista e o "miscigenador", o aprisionador em massa e o desenvolvedor em massa, o Blue Lives Matter (Vidas Azuis Importam, termo pró-polícia em resposta ao Black Lives Matter, em defesa dos negros) e o Todas as Vidas Importam, o nacionalista não racista e norte-americano não racista.

Ideias assimilacionistas e segregacionistas são dois tipos de ideias racistas, o duelo dentro do pensamento racista. As ideias assimilacionistas brancas contestam ideias segregacionistas que alegam que pessoas não brancas são incapazes de desenvolvimento, de alcançar um padrão superior, de se tornar brancas e, portanto, totalmente humanas. Assimilacionistas acreditam que pessoas não brancas podem, de fato, se desenvolver, tornar-se totalmente humanas, assim como pessoas brancas. Ideias assimilacionistas reduzem pessoas não brancas ao nível de crianças que precisam ser orientadas sobre como agir. Ideias segregacionistas mostram as pessoas não brancas como "animais", usando a descrição de Trump para imigrantes latinos — incapazes de aprender além de certo ponto. A história do mundo classificado por raças é uma luta tripla entre assimilacionistas, segregacionistas e antirracistas. Ideias antirracistas se baseiam no princípio de que grupos étnicos são iguais em todas as formas em que são diferentes; ideias assimilacionistas se baseiam na noção de que certos grupos étnicos são cultural ou comportamentalmente inferiores; e ideias segregacionistas se originam da crença em uma distinção racial genética e hierarquia fixa. "Estou inclinado a suspeitar que os negros e todas as outras espécies de homens em geral (pois há quatro ou cinco tipos diferentes) são naturalmente inferiores aos brancos", escreveu David Hume, filósofo do Iluminismo, em 1753. "Nunca houve uma nação civilizada com compleição que não a branca... Tal diferença uniforme e constante não poderia ocorrer, em tantos países e eras, se a natureza não tivesse feito uma distinção original entre essas raças de homens."

David Hume declarou que todas as raças são criadas desiguais, mas Thomas Jefferson pareceu discordar, em 1776, quando afirmou que "todos os homens são criados iguais". Thomas Jefferson, porém, nunca deu a declaração antirracista de que todos os grupos étnicos são iguais. Embora ideias segregacionistas sugiram que um grupo étnico seja permanentemente inferior, as ideias assimilacionistas sugerem que um grupo racial é temporariamente inferior. "Seria perigoso afirmar que, igualmente cultivado por algumas gerações", o negro "não se tornaria" igual, escreveu Jefferson certa vez, de um modo assimilacionista.

O duelo de consciências branco moldou dois tipos de políticas racistas, refletindo o duelo de ideias racistas. Como os assimilacionistas pressupõem uma hierarquia cultural e comportamental, políticas e programas assimilacionistas estão voltados para desenvolver, civilizar e integrar um grupo étnico (para se distinguir de programas que elevam indivíduos). Como os segregacionistas pressupõem a incapacidade de um grupo étnico ser civilizado e desenvolvido, as políticas segregacionistas estão voltadas para segregar, escravizar, encarcerar, deportar e matar. Como os antirracistas pressupõem que os grupos raciais já são civilizados, as políticas antirracistas estão voltadas para reduzir desigualdades raciais e criar oportunidades iguais.

Em geral, os brancos têm defendido políticas assimilacionistas e segregacionistas. Pessoas não brancas, em geral, têm defendido políticas antirracistas e assimilacionistas. A "história do negro norte-americano é a história desse conflito", para citar Du Bois — o conflito entre o assimilacionista e o antirracista, entre a civilização em massa e a igualização em massa. No corpo negro de Du Bois, no corpo negro de meus pais, no meu jovem corpo negro, esse desejo duplo, esse duelo de consciências geraram um conflito interior entre o orgulho negro e o anseio de ser branco. Minhas próprias ideias assimilacionistas me impediram de notar as políticas racistas ficarem eufóricas durante a guerra contra as drogas de Reagan.

O DUELO DE CONSCIÊNCIAS brancas moldou, a partir de sua posição de relativo poder, o conflito dentro da consciência negra. Apesar da dura verdade de que os Estados Unidos foram criados pelos brancos para os brancos", como o segregacionista Jefferson Davis afirmou no Senado em 1860, os negros muitas vezes expressaram o desejo de ser norte-americanos e foram encorajados nesse aspecto pela inegável história de progresso antirracista da América, longe da escravatura e de Jim Crow. Apesar das instruções frias de pessoas como Gunnar Myrdal, vencedor do Prêmio Nobel, para "se tornar assimilados à cultura norte-americana", os negros também desejaram, como Du Bois disse, continuar negros, desencorajados pela inegável história do progresso da história racista dos Estados Unidos, da promoção à violência da polícia e da supressão dos eleitores, a ampliar as desigualdades raciais em áreas que vão da saúde à riqueza.

A história é repleta de duelos: a inegável história do progresso antirracista, a inegável história do progresso racista. Antes e depois da Guerra Civil, antes e depois dos direitos civis, antes e depois da primeira presidência negra, a consciência branca vive um duelo. O corpo branco define o corpo norte-americano. O corpo branco segrega o corpo negro do corpo norte-americano. O corpo branco instrui o corpo negro a integrar o corpo norte-americano. O corpo norte-americano rejeita o corpo negro integrado ao corpo norte-americano — e a história e a consciência duelam outra vez.

O corpo negro, por sua vez, trava o mesmo duelo. O corpo negro é instruído a se tornar um corpo norte-americano. O corpo norte-americano é o corpo branco. O corpo negro luta para se integrar ao corpo norte-americano. O corpo norte-americano rejeita o copo negro. O corpo negro se separa do corpo norte-americano. O corpo negro é instruído a se integrar ao corpo norte-americano — e a história e a consciência duelam outra vez.

Mas há como se libertar. Ser antirracista é se emancipar do duelo das consciências. Ser antirracista é subjugar a consciência assimilacionista e a consciência segregacionista. O corpo branco não se apresenta mais como o corpo norte-americano; o corpo negro não mais luta para ser o corpo norte-americano, sabendo que não existe um corpo norte-americano, apenas corpos norte-americanos, categorizados por raça pelo poder.

PODER

RAÇA: Um constructo de poder da diferença inferida ou consolidada que vive socialmente.

ENTRAMOS NO ESTACIONAMENTO, procurando sinais de vida. Mas a rotina da escola tinha terminado horas antes. Eram perto de 16h naquele dia quente de abril em 1990, em Long Island, Nova York.

Estacionamos o carro e notei a ansiedade no rosto de meus pais enquanto eles se desvencilhavam dos cintos de segurança. Talvez só estivessem tentando se resignar com o percurso de 30 minutos até Long Island, duas vezes por dia, a semana inteira, ano após ano — além do trajeto de uma hora para seus empregos em Manhattan. Senti o desconforto deles e o meu. O nervosismo pela troca de escola. Desejando que a escola pública do distrito 251 fosse além do terceiro ano. Sentindo-me mal tão longe de casa nessa vizinhança desconhecida. Meus sentimentos de garoto de 7 anos estavam agitados.

Várias escolas públicas de ensino fundamental se localizavam a pequena distância de minha casa, em Queens Village. Porém nova-iorquinos negros com meios de fazê-lo estavam separando seus filhos dos filhos de negros pobres das vizinhanças negras pobres, assim como nova-iorquinos brancos estavam separando seus filhos de crianças negras.

O duelo de consciência de pais brancos fazia com que não se importassem em gastar mais com moradias a fim de mandar seus filhos para escolas públicas brancas — e mantê-los longe de escolas e crianças supostamente ruins. O duelo de consciência de pais negros fazia com que não se importassem de pagar escolas privadas negras para manter seus filhos longe das mesmas crianças e escolas públicas.

Uma mulher negra nos cumprimentou na porta da frente da Grace Lutheran School. Ela nos aguardava. Era a professora do quarto ano e, após um rápido cumprimento, nos levou por um corredor. Havia salas de aula dos dois lados, mas eu me concentrei nas fotos do lado de fora: todos aqueles rostos de adultos brancos e jovens negros olhando para nós. De vez em quando, espiamos o interior das classes bem decoradas. Nenhum som. Nenhum aluno. Nenhum professor. Apenas passos.

Ela nos levou para a sua classe do quarto ano, bem longe da entrada. Pudemos ver os materiais dispostos para um projeto de ciências, enquanto ela nos explicava os detalhes. Eu não estava nem aí para a criação de galinhas. Então ela nos levou até uma mesa redonda e quis saber se tínhamos alguma pergunta. Depois de sentar-se, minha mãe perguntou sobre o currículo. Isso também não me interessou muito. Comecei a olhar com mais atenção ao redor da sala. Uma pausa na conversa chamou minha atenção — meu pai tinha acabado de perguntar sobre a composição étnica do corpo discente. Maioria negra. Tomei nota. Minha mente vagou de novo, dessa vez pela sala de aula e pela escola, tentando imaginar alunos e professores, lembrando aqueles retratos no corredor. Uma pausa me chamou a atenção outra vez. A pergunta saltou da minha boca.

"Você é a única professora negra?"

"Sim, mas..."

Eu a interrompi. "Por que você é a única professora negra?"

Confusa, ela olhou para meus pais. Meus pais trocaram olhares curiosos. Continuei olhando para a professora, imaginando por que ela olhava para meus pais. Minha mãe pôs fim ao silêncio desconfortável. "Ele tem lido biografias de líderes negros".

Minha mãe falava sobre a série Junior Black Americans of Achievement, promovida por Coretta Scott King. Meu pai tinha comprado várias dessas biografias, que agora já chegavam a mais de cem. Martin Luther King Jr. Frederick Douglass. Mary McLeod Bethune. Richard Allen. Ida B. Wells. Meu pai insistia que eu usasse um livro da pilha para cada projeto de redação.

Essas biografias envolventes eram tão estimulantes quanto novos jogos para o meu Sega Genesis. Quando eu começava a ler, não conseguia parar. Descobrir por meio desses livros a longa história do mal causado aos norte-americanos negros me deixava furioso e trouxe à vida uma espécie de consciência racial pela primeira vez.

"Ele tem muita consciência de ser negro", minha mãe fez questão de acrescentar, olhando para meu pai. Ela não pediu confirmação. Meu pai acenou concordando, mesmo assim, enquanto eu olhava para a professora, esperando a resposta.

Nessa sala de aula, naquele dia de abril em 1990, meus pais descobriram que eu entrava na puberdade racial. Aos sete anos de idade, comecei a sentir a névoa furtiva do racismo dominar meu corpo negro. Ele era grande, maior do que eu, maior do que meus pais ou qualquer coisa em meu mundo, e ameaçador. A raça é um constructo poderoso — poderoso o bastante para nos consumir. E chega até nós cedo.

Mas, apesar de todo esse poder formador de vida, a raça é uma miragem, o que não diminui a sua força. Nós somos aquilo que vemos, não importa se o que vemos existe ou não. Somos aquilo que as pessoas veem, não importa se o que elas veem existe ou não. O que as pessoas veem em si mesmas e nos outros tem significado e se manifesta em ideias, atos e políticas, mesmo que o que veem seja uma ilusão. A raça é uma miragem boa de se ver, mas nunca devemos esquecer que é uma miragem produzida pela luz poderosa do poder racista.

Portanto, não tenho pena do meu eu de sete anos por se identificar como negro. Eu ainda me identifico como negro. Não porque acredito que a negritude, ou a raça, seja uma categoria científica significativa, mas porque as nossas sociedades, políticas, ideias, histórias e culturas criaram a raça e a tornaram algo importante. Eu me encontro entre aqueles que foram humilhados por ideias racistas, sofreram com políticas racistas e que, mesmo assim, continuaram firmes e construíram movimentos e culturas para resistir ou, pelo menos, persistir nessa loucura. Eu me vejo cultural, histórica e politicamente como uma pessoa não branca, um ser afro-americano, um africano, um membro da diáspora forçada e não forçada africana. Eu me vejo histórica e politicamente como uma pessoa não branca, como um membro do sul global, como um forte aliado dos povos latinos, do Leste Asiático, do Oriente Médio, dos indígenas e de todos os povos ultrajados do mundo, de ciganos e de judeus da Europa aos aborígenes da Austrália, aos brancos atacados por sua religião, classe, gênero, identidade transgênero, etnia, sexualidade, peso, idade e deficiência. A dádiva de me ver como negro em vez de ignorar a cor da pele é que ela permite que eu me veja histórica e politicamente como um antirracista, um membro de um corpo inter-racial que luta para aceitar, igualar e empoderar a diferença racial de todos os tipos.

Alguns brancos não se identificam como brancos pelo mesmo motivo que se identificam como não racistas: para evitar lidar com os meios que a branquitude — ainda que um constructo e uma miragem — moldava suas noções em relação aos Estados Unidos e sua identidade e lhes ofereceu privilégios, o principal sendo o de serem inerentemente normais, comuns e legítimos. É um crime racial ser você mesmo quando não se é branco nos Estados Unidos. É um crime racial parecer você mesmo ou se empoderar quando não se é branco. Acho que eu me tornei um criminoso aos sete anos de idade.

Uma das ironias do antirracismo é termos que nos identificar racialmente a fim de identificar privilégios e perigos raciais de sermos quem somos. Latinos, asiáticos, africanos, europeus, indígenas e povos do Oriente Médio: essas seis raças — pelo menos no contexto norte-americano — são fundamentalmente identidades de poder, porque a raça é fundamentalmente um constructo de poder da mistura de diferenças que existe socialmente: o poder de categorizar e julgar, elevar e rebaixar, incluir e excluir. Os adeptos da noção de raça usam esse poder para classificar indivíduos, etnias e nacionalidades distintas em raças monolíticas.

·   ·   ·

O PRIMEIRO PODER GLOBAL PARA construção de raça foi o primeiro poder racista e o primeiro comerciante exclusivo dos escravizados da recém--criada raça africana. O indivíduo que orquestrou esse comércio de um povo inventado foi apelidado de o "Navegador", embora ele não tenha deixado Portugal no século XV. A única coisa que ele navegou foram os mares político-econômicos da Europa, a fim de criar as primeiras políticas transatlânticas de comércio de escravos. Aclamado por algo que não era (e ignorado pelo que era), faz sentido afirmar que Dom Henrique, o Navegador, irmão e depois tio de reis portugueses, é o primeiro personagem na história do poder racista.

Dom Henrique [Henry, em inglês] vivia em mim. O nome viajou pelos séculos e atravessou o Oceano Atlântico, e acabou na família de meu pai. Depois que minha mãe deu ao meu irmão mais velho um segundo nome de sua família, meu pai escolheu um segundo nome de sua família para mim. Ele escolheu o nome de seu trisavô escravizado, Henry. Meu pai não sabia que esse ancestral tinha o mesmo nome do Navegador, mas, quando descobri a história, soube que tinha que me livrar dele. Meu segundo nome hoje é Xolani, que significa paz, exatamente o que os comerciantes de escravizados arrancaram da África (e as Américas e a Europa), e que arrancaram de meu ancestral Henry.

Até sua morte em 1460, Dom Henrique patrocinou viagens dos portugueses no Atlântico para a África Ocidental, para driblar comerciantes islâmicos de escravizados, e ao fazer isso criou um tipo diferente de escravatura. Comerciantes de escravizados islâmicos pré-modernos, como seus colegas cristãos na Itália pré-moderna, não seguiam políticas racistas — eles escravizavam igualmente quem hoje consideramos africanos, árabes e europeus. Na aurora do mundo moderno, os portugueses começaram a comercializar exclusivamente corpos africanos. Os navegadores de Dom Henrique fizeram história quando passaram o temido buraco "negro" do Cabo Bojador, na costa do Saara Ocidental, e levaram escravizados africanos para Portugal.

O primeiro biógrafo — e apologista — de Dom Henrique tornou-se o primeiro criador da noção de raças e idealizador racista. O rei Afonso V incumbiu Gomes de Zurara, cronista real e leal comandante da

Ordem Militar de Cristo de Dom Henrique, de compor uma biografia elogiosa das aventuras africanas de seu "amado tio". Zurara terminou a *Crônica do Descobrimento e Conquista da Guiné* em 1453, o primeiro livro europeu sobre a África.

Uma das histórias de Zurara relatou o primeiro leilão importante de escravizados em Lagos, Portugal, em 1444. Alguns cativos eram "bastante brancos, de aparência agradável e bem proporcionados", enquanto outros eram como "mulatos" ou "tão negros quanto etíopes e muito feios". Apesar dos diferentes tons de pele, idiomas e grupos étnicos, Zurara os misturou em um único grupo de pessoas, dignas de serem escravizadas.

Ao contrário de bebês, fenômenos costumam nascer muito antes de os humanos lhes darem nomes. Zurara não afirmou que os negros pertenciam à raça negra. O poeta francês Jacques de Brézéc usou o termo "raça" em um poema de caça, em 1481. Em 1606, o mesmo diplomata que levou a viciante planta de tabaco para a França formalmente definiu raça pela primeira vez em um importante dicionário europeu. "Raça... significa descendência", escreveu Jean Nicot em *Trésor de la langue française* ["Tesouro da língua francesa", em tradução livre]. "Portanto, diz-se que um homem, um cavalo, um cão ou outro animal vem de uma raça boa ou ruim." Desde o início, criar a noção de raça significou criar hierarquia racial.

Gomes de Zurara agrupou todas aquelas pessoas da África em uma única raça pelo mesmo motivo: para criar hierarquia — a primeira ideia racista. A concepção de raça é o ingrediente essencial na criação de ideias racistas, a massa que envolve o recheio da torta. Quando uma raça é criada, ela precisa ser recheada — e Zurara a recheou com qualidades negativas que justificariam a missão evangélica de Dom Henrique no mundo. Essa raça negra de pessoas se perdeu, vivendo "como animais, sem quaisquer costumes de seres aceitáveis", Zurara escreveu. "Eles não compreendiam o que era bom, só sabiam viver em uma indolência animal."

Depois que colonizadores espanhóis e portugueses chegaram às Américas no século XV, eles adotaram a noção de raças em relação a todos os povos indígenas, designando-os como um povo, "índios", ou *negros da terra,* no Brasil do século XVI. Em 1510, o advogado espanhol Alonso de Zuazo comparou a raça bestial de negros "fortes para o trabalho, o oposto dos nativos, tão fracos que só podiam realizar tarefas leves". Os dois constructos racistas normalizaram e racionalizaram a importação crescente de escravizados africanos supostamente "fortes" e o progressivo genocídio dos índios supostamente "fracos" das Américas.

As outras raças, exceto latinos e pessoas do Oriente Médio, foram totalmente criadas e diferenciadas pela Era do Iluminismo, no século XVIII. Começando em 1735, Carlos Lineu eternizou a hierarquia racial da humanidade em *Systema Naturae.* Ele classificou as raças em códigos de cores, como brancos, amarelos, vermelhos e negros. Ele associou cada raça a uma das quatro regiões do mundo e descreveu suas características. A taxonomia de Lineu tornou-se o modelo que praticamente todos os adeptos da noção de raças esclarecidos seguiram e ainda seguem hoje. E, é claro, essas não eram apenas categorias neutras, porque nunca se pretendeu que as raças fossem categorias neutras. O poder racista as criou com um objetivo.

Lineu posicionou o *Homo sapiens europaeus* no alto da hierarquia racial e concebeu a maioria dos traços de caráter superiores. "Vigoroso, musculoso. Cabelos loiros lisos. Olhos azuis. Grande inteligência, criatividade. Coberto por roupas justas. Orientado pela lei." Ele inventou o caráter racial mediano do *Homo sapiens asiaticus:* "Melancólico, sério. Cabelos e olhos escuros. Rígido, altivo, ganancioso. Coberto por roupas largas. Orientado por opiniões." Ele concedeu ao caráter racial do *Homo sapiens americanus* um conjunto variado de atributos: "Mal-humorado, indiferente. Cabelos pretos lisos; narinas largas; rosto duro; imberbe. Obstinado, satisfeito, livre. Pinta o corpo com linhas vermelhas. Orientado por costumes." Na parte inferior da hierarquia racial, Lineu posicionou o *Homo sapiens afer:* "Indolente, preguiçoso. Cabelos pretos crespos. Pele sedosa. Nariz achatado. Lábios grossos. Mulheres com lábios genitais e seios alongados. Astucioso, lento, irresponsável. Cobertos de gordura. Orientado pela inconstância."

DE 1434 A 1447, Gomes de Zurara calculou que 927 escravizados africanos aportaram em Portugal, "a maioria dos quais entrou no verdadeiro caminho da salvação." Foi, segundo Zurara, a principal realização de Dom Henrique, abençoada por sucessivos papas. Nenhuma menção ao *quinto* real de Dom Henrique, os cerca de 185 cativos que recebeu, uma fortuna em corpos.

O obediente Gomes de Zurara criou a diferença racial para convencer o mundo de que Dom Henrique (e, assim, Portugal) não comercializava escravizados por dinheiro, mas só para salvar almas. Os libertadores tinham chegado à África. Zurara pessoalmente enviou uma cópia de *As Crônicas do Descobrimento e Conquista da Guiné* para o rei Afonso V com uma carta de apresentação, em 1453. Ele desejou que o livro "mantivesse" o nome de Dom Henrique "diante" dos "olhos" do mundo, "para grande glória de sua memória". Gomes de Zurara garantiu que Dom Henrique fosse lembrado, assim como Dom Henrique garantiu a fortuna da corte real. O rei Afonso acumulou mais capital com a venda de escravizados africanos para estrangeiros "do que com todos os impostos arrecadados em todo o reino", observou um viajante em 1466. A raça serviu ao seu propósito.

A política racista do comércio de escravos de Dom Henrique veio em primeiro lugar — uma invenção astuciosa com o objetivo prático de se opor aos comerciantes muçulmanos. Após quase duas décadas de comércio de escravos, o rei Afonso pediu a Gomes Zurara para defender o lucrativo comércio de vidas humanas, o que ele fez com a construção de uma raça negra, um grupo inventado ao qual ele associou ideias racistas. Essa causa e efeito — um poder racista cria políticas racistas apenas por interesse próprio; as políticas racistas precisam que as ideias racistas as justifiquem — persiste ao longo da vida do racismo.

DA SÉRIE JUNIOR BLACK Americans of Achievement para frente, aprendi que ideias racistas geram políticas racistas. Que a ignorância e o ódio causam ideias racistas. Que a raiz do problema do racismo é a ignorância e o ódio.

Mas isso nos dá uma visão errada da cadeia de eventos. A raiz do problema — de Dom Henrique ao presidente Trump — sempre foi o interesse próprio do poder racista. Um poderoso interesse próprio econômico, político e cultural — o acúmulo primitivo de capital, no caso do reino de Portugal e subsequentes comerciantes de escravizados — tem fundamentado as políticas racistas. Intelectuais poderosos e brilhantes na tradição de Gomes de Zurara então produziram ideias racistas para justificar as políticas racistas de sua época, para redirecionar a responsabilidade das desigualdades raciais de sua época para longe dessas políticas e para as pessoas.

A PROFESSORA LOGO superou a surpresa de ser questionada por um garoto de sete anos sobre a escassez de professores negros. Depois de analisar a expressão de meus pais, ela olhou para mim: "Por que você quer saber?", perguntou, com delicadeza.

"Se vocês têm tantas crianças negras, deveriam ter mais professores negros", respondi.

"A escola não contratou mais professores negros."

"Por quê?"

"Eu não sei."

"Por que você não sabe?"

Meus pais podiam ver minha agitação aumentando. Meu pai mudou de assunto. Não me incomodei. Meu pensamento já tinha me levado para longe. Estava pensando sobre o que minha mãe tinha acabado de falar. Eu sou negro. Eu sou negro.

Acabei frequentando uma escola luterana particular mais perto de casa, com uma professora branca no quarto ano e tudo o mais. Não me incomodei, até perceber.

BIOLOGIA

RACISTA BIOLÓGICO: Aquele que manifesta a ideia de que as raças têm diferenças biológicas significativas e que essas diferenças criam uma hierarquia de valor.

ANTIRRACISTA BIOLÓGICO: Aquele que manifesta a ideia de que as raças têm semelhanças biológicas significativas e que não há diferenças raciais genéticas.

Não consigo lembrar o nome dela. Posso enumerar os nomes de minhas professoras negras do quinto, sexto e sétimo anos. Mas o nome de minha professora branca do quarto ano se perdeu em minha memória, como os nomes de tantos brancos racistas ao longo dos anos que interromperam minha paz com suas reprimendas. Esquecê-la pode ser um mecanismo de enfrentamento. Às vezes, pessoas não brancas lidam com o abuso de indivíduos brancos escondendo-os atrás da bandeira generalizada da branquidade. "Ela agiu assim", dizemos, "porque é branca".

Contudo, generalizar o comportamento de indivíduos brancos racistas para todos os brancos é tão perigoso quanto generalizar as falhas individuais das pessoas não brancas a toda uma etnia. "Ele agiu assim porque é negro. Ela agiu assim porque é asiática." Muitas vezes, enxergamos e nos lembramos da etnia e não do indivíduo. Encher nossas experiências com indivíduos em armários raciais demarcados pela cor é uma categorização racista. Um antirracista trata e se lembra de indivíduos como indivíduos. "Ela agiu assim" deveríamos dizer, "porque ela é racista".

Hoje eu sei disso, mas esse conhecimento não me fará lembrar daquela professora em especial. Meus pais também não se lembram do nome dela. Nós só nos lembramos do que ela fez.

Minha classe do quarto ano era composta principalmente de crianças negras, além de umas poucas asiáticas e latinas. Três crianças brancas — duas meninas e um menino — não se integravam às demais e sentavam-se na frente da classe. Eu me sentava no fundo, perto da porta, de onde podia ver tudo. Via quando a professora branca ignorava as mãos não brancas erguidas e chamava as mãos brancas. Via quando ela punia alunos não brancos por algo que não punia os alunos brancos por fazer.

Esse não era um problema específico de minha escola ou minha infância — é um problema que se estende de escolas privadas a públicas e ao longo do tempo. Segundo dados do Departamento de Educação, durante o ano letivo de 2013-14, alunos negros tiveram quatro vezes mais probabilidade de serem suspensos das escolas públicas do que alunos brancos.

De volta à minha classe do quarto ano, aparentemente os castigos injustos e o desdém não incomodavam os outros alunos negros, então não deixei que me incomodassem. Mas um dia, antes das férias de Natal, em 1990, foi inevitável.

Uma garota pequena e quieta — menor e mais quieta que eu — sentava-se no fundo no outro lado da classe. A professora fez uma pergunta e eu a vi erguer a mão de pele retinta devagar, o que era um acontecimento incomum. Sua timidez, ou alguma outra coisa, geralmente mantinha sua boca fechada e a mão abaixada. Mas algo a encorajou naquele dia. Eu sorri quando vi sua pequena mão se erguer para chamar a atenção da professora.

A professora olhou para ela, desviou o olhar e chamou outra mão branca assim que foi erguida. Quando o braço da menina negra desceu, vi sua cabeça se abaixar. Enquanto eu via sua cabeça se abaixar, vi seu ânimo se arrefecer. Eu me virei e olhei para a professora que, naturalmente, não estava olhando para mim. Estava ocupada demais dando atenção ao aluno branco favorito para notar o que estava acontecendo na última fileira — nem a minha fúria, nem a tristeza da menina foram registradas por ela.

Estudiosos chamam o que eu vi de "microagressão", um termo cunhado pelo eminente psiquiatra de Harvard Chester Pierce, em 1970. Pierce empregou o termo para descrever o constante abuso racista verbal e não verbal que os brancos dirigem aos negros onde quer que estejam, todos os dias. Uma mulher branca agarra a bolsa se um negro se senta ao seu lado. O assento ao lado de um negro fica vazio em um ônibus lotado. Uma mulher branca chama a polícia ao ver negros fazendo um churrasco no parque. Os brancos nos dizem que nossa determinação é ódio ou que os talentos que praticamos são naturais. Confundem-nos com o único negro das proximidades. Chamam a polícia porque nossas crianças estão vendendo limonada na rua. Detonam o ebonics[1] por diversão. Supõem que somos os criados. Supõem que os criados não são inteligentes. Fazem perguntas sobre toda a raça negra. Não nos concedem o benefício da dúvida. Chamam a polícia por estarmos correndo na rua.

Como afro-americano, Pierce sofreu e testemunhou esse tipo de abuso cotidiano. Ele identificou esses abusos individuais como violência racista.

Desde 1970, o conceito de microagressões se ampliou e passou a ser aplicado a abusos interpessoais não apenas aos negros, mas contra todos os grupos marginalizados. Na última década, o termo se tornou popular no âmbito da justiça social por meio do trabalho do psicólogo Derald Wing Sue. Ele define microagressões como "breves interações diárias

---

[1] N. do R.T.: Linguagem atribuída a descendentes de africanos escravizados em países da África Ocidental, Caribe e América do Norte.

que enviam mensagens depreciativas para certos indivíduos por causa da participação em grupos específicos".

Não acho que seja coincidência que o termo "microagressão" tenha se tornado popular durante a assim chamada era pós-racial, na qual algumas pessoas imaginaram que entramos com a eleição do primeiro presidente negro. A palavra "racismo" saiu de moda em meio à névoa liberal do progresso racial — a marca política de Obama — e os conservadores começaram a equiparar "racismo" à ofensiva palavra "crioulo", um termo maldoso pejorativo e não um termo descritivo. Com a palavra em si gerando controvérsia para alguns, ultrapassada para outros, alguns norte-americanos bem-intencionados começaram, conscientemente ou, talvez, inconscientemente, a procurar outros termos para identificar o racismo. A "microagressão" tornou-se parte de todo um vocabulário de palavras velhas e novas — como "guerras culturais", "estereótipo" e "preconceito implícito", "ansiedade econômica" e "tribalismo" — que facilitaram a tarefa de falar sobre ou evitar a palavra com R.

Eu não uso mais "microagressão". Detesto a plataforma pós-racial que apoiou sua repentina popularidade. Detesto seus componentes — "micro" e "agressão". Um persistente burburinho diário de abuso racista não é 'micro'. Eu uso o termo "abuso", porque agressão não é um termo adequado. Abuso descreve com exatidão o ato e seus efeitos nas pessoas: angústia, raiva, preocupação, depressão, ansiedade, dor, fadiga e suicídio.

O que outras pessoas chamam de microagressão, eu chamo de abuso racista. E eu chamo as políticas de tolerância zero que evitam e punem esses abusadores pelo nome que merecem: antirracistas. Somente racistas se negam a usar a palavra com R — o racismo está repleto de negação.

DE VOLTA À SALA DE AULA, precisei de algum tempo para pensar sobre o abuso racista que presenciei. Observei minha colega de classe desalentada, de cabeça baixa, enquanto caminhávamos pelo longo corredor que levava à capela contígua, onde assistiríamos ao nosso culto semanal. A tristeza dela não dava mostras de desaparecer. Nem a minha fúria.

A capela tinha um design pós-moderno, mas seu interior era simples: um pequeno púlpito e dezenas de fileiras de bancos marrons, com uma cruz se elevando acima de tudo na parede ao fundo. Quando o culto matinal terminou, a professora começou a conduzir meus colegas de classe para fora. Eu não me mexi. Fiquei sentado na beira do banco e olhei fixamente para a professora que se aproximava.

"Ibram, hora de ir", disse ela, simpática.

"Eu não vou a lugar algum!", respondi fracamente, e olhei direto para a cruz.

"O quê?"

Eu olhei para ela, os olhos brilhando, arregalados: "Eu não vou a lugar algum!"

"Não! Você precisa sair, agora!"

Lembrando o ocorrido, caso eu fosse uma de suas crianças brancas, ela teria perguntado: "O que há de errado?" Será que lhe ocorreria que eu poderia estar passando mal? Fico pensando... Eu me pergunto se as ideias racistas dela atribuíram minha resistência à negritude e, consequentemente, a categorizou como má conduta, e não sofrimento. Com professores racistas, crianças não brancas malcomportadas não são consultadas, não recebem empatia e legitimidade. Recebemos ordens e castigos e "sem dar desculpas", como se fôssemos adultos. A criança negra é maltratada como um adulto, e o adulto negro é maltratado como uma criança.

Meus colegas de classe já estavam quase fora da capela. Alguns mais atentos pararam perto da porta, observando e especulando. Furiosa e perplexa por essa interrupção, a professora mandou que eu saísse de novo. Sem sucesso. Ela agarrou meu ombro.

"Não me toque!", gritei.

"Vou chamar a diretora", disse ela, virando-se para a saída.

"Eu não ligo! Pode chamar! Pode chamar agora!", gritei, olhando para frente enquanto ela se afastava de mim. Senti uma única lágrima escorrendo de cada olho.

O silêncio agora era profundo. Enxuguei as lágrimas. Comecei a ensaiar o que diria à diretora. Quando chegou, deu mais algumas ordens, imaginando que fariam com que eu me movesse. Ela aprendeu a lição como sua predecessora. Eu não me moveria até que recitasse meu primeiro discurso sobre racismo, até ter a chance de defender nossa negritude.

NOSSA NEGRITUDE. Eu sou negro. Olhei para a pele retinta da menina e vi a cor da minha pele. Olhei seu cabelo crespo, dividido ao meio em trancinhas presas com fivelas, e vi meu cabelo crespo, meu pequeno afro. Olhei seu nariz largo e vi meu nariz. Olhei seus lábios grossos e vi meus lábios. Eu a ouvi falando e me ouvi falando. Não era uma miragem. Nós éramos iguais. Aqueles três alunos brancos favorecidos — eles eram diferentes em minha compreensão racial de oito anos de idade. Sua pele clara, cabelos lisos, o jeito diferente de falar, até o jeito como usavam os uniformes — tudo indicava uma espécie diferente para mim. A diferença não era superficial.

Ninguém me ensinou que essas diferenças eram insignificantes para nossa humanidade fundamental — a essência do antirracismo biológico. Os adultos me ensinaram, de várias formas, que essas diferenças superficiais significavam diferentes formas de humanidade — a essência do racismo biológico.

Racistas biológicos são segregacionistas. O racismo biológico se baseia em duas ideias: que a biologia das raças é significativamente diferente e que essas diferenças criam uma hierarquia de valor. Cresci acreditando na primeira ideia da diferença racial biológica. Cresci desacreditando a segunda ideia da hierarquia racial biológica, que está em conflito com a história bíblica da criação que aprendi por meio do estudo religioso, na qual todos os seres humanos descendem de Adão e Eva. Ela também entrava em conflito com o credo secular que me foi ensinado, a história da criação norte-americana de que "todos os homens são criados iguais".

Minha aceitação da distinção racial biológica e a rejeição da hierarquia racial biológica foi como aceitar a água e rejeitar que é molhada.

Mas isso foi exatamente o que eu e muitos de nós aprendemos a fazer em nosso duelo racial de consciências.

A diferença racial biológica é uma das crenças racistas amplamente aceitas que poucas pessoas percebem que aceitam — tampouco percebem que essas crenças estão enraizadas em ideias racistas. Cresci ouvindo que os negros tinham "mais capacidade física natural", como metade dos participantes afirmaram em uma pesquisa de 1991. Que o "sangue negro" era diferente do "sangue branco". Que "uma gota de sangue negro faz um negro" e "apaga a luz do intelecto", como Thomas Dixon escreveu em *The Leopard's Spots* ["As Manchas do Leopardo", em tradução livre] de 1902. Que os negros têm o dom natural da improvisação. Que, "se os negros têm certas habilidades inatas, como tomadas de decisão de improviso, isso explicaria por que eles predominam em certas áreas, como jazz, rap, xadrez e astronomia", sugeriu Dinesh D'Souza em seu livro de 1995, com o risível título mentiroso *The End of Racism* ["O Fim do Racismo", em tradução livre]. Que as mulheres negras têm nádegas naturalmente grandes e homens negros têm pênis naturalmente grandes. Que "o aumento de estupros de mulheres brancas" se origina do "tamanho avantajado do pênis do negro" e seu "direito de nascença" ao "desvario e excesso sexual", como um médico escreveu em um exemplar de 1903 da revista *Medicine*.

Que os negros são biologicamente diferentes por causa da escravidão. Na Conferência da Associação Americana do Coração, de 1988, um pesquisador negro sobre a hipertensão disse que os afro-americanos apresentavam taxas de hipertensão mais altas porque só aqueles capazes de reter elevados graus de sal sobreviveram consumindo água salgada do Oceano Atlântico durante a travessia. "Discuti esse fato com vários colegas e... ele certamente parece plausível", disse Clarence Gold para os deslumbrados repórteres. A plausibilidade se tornou prova, e a tese de escravidão/hipertensão recebeu o tapete vermelho na comunidade cardiovascular nos anos de 1990. Grim não chegou a essa tese em seu laboratório de pesquisas. Ele a elaborou ao ler *Raízes*, de Alex Haley. Quem precisa de comprovação científica quando uma distinção racial biológica pode ser imaginada com a leitura de ficção? Com a leitura da Bíblia?

A MESMA BÍBLIA que me ensinou que todos os humanos descendiam do primeiro casal também defende a diferença humana imutável, o resultado de uma maldição divina. "As pessoas que foram espalhadas sobre a Terra vieram dos três filhos do Noé", segundo a história bíblica do Grande Dilúvio no nono capítulo de Gênesis. Noé plantou uma vinha, tomou de seu vinho e adormeceu, nu e embriagado, em sua tenda. Cam viu a nudez do pai e alertou os irmãos. Sem e Jafé se recusaram a olhar a nudez de Noé, voltaram para a sua tenda e o cobriram. Quando Noé acordou, soube que Cam, pai de Canaã, o tinha visto em toda a sua nudez. "Que Canaã seja amaldiçoado", encolerizou-se Noé. "Que Canaã seja escravo de Sem."

Quem são os descendentes amaldiçoados de Canaã? Em 1578, George Best, escritor de viagens inglês, ofereceu uma resposta que, não coincidentemente, justificou expandir a escravidão europeia de africanos. Deus desejou que o filho de Cam e "todos os seus descendentes depois dele deveriam então ser negros e repugnantes", Best escreve: "Que isso possa ser uma exibição de desobediência para todo o mundo."

O poder racista imediatamente tornou a distinção racial biológica e a hierarquia racial biológica os componentes do racismo biológico. Essa teoria da maldição teve uma vida de destaque nos lábios que justificavam os escravagistas até que o comércio de escravizados negros terminou em países cristãos no século XIX. A prova não teve importância quando a diferença racial biológica pôde ser criada por meio da interpretação incorreta da Bíblia.

Mas a ciência também pode ser mal interpretada. Depois que Cristóvão Colombo descobriu um povo não mencionado na Bíblia, surgiram especulações sobre os indígenas norte-americanos e logo sobre africanos descendentes de um "Adão diferente". Porém a Europa cristã considerou a poligênese — a teoria de que as raças são espécies separadas com criações distintas — uma heresia. Quando Isaac La Peyrère publicou *Men Before Adam* ["Os Homens Antes de Adão", em tradução livre] em 1655, as autoridades francesas o jogaram na prisão e queimaram seus livros. Contudo, proprietários poderosos de escravizados poderosos "preferiram" a crença pró-escravatura de que existia uma "raça de Homens não descendentes de Adão" à "maldição de Cam".

A poligênese tornou-se fonte de debates durante todo o Iluminismo. O debate atingiu o clímax nos anos de 1770, durante o primeiro movimento antiescravagista transatlântico. Em 1776, Thomas Jefferson adotou a defesa da monogênese. Todavia, nas décadas seguintes, a poligênese passou a dominar o pensamento racial nos Estados Unidos por meio de estudiosos como Samuel Morton e Louis Agassiz, induzindo o biólogo Charles Darwin a escrever nas páginas de abertura de *A Origem das Espécies*, em 1859: "A opinião que a maioria dos naturalistas considera, e que depois passei a considerar — ou seja, que cada espécie foi criada independentemente — é incorreta." Ele apresentou a teoria da seleção natural, que foi logo usada como outro método para distinguir e classificar as raças biologicamente.

A raça branca naturalmente selecionada estava vencendo a luta, estava evoluindo, estava se dirigindo à perfeição, segundo os darwinistas sociais. Os três únicos cenários para as raças "mais fracas" eram extinção, escravidão ou assimilação, explicou o darwinista social que fundou a sociologia norte-americana. "Muitos temem a primeira possibilidade para os índios", coescreveu Albion Small em 1894; "o segundo destino muitas vezes é previsto para os negros; enquanto o terceiro é previsto para os chineses e outros povos orientais".

O movimento eugênico transatlântico, impulsionado por Francis Galton, meio-primo de Darwin, visava acelerar a seleção natural com políticas que encorajavam a reprodução entre pessoas com genes superiores e tornar a escravizar ou matar as geneticamente inferiores. A indignação global depois das políticas voltadas para a eugenia genocida da Alemanha nazista em meados do século XX levou à marginalização do racismo biológico no pensamento acadêmico pela primeira vez em 400 anos O racismo biológico — teoria da maldição, poligênese e eugenia — foram fortes durante todo esse tempo. E, no entanto, a marginalização no pensamento acadêmico não significou marginalização no pensamento comum, incluindo o tipo de pensamento comum que me rodeava quando criança.

CIENTISTAS E APLAUSOS acompanharam o presidente dos Estados Unidos quando ele entrou Salão Leste da Casa Branca, em 26 de junho de 2000. Bill Clinton se postou atrás do pódio entre duas telas que mostravam este título: DECODIFICANDO O LIVRO DA VIDA / UM MARCO PARA A HUMANIDADE. Geneticistas tinham começado a decodificar o livro da vida em 1990, o mesmo ano em que me identifiquei neste livro como negro.

Depois de agradecer a políticos e cientistas de todo o mundo, Clinton recuou 200 anos, para o dia em que Thomas Jefferson "abriu um mapa magnífico" do continente dos Estados Unidos "nesta sala, neste chão".

"Hoje, o mundo está se unindo a nós aqui, no Salão Leste, para mostrar um mapa ainda mais importante", anunciou Clinton. "Estamos aqui para comemorar a conclusão da primeira pesquisa de todo o genoma humano. Sem dúvida, este é o mapa mais importante, mais impressionante já produzido pela humanidade." Quando os cientistas terminaram de desenhar o mapa de "nosso milagroso código genético", quando recuaram e olharam para o mapa, uma das "grandes verdades" que viram foi "que, em termos genéticos, todos os seres humanos, independentemente de raça, são mais do que 99,9% iguais", declarou Clinton. "Isso significa que a ciência moderna confirmou o que já aprendemos com as religiões antigas. O fato mais importante da vida nesta Terra é nossa humanidade comum."

Ninguém me disse que uma investigação determinante na história humana moderna estava se desenrolando atrás das guerras raciais dos anos de 1990. Provavelmente foi um dos anúncios científicos mais importantes já feitos por um chefe de Estado no poder — talvez tão importante para os humanos quanto a chegada à Lua —, mas a novidade sobre nossa igualdade fundamental foi rapidamente superada por discussões mais familiares.

"Os cientistas que planejam a próxima fase do projeto genoma humano estão sendo obrigados a confrontar uma questão traiçoeira: as diferenças genéticas entre as raças humanas", relatou Nicholas Wade, jornalista especializado em ciência, no *New York Times* não muito tempo depois do anúncio de Clinton. Em seu best-seller de 2014, *Uma Herança Incômoda*, Wade afirmou que "existe um componente genético no comportamento social humano". Essa ligação da biologia ao comportamento é o berço do racismo biológico — ela leva à classificação biológica das raças e à suposição de que a biologia de certas raças gera características comportamentais superiores, como a inteligência.

Contudo, não existe algo como ancestralidade racial. Existe uma ancestralidade étnica. Camara Jones, um proeminente pesquisador médico de disparidades de saúde, explicou-a desta forma à estudiosa de bioética, Dorothy Roberts: "As pessoas nascem com uma ascendência que vem dos pais, mas é atribuída à raça." Pessoas de mesmos grupos étnicos nativos de determinadas regiões geográficas costumam partilhar o mesmo perfil genético. Os geneticistas os chamam de "populações". Quando os geneticistas comparam essas populações étnicas, eles constatam que há mais diversidade genética entre populações dentro da África do que entre a África e o resto do mundo. Grupos étnicos na África Ocidental são mais parecidos geneticamente com grupos étnicos na Europa Ocidental do que com grupos étnicos na África Oriental. A raça é uma miragem genética.

Segregacionistas como Nicholas Wade calculam que, se os humanos são 99,9% geneticamente semelhantes, então eles devem ser 0,1% diferentes. E essa diferença deve ser racial. E esse 0,1% de diferença racial cresceu exponencialmente ao longo dos milênios. E é sua função vasculhar céu e Terra em busca dessas raças exponencialmente diferentes.

Assimilacionistas aceitaram uma tarefa diferente, que está em andamento há décadas. "O que deveríamos ensinar em nossas igrejas e além de seus muros?" Ken Ham, fundamentalista cristão, coautor de *One Race One Blood* ["Mesma Raça, Mesmo Sangue", em tradução livre], em um artigo de 2017. "Primeiro, mostre os pontos em comum para evolucionistas e criacionistas: o mapeamento do genoma humano concluiu que há somente uma raça, a raça humana."

Criadores de uma raça única pressionam para o fim da categorização e identificação pela raça. Eles agitam o dedo para pessoas como eu, identificadas como negras, mas a triste verdade é que sua estratégia pós-racial bem-intencionada não faz sentido em nosso mundo racista. A raça é uma miragem, mas uma miragem ao redor da qual a humanidade se organizou de modos muito reais. Deixar de imaginar a existência de raças em um mundo racista é tão conservador e prejudicial quanto deixar de imaginar classes em um mundo capitalista — isso permite que as raças e classes dominantes continuem dominando.

Assimilacionistas acreditam no mito pós-racial de que falar sobre raças é racismo, ou que, se pararmos de nos identificar por raças, o racismo desaparecerá por milagre. Eles não percebem que, se pararmos de usar categorias raciais, não seremos capazes de identificar a desigualdade racial. Se não pudermos identificar a desigualdade racial, não poderemos identificar políticas racistas. Se não pudermos identificar políticas racistas, não poderemos contestar políticas racistas. Se não pudermos contestar políticas racistas, a solução final do poder racista será atingida: um mundo de desigualdade que ninguém pode ver, quanto mais combater. Pôr fim às categorias raciais é potencialmente o último, não o primeiro, passo na luta antirracista.

Segregacionistas veem seis raças biologicamente distintas. Os assimilacionistas veem uma raça humana biológica. Contudo, também podemos ver a questão através das lentes do antirracismo biológico: ser antirracista é reconhecer a realidade da igualdade biológica, que a cor da pele é tão insignificante para a nossa humanidade fundamental quanto a roupa que usamos sobre essa pele. Ser antirracista é reconhecer que não existe sangue branco ou doenças negras ou atletismo latino nato. Ser antirracista é também reconhecer a realidade dessa miragem racial, que vive e respira, que torna a cor da pele mais significativa que nossa individualidade. Ser antirracista é focar o fim do racismo que molda as miragens, não ignorar as miragens que moldam nossas vidas.

A DIRETORA FINALMENTE sentou-se ao meu lado. Talvez, de repente, tenha deixado de me ver como um menino malcomportado, mas como um menino, um aluno sob seus cuidados, com um problema. Talvez não. Seja como for, ela permitiu que eu falasse. Defendi meu discurso. Eu não usei termos como "abuso racial" e "ideias racistas". Usei termos como "justo" e "injusto", "triste" e "feliz". Ela ouviu e me surpreendeu com perguntas. Meu protesto solitário terminou depois que ela me ouviu e concordou em falar com a professora.

Eu esperava ser castigado quando a diretora convocou minha mãe naquela tarde. Depois de descrever o ocorrido, a diretora disse que meu comportamento era proibido na escola. Minha mãe não disse que nunca mais aconteceria, como a diretora esperava. Minha mãe disse que teria que conversar comigo.

"Se você quiser protestar, terá que lidar com as consequências", disse minha mãe à noite, como faria em outras noites depois de minhas manifestações.

"Ok", respondi. Mas não houve consequências dessa vez. E a professora mudou o comportamento em relação aos alunos não brancos.

O quarto ano pôs fim à questão. Meus pais me tiraram dessa escola. Um ano foi suficiente. Eles procuraram uma escola particular cristã que validasse melhor minha identidade racial. Encontraram professores negros na St. Joseph Parish Day School, uma escola episcopal mais perto de casa, em Queens Village, onde cursei o quinto, sexto e sétimo anos.

No oitavo ano e em todo o ano de "humor" que manteve minha classe do nono ano tomada por risos e mágoas, fui transferido para uma escola luterana particular perto da St. Joseph. Quase todos os meus colegas do nono ano gostavam de fazer piadas. Quase todos eram alvo de piadas por algum motivo. Mas uma delas doeu mais do que todas.

CAPÍTULO 5

ETNIA

RACISMO ÉTNICO: Um conjunto de políticas racistas poderosas que levam à desigualdade entre grupos étnicos racializados, substanciadas por ideias racistas sobre grupos étnicos racializados.

ANTIRRACISMO ÉTNICO: Um conjunto de políticas antirracistas poderosas que levam à igualdade entre grupos étnicos racializados, substanciadas por ideias antirracistas sobre grupos étnicos racializados.

NÓS INSULTÁVAMOS SPEEDO PORQUE ele sempre estava nervoso. Contávamos piadas de camelos para outro menino por causa de um afundamento que ele tinha no alto da cabeça. Chamávamos uma menina de girafa sem dó por causa das pernas compridas. "Você está grávido?", perguntávamos ao menino gordo. "Sabemos que você está grávida", dizíamos à menina gorda. Eles me deram o apelido de Bonk, por causa de um personagem de videogame cuja única arma era a cabeça inacreditavelmente grande que fazia um rítmico "Bonk. Bonk. Bonk" quando atacava os inimigos.

Eu distribuía tantas piadas quanto os outros — o dissidente do nono ano tinha se tornado um adolescente popular com uma queda por piadas cruéis. Talvez minha capacidade de empatia tivesse sido reavivada se eu tivesse entrado no ônibus para participar da Marcha de Um Milhão de

Homens, em Washington, D.C., em outubro de 1995. Mas meu pai, cuidando de um irmão doente, não nos levou.

E também nenhum de nós participou de outro evento importante da época: o julgamento de O. J. Simpson, em Los Angeles. Duas semanas antes da Marcha de Um Milhão de Homens, eu estava na minha classe do nono ano, esperando pacientemente com meus colegas negros, ouvindo rádio. Quando a declaração "inocente" cortou o silêncio como um cutelo, saltamos de nossas carteiras, gritando, nos abraçando, querendo chamar os amigos e pais para comemorar. (Infelizmente, não tínhamos celulares.)

Em Manhattan, meu pai se reuniu com os colegas contadores em uma sala de conferências lotada, abafada e silenciosa para assistir ao veredito pela televisão. Após a leitura da decisão de absolvição, meu pai e seus colegas negros saíram da sala com sorrisos escondidos pelo semblante sério, deixando os colegas brancos desconcertados para trás.

De volta à minha classe, entre abraços de alegria, olhei para minha professora branca. Ela sacudiu o rosto vermelho enquanto tentava conter as lágrimas, talvez dominada pela mesma sensação esmagadora de impotência e desânimo que os negros sentem tantas e tantas vezes. Sorri para ela — não me importava. Eu queria que O. J. ficasse livre. Escutara as conversas dos adultos negros à minha volta durante meses em 1995. Eles não achavam que ele era inocente de assassinato, assim como não pensavam que era inocente de trair seu povo. Mas eles sabiam que o sistema judicial também era culpado. Culpado por livrar os policiais negros que espancaram Rodney King, em 1991, e o comerciante coreano que matou Latasha Harlins, uma garota de 15 anos, naquele mesmo ano, depois de acusá-la falsamente de ter roubado suco de laranja. Mas o veredito de O. J. não impediu a justiça de falhar quando se tratava de corpos de pessoas negras — todos os tipos de negros. Os nova-iorquinos confirmaram esse fato dois anos mais tarde, quando policiais no interior de uma delegacia do Brooklyn sodomizaram um imigrante haitiano de 30 anos chamado Abner Louima com um cabo de vassoura, depois de espancá-lo violentamente no caminho até a delegacia. E, dois anos depois disso, o sistema judicial libertou outro grupo de policiais de Nova

York que dispararam 40 projéteis no corpo de Amadou Diallo, um imigrante da Guiné desarmado, de 23 anos de idade. Não importava se essas pessoas não brancas tinham nascido ou não Estados Unidos. No final, a violência racista era igual para todos.

Mas, na minha classe do nono ano, meus colegas afro-americanos discriminavam. Kwame provavelmente sofria as piadas mais maldosas. Ele era popular, engraçado, bonito, atlético e legal — no entanto, sua etnia ganesa superava tudo. Incansavelmente, fazíamos piadas sobre Kwame, como se ele fosse Akeem, do reino de Zamunda, e nós o Darryl, o insuportável namorado de Lisa, na comédia romântica de 1988 *Um Príncipe em Nova York*. Afinal, vivíamos no Queens, para onde Akeem tinha ido em busca de uma esposa e se apaixonou por Lisa, no filme.

Em *Um Príncipe em Nova York,* Darryl, Lisa, Akeem e Patrice (irmã de Lisa) estão nas arquibancadas, assistindo a uma partida de basquete. "Usar roupas deve ser uma experiência nova para você", dispara Darryl olhando para Akeem. Lisa, aborrecida, sentada entre os dois, muda de assunto. Darryl o retoma. "Que tipos de jogos vocês jogam na África? Caça aos macacos?" Darryl dá uma risadinha. Esperava-se que os espectadores afro-americanos fizessem o mesmo e rissem de Akeem. De volta à classe, parafraseamos as piadas de Darryl sobre africanos bárbaros e animalescos para os Kwanes em nosso meio.

Essas eram piadas racistas cujo ponto de origem — o comércio escravagista — não é nada engraçado. Quando negros fazem piadas que desumanizam outros ramos da diáspora africana, permitimos que essa história de horror reviva em nossos risos. O racismo étnico é o roteiro ressuscitado do comerciante escravagista.

A origem do racismo étnico pode ser encontrada no mercado da oferta e da procura do comércio escravagista de mercadorias humanas. Diferentes escravagistas preferiam diferentes grupos étnicos na África, por acreditar que dariam melhores escravos. E os melhores escravos eram considerados os melhores africanos. Alguns fazendeiros franceses consideravam os congoleses "negros magníficos", visto que "tinham nascido para servir". Outros se uniram aos espanhóis e consideravam os cativos da Senegâmbia "os melhores escravos". Contudo, a maioria dos fazendeiros nos Estados Unidos considerava os grupos étnicos da Costa do Ouro — atualmente Gana — como "os melhores e mais fiéis de nossos escravos", como relatado por Christopher Codrington, governador e um dos mais ricos dono de terras de Antígua.

Fazendeiros e comerciantes escravagistas colocavam os angolanos em último lugar, considerando-os os piores escravos, o mais baixo degrau na escada do racismo étnico, acima somente dos animais. Nos anos de 1740, cativos da Costa do Ouro eram vendidos por um preço cerca de duas vezes maior que cativos de Angola. Talvez o baixo valor dos angolanos se baseie no excesso de oferta: os angolanos eram mais comercializados do que qualquer outro grupo étnico africano. Os cerca de 20 cativos levados para Jamestown, Virgínia, em agosto de 1619, que iniciaram a história dos africanos nos Estados Unidos, eram angolanos.

Os fazendeiros não tinham problemas em inventar explicações para seu racismo étnico. "Os negros da Costa do Ouro, Popa e Uidá", escreveu um francês, "nasceram em uma parte da África muito árida". Como resultado, "eles são obrigados a cultivar a terra para sua subsistência" e "estão acostumados ao trabalho duro desde a infância", escreveu. "Por outro lado... negros de Angola são trazidos daquelas partes da África... onde tudo cresce quase espontaneamente." Assim, "os homens nunca trabalham e levam uma vida indolente e, em geral, são preguiçosos e têm compleição frágil".

É possível que meus amigos e eu seguíssemos um velho roteiro quando se tratava do racismo étnico, mas nossas motivações não eram as mesmas que a daqueles antigos fazendeiros. Oculto em nossos risos em relação a Kwame e Akeem provavelmente havia alguma raiva em relação aos africanos continentais. "Os chefes africanos eram aqueles que travavam guerras uns contra os outros e capturavam e vendiam seu próprio povo", contou o presidente de Uganda Yoweri Museveni, em 1998, a uma multidão que incluía o presidente Bill Clinton, reproduzindo o discurso habitual que faz parte da memória afro-americana sobre o comércio escravagista. Eu ainda me lembro de uma discussão que tive com alguns amigos na faculdade anos depois — eles me disseram para deixá-

-los em paz com minha "merda africana". Aqueles "africanos filhos da mãe nos traíram", disseram. Venderam o "próprio povo".

A ideia de que os "chefes africanos" venderam o "próprio povo" é uma memória anacrônica, que reveste nossas noções atuais sobre raça de um passado étnico. Quando os intelectuais europeus criaram a raça entre os séculos XV e XVIII, juntando diversos grupos étnicos em raças monolíticas, não mudaram, necessariamente, o modo como as pessoas se viam. Residentes africanos nos séculos XVII e XVIII não olharam para os diversos grupos à sua volta e, de repente, viram todos com um único povo, uma mesma raça, como africanos ou negros. Africanos envolvidos no comércio escravagista não acreditavam que estavam vendendo o próprio povo — eles normalmente vendiam pessoas que para eles eram tão diferentes quanto os europeus que as esperavam na costa. Pessoas comuns na África Ocidental — como pessoas comuns na Europa Ocidental — identificavam-se em termos étnicos durante a vida do comércio escravagista. Levou muito tempo para que a criação de raças lançasse sua pesada sombra sobre todo o globo.

DURANTE TODO OS ANOS 1990, o número de imigrantes não brancos nos Estados Unidos cresceu, devido aos efeitos combinados da Lei de Imigração e Nacionalidade de 1965, a Lei de Refugiados de 1980 e a Lei de Imigração de 1990. Somadas, essas leis encorajaram a reunificação familiar, imigração de áreas de conflito e um programa de vistos de diversidade (loteria de vistos) que aumentou a imigração oriundas de países fora da Europa. Entre 1980 e 2000, a população de imigrantes latinos saltou de 4,2 milhões para 14,1 milhões. Em 2015, imigrantes negros eram responsáveis por 8,7% da população negra do país, cerca do triplo de sua parcela em 1980. Como era um bebê do início dos anos 1980, testemunhei esse crescimento de imigrantes não brancos de perto.

Embora alguns afro-americanos ficassem cautelosos diante da entrada de imigrantes do mundo negro, o mesmo não ocorreu com meus pais. Um casal haitiano com três garotos morava em frente à nossa casa, e eu fiz amizade com Gil, o filho mais novo, e seu primo, Cliff. Passei muitos dias na casa deles comendo arroz e ervilhas, bananas-da-terra fritas e pratos à base de frango cujos nomes não sei pronunciar. Aprendi um pouco de crioulo haitiano. O pai de Gil era pastor em uma igreja haitiana em Flatbush, Brooklyn, o coração da comunidade das Índias Ocidentais. Muitas vezes ia com eles à igreja, servindo-me de grandes porções de cultura haitiana-americana junto com o sermão do dia.

Gil e Cliff ficaram próximos, mas os pais de Gil, não. Eles eram gentis e prestativos, mas sempre havia uma distância entre nós. Nunca me senti parte da família, apesar de todas as vezes que me sentei à sua mesa. Talvez eles mantivessem distância por eu ser afro-americano em uma época em que imigrantes haitianos sofriam com nossa intolerância. Talvez não. Talvez eu esteja fazendo uma tempestade em copo d'água. Mas essa sensação se repetiu em outros encontros. Imigrantes do Caribe costumam classificar afro-americanos como "preguiçosos, sem ambição, incultos, inamistosos, dependentes do serviço social e destituídos de valores familiares", constatou Mary C. Waters em seu estudo baseado em entrevistas sobre hábitos de imigrantes do Caribe. Os afro-americanos costumavam categorizar caribenhos como "egoístas, destituídos de consciência de raça, criados dos brancos e donos de um inflado senso de superioridade".

Cresci com diversos tipos de negros ao meu redor — não conheci nada diferente. Mas estar cercado de imigrantes negros era algo novo para a geração de meus pais e avós.

O afrouxamento das leis de imigração nos anos 1960 a 1990 teve a intenção de desfazer uma geração anterior de leis que limitavam a imigração de não brancos aos Estados Unidos. A Lei de Exclusão de Chineses, de 1882, foi estendida para uma lei mais ampla, abrangendo uma "Zona Asiática Proibida", em 1917. A Lei de Emergência de Fixação de Quotas em 1921, e a Lei de Imigração, de 1924, limitaram rigidamente a entrada de pessoas da África e da Europa Oriental e Ocidental, e praticamente proibiu a imigração de asiáticos até 1965. "Os Estados Unidos precisam continuar um país norte-americano", disse o presidente Calvin Coolidge quando assinou a lei de 1924. Naturalmente, na época, "norte-americano" incluía milhões de negros, asiáticos, indígenas, pessoas do Oriente Médio e latinos (que foram, pelo menos nos casos de mexicanos-americanos, repatriados à força para o México às centenas de milhares). Mas Coolidge e seus apoiadores no Congresso determinaram que apenas imigrantes do noroeste europeu — Escandinávia, Ilhas Britânicas, Alemanha — poderiam manter os Estados Unidos um país norte-americano, ou seja, branco. Os Estados Unidos "eram uma terra poderosa colonizada por europeus do norte, noruegueses e saxões", proclamou Ira Hersey, representante do Maine, sob aplausos, durante debate sobre a Lei de Imigração de 1924.

Cerca de um século depois, o senador norte-americano Jeff Sessions lamentou o crescimento da população de não nativos. "Quando os números atingiram um patamar muito alto em 1924, o presidente e o Congresso mudaram a política. E a imigração desacelerou significativamente", disse ele a Steve Bannon, da Breitbart, em 2015. "Então assimilamos até 1965 e criamos uma classe média realmente sólida nos Estados Unidos com imigrantes assimilados. E isso foi bom para o país." Um ano depois, como procurador-geral, Sessions começou a aplicar as políticas anti-imigração da administração Trump contra latinos, árabes e negros orientadas a tornar a América branca outra vez. "Deveríamos ter mais pessoas de lugares como a Noruega", disse Trump aos legisladores em 2018. Aparentemente, já havia muitas pessoas não brancas como eu.

A ADMINISTRAÇÃO ATUAL retomou as políticas de imigração do início do século XX — baseadas em ideias racistas do que constitui um norte-americano —, com a intenção de voltar aos anos de imigração que viram uma extraordinária diversificação nos Estados Unidos, incluindo a nova diversidade na população negra, que agora incluía africanos, caribenhos, além dos descendentes de escravizados norte-americanos. Contudo, independentemente de onde vieram, todos foram racializados como negros.

A verdade é que, depois que caem sob o olhar e o poder dos criadores de raças, todos os grupos étnicos são racializados. Eu sou descendente de escravizados norte-americanos. Meu grupo étnico é afro-americano. Minha raça, como afro-americano, é negra. Quenianos são racializados como um grupo étnico negro, enquanto italianos são brancos, japoneses são asiáticos, sírios são do Oriente Médio, porto-riquenhos são latinos, e choctaws são indígenas norte-americanos. A racialização serve à principal função da raça: criar hierarquias de valor.

Em toda a história, o poder racista produziu ideias racistas sobre grupos étnicos racializados em sua esfera colonial e os classificou — em todo o globo e em suas nações. A história dos Estados Unidos oferece uma série de relacionamentos de poder étnicos intrarraciais: anglo-saxões discriminando católicos irlandeses e judeus; imigrantes cubanos sendo privilegiados em detrimento de imigrantes mexicanos; a construção do modelo de minorias que inclui pessoas do leste asiático e exclui muçulmanos do sul da Ásia. Essa é uma história que começou com os primeiros colonizadores europeus em relação aos Cherokees, Chicksaws, Choctaw, Creeks e Seminoles como as "Cinco Tribos Civilizadas" de indígenas norte-americanos, comparadas a outras tribos "selvagens". Essa classificação de grupos étnicos racializados dentro da classificação das raças cria uma hierarquia etnorracial, uma escala de racismo étnico dentro de um esquema de racismo maior.

Praticamos o racismo étnico quando expressamos uma ideia racista sobre um grupo étnico ou apoiamos uma política racista para um grupo étnico. O racismo étnico, como o próprio racismo, aponta para o comportamento do grupo, e não as políticas, como a causa de disparidades entre grupos. Quando imigrantes ganeses nos Estados Unidos se unem aos norte-americanos brancos e dizem que os afro-americanos são preguiçosos, eles estão reciclando as ideias racistas dos norte-americanos brancos sobre os afro-americanos. Isso é racismo étnico.

A cara do racismo étnico se mostra na forma de uma pergunta persistente:

"De onde você é?"

Muitas vezes, pessoas que me veem pelas lentes do racismo étnico me fazem essa pergunta. Seu racismo étnico supõe que eu — professor universitário e escritor — não posso ser um desses afro-americanos inferiores, preguiçosos e apagados.

"Eu sou de Queens, Nova York", respondo.

"Não, não, de onde você é, mesmo?"

"Eu sou de Nova York, mesmo."

Frustradas, as pessoas mudam ligeiramente a linha do interrogatório. "De onde são seus pais?" Quando digo: "A família do meu pai é de Nova York e a de minha mãe é da Geórgia", elas ficam sem ação, confusas. Quando acrescento: "Sou descendente de africanos escravizados nos Estados Unidos", as perguntas param. Finalmente, elas têm que se resignar com o fato de que sou afro-americano. Talvez o próximo passo seja me olharem como extraordinário — não como aqueles afro-americanos comuns e inferiores — para que possam sair em silêncio com sua lente de racismo étnico intacta.

Às vezes, porém, elas não saem em silêncio. Às vezes, usam a oportunidade para oferecer um discurso sobre meu grupo étnico, como um ousado estudante de Gana no início de minha carreira profissional no interior de Nova York. Ele proferiu um monólogo para uma classe cheia de afro-americanos que falou de tudo, desde nossa preguiça à nossa dependência da assistência social. Apresentei dados que desmentiam seu racismo étnico — por exemplo, o fato de que a maioria de norte-americanos que depende da assistência social não é afro-americana e que a maioria dos afro-americanos qualificados para receber os benefícios da assistência social os recusa. Todavia, ele insistiu obstinado com seu racismo étnico e continuou a falar enquanto as risadinhas dos alunos afro-americanos lentamente se transformaram em raiva (enquanto muitos dos filhos de imigrantes negros permaneceram calados). Para acalmar meus alunos afro-americanos, apresentei as ideias etnicamente racistas que os afro-americanos expressam sobre imigrantes da África Ocidental, para mostrar-lhes que o absurdo do racismo étnico é universal. O tiro saiu pela culatra. Todos começaram a assentir com a cabeça diante da ladainha de estereótipos sobre imigrantes africanos.

Ser antirracista é enxergar os grupos étnicos nacionais e transnacionais como iguais em todas as suas diferenças. Ser antirracista é contestar as políticas racistas que assolam grupos étnicos racializados em todo o mundo. Ser antirracista é ver as desigualdades entre todos os grupos étnicos racializados como um problema político.

O estudante ganês me confrontou após a aula enquanto eu recolhia meu material (sob os olhares penetrantes de alguns de seus colegas afro--americanos que deixavam a sala). Quando ele terminou seu segundo monólogo, perguntei se ele se incomodaria em responder algumas perguntas. Ele concordou. Eu realmente só queria que ele continuasse a falar mais algum tempo, no caso de haver alunos zangados esperando por ele na saída da sala. Brigas — ou pior — ocorriam, às vezes, entre grupos étnicos negros em Nova York, assim como ocorreram um século antes entre grupos étnicos brancos.

"Quais são algumas ideias racistas dos ingleses sobre os ganeses?", perguntei.

Ele me lançou um olhar vazio antes de disparar: "Eu não sei."

"Sabe, sim. Diga alguns. Está tudo bem."

Ele ficou em silêncio por um momento e então recomeçou a falar, agora muito mais devagar e com menos calma do que nos primeiros arroubos, aparentemente imaginando aonde aquilo iria parar. Quando ele terminou de enumerar ideias racistas, eu falei de novo.

"Mas essas ideias são verdadeiras?", perguntei. "Os ingleses são superiores ao ganeses?"

"Não!", disse ele, orgulhoso. Eu também estava orgulhoso por ele não ter internalizado essas ideias racistas sobre seu próprio grupo étnico racializado.

"Quando os afro-americanos repetem ideias racistas britânicas sobre ganeses, você defende seu povo?"

"Sim. Porque elas não são verdadeiras!"

"Então, essas ideias sobre afro-americanos: de onde você as tirou?"

Ele pensou. "Minha família, meus amigos e minhas observações", respondeu.

"De onde você acha que seus colegas ganeses-americanos tiraram essas ideias sobre afro-americanos?"

Dessa vez, ele pensou mais. Pelo canto do olho, viu outro aluno esperando para falar comigo, o que pareceu apressar seu pensamento — ele era um garoto educado, apesar de sua compulsão por discursos. Mas eu não o apressei. O outro aluno era jamaicano e ouvia atentamente, talvez pensando de onde os jamaicanos tinham tirado suas ideias sobre os haitianos.

"Provavelmente, norte-americanos brancos", disse ele, olhando-me nos olhos pela primeira vez.

Ele parecia ter uma mente aberta, então continuei. "Assim, se afro--americanos fossem a Gana, absorvessem as ideias britânicas sobre os ganeses, e começassem a manifestar essas ideias em Gana, o que o povo pensaria disso? O que você pensaria disso?"

Ele sorriu, surpreendendo-me. "Entendi", retrucou, começando a sair da classe.

"Tem certeza?", insisti, erguendo minha voz acima da cabeça do estudante jamaicano.

Ele se virou para mim. "Sim, senhor. Obrigado, professor."

Eu o respeitei por sua boa vontade de refletir sobre a própria hipocrisia. E não queria ter uma reação exagerada quando ele detonou os afro-americanos, porque eu sabia de onde ela vinha: eu mesmo tinha estado lá. Quando conheci a história do racismo étnico, de afro-americanos geralmente depreciando os africanos como "bárbaros" ou rotineiramente chamando caribenhos no Harlem nos anos 1920 de "caçadores de macacos" — ou quando eu me lembrei dos meus próprios insultos a Kwame no nono ano —, também tentei não fugir à hipocrisia. Como posso ficar aborrecido com imigrantes da África ou América do Sul por desprezar afro-americanos quando afro-americanos historicamente desprezaram imigrantes da África e da América do Sul? Como posso criticar seu racismo étnico e ignorar meu racismo étnico? Este é o principal padrão duplo no racismo étnico: adorar a própria posição na escada acima de outros grupos étnicos e detestar a própria posição abaixo das de outros grupos étnicos. É furiosamente criticar as ideias racistas sobre o próprio grupo, mas alegremente absorver as ideias racistas de outros grupos étnicos. É falhar em reconhecer que ideias racistas que consumimos sobre os outros vêm do mesmo restaurante e do mesmo cozinheiro que usou os mesmos ingredientes para fazer diferentes pratos depreciativos para todos nós.

QUANDO ESTUDOS COMEÇARAM a mostrar que a renda familiar média de afro-americanos era muito mais baixa do que a de negros nascidos em outros países, e que afro-americanos tinham maiores taxas de pobreza e desemprego, vários comentaristas se perguntaram por que imigrantes negros se saíam tão melhor do que negros nascidos nos Estados Unidos. Eles mesmos responderam suas perguntas: imigrantes negros são mais motivados, mais dedicados e "mais empreendedores do que negros nativos", escreveu um comentarista na *Economist,* em 1996. Seu sucesso mostra "que o racismo não é responsável por todas, nem pela maioria, das dificuldades encontradas pelos negros nativos".

Ideias etnicamente racistas, como todas as ideias racistas, encobrem as políticas racistas aplicadas a nativos e imigrantes negros. Sempre que imigrantes negros comparam suas condições econômicas às de negros nativos, sempre que concordam que suas histórias de sucesso mostram que norte-americanos antirracistas estão superestimando políticas racistas contra afro-americanos, eles estão apertando as algemas das políticas racistas ao redor dos próprios pulsos. As comparações dos imigrantes negros com nativos negros escondem as desigualdades raciais entre imigrantes negros e imigrantes não negros.

Apesar dos estudos que mostram que imigrantes negros são, em média, o grupo de imigrantes mais instruídos nos Estados Unidos, eles recebem salários menores do que imigrantes não negros com conhecimento semelhante e têm a maior taxa de desemprego de qualquer grupo de imigrantes. Um racista étnico pergunta: por que os imigrantes negros estão se saindo melhor do que os afro-americanos? Um antirracista étnico pergunta: por que imigrantes negros não estão se saindo tão bem quanto outros grupos de imigrantes?

A razão pela qual os imigrantes negros geralmente têm um nível educacional mais alto e condições econômicas melhores que afro-americanos não está no fato de terem etnias transnacionais superiores. A razão está nas circunstâncias da imigração humana. Nem todos os indivíduos migram, mas os que o fazem, no que é chamado de "autosseleção imigrante", normalmente são pessoas com uma excepcional motivação interior para o sucesso material e/ou que possuem recursos externos excepcionais. Em termos gerais, imigrantes negros, latinos, asiáticos, europeus e do Oriente Médio são incrivelmente resilientes e engenhosos — não porque são nigerianos, cubanos, japoneses, sauditas ou alemães, mas porque são imigrantes. Na verdade, imigrantes e migrantes de todas as raças costumam ser mais resilientes e engenhosos quando comparados com os nativos do próprio país e os nativos de seu novo país. Sociólogos chamam isso de "vantagem migratória". Como a socióloga Suzzane Model explicou em seu livro sobre imigrantes caribenhos, "os caribenhos não são uma história de sucesso de negros, mas uma história de sucesso de *imigrantes*". Assim, políticas como as de Calvin Coolidge a Donald Trump ,que limitam a imigração aos Estados Unidos de países como a China, Itália, Senegal, Haiti ou México, têm sido autodestrutivas para o país. Com o racismo étnico, ninguém ganha, exceto o poder racista no topo. Como em todo racismo, é esse o objetivo.

TAMBÉM NÃO HOUVE VENCEDORES no nono ano. Na classe, eu gritava: "*Refu!*" Um amigo gritava: "*Gia!*" Outro completava: "*Do!*" E toda a classe de afro-americanos explodia em gargalhadas quando nós três apontávamos para Kwame e entoávamos, "*Refu-gia-do! Refu-gia-do! Refu--gia-do!*" O professor branco nos dizia para ficar quietos com um sorriso malicioso estampado em seu rosto. Kwame quebrava seu silêncio para se defender com piadas. O ciclo se repetia, um dia depois do outro.

Kwame não demonstrava ficar aborrecido com as brincadeiras. Dessa forma, ele se parecia com Akeem, em *Um Príncipe em Nova York*, um príncipe tão poderoso, tão sofisticado, tão seguro, que era capaz de ignorar as piadas como um atleta de elite que ignora uma multidão hostil.

Kwame exibia um orgulho que, talvez, inconscientemente, tentávamos abalar rebaixando-o. Como a estudiosa Rosemary Traoré constatou no estudo de uma escola de ensino médio urbana, "alunos africanos se perguntavam por que seus colegas afro-americanos os tratavam como cidadãos de segunda classe, enquanto afro-americanos se perguntavam por que os alunos africanos (pareciam) se sentir ou agiam como se fossem superiores a eles". As tensões criadas pelo racismo étnico não produziam vencedores, apenas confusão e mágoa em ambos os lados.

Não me entendam mal. Kwame devolvia as piadas. Kwame e os outros nunca me deixaram esquecer que eu tinha uma cabeça enorme. Nunca soube o porquê; minha cabeça não era tão grande — talvez um pouco desproporcional.

Mas um grande surto de crescimento no ensino médio se aproximava.

CORPO

RACISTA CORPORAL: Aquele que percebe certos corpos racializados como mais animalescos e violentos que outros.

ANTIRRACISTA CORPORAL: Aquele que humaniza, desracializa e individualiza o comportamento violento e não violento.

PRONTO. CHEGA DE USAR UNIFORMES. Basta de cultos na capela. Quanto mais eu crescia, mais desprezava a conformidade entre a escola particular e a igreja. Depois do nono ano, finalmente estava livre delas. Eu me matriculei na John Bowne High School, uma escola pública que Gil, meu vizinho haitiano, frequentava. Ela ficava em Flushing, no centro de Queens, em frente ao Queens College. Éramos cercados pelo som ambiente da via expressa de Long Island.

Em meados dos anos de 1950, as autoridades de habitação social permitiram que minha avó se mudasse para o Pomonok Houses, um empreendimento mobiliário ocupado predominantemente por brancos, bem ao sul da escola John Bowne. Papai passou por todo o ensino fundamental no final dos anos de 1950 sem ver outro aluno negro, só os filhos de famílias brancas da classe operária, que já naquela época se preparavam para fugir para o subúrbio de Long Island. Em 1996, praticamente todos tinham se mudado.

Depois da aula, os alunos da John Bowne abarrotavam os ônibus públicos como roupas entulhando uma gaveta. O meu ônibus se esvaziava lentamente à medida que se dirigia para a parte sul do Queens. Nesse dia, eu estava perto da porta traseira, de frente para um adolescente chamado Smurf, apelido que ganhara por causa da baixa estatura e magreza, a pele negra azulada, as orelhas grandes e grandes olhos redondos que quase se encontravam no meio do rosto.

Enquanto eu estava ao seu lado, Smurf pôs a mão no bolso da calça e tirou uma pistola preta. Ele olhou para ela fixamente, e eu também. Todo mundo olhou. Smurf ergueu a cabeça e apontou a arma — carregada ou não? — diretamente para mim. "Com medo, cara?", perguntou com um carinho quase fraternal, um risinho de satisfação brincando em seu rosto.

"OS NEGROS PRECISAM ENTENDER e reconhecer as raízes do temor branco nos Estados Unidos", disse o presidente Bill Clinton em um discurso em 16 de outubro de 1995, o dia da Marcha de Um Milhão de Homens. Ele tinha escapado da marcha e dos homens negros reunidos praticamente no jardim da Casa Branca para o campus da Universidade do Texas. "Existe um temor legítimo da violência tão prevalente em nossas áreas urbanas", acrescentou. "Por experiência ou, pelo menos, pelo que as pessoas veem no noticiário da noite, a violência para essas pessoas brancas muitas vezes tem um rosto negro."

A história conta os mesmos fatos: a violência, para os brancos, de fato muitas vezes tem um rosto negro — e as consequências aterrissaram nos corpos negros ao longo de toda a história norte-americana. Em 1631, o capitão John Smith advertiu os primeiros colonizadores ingleses na Nova Inglaterra de que os corpos negros eram tão demoníacos quanto qualquer pessoa no mundo. O pastor de Boston, Cotton Mather, pregava obediência à escravidão em 1696: não se façam "infinitamente mais negros do que já são". Hugh Crysdale, tenente governador da Virgínia, falou sobre "a Cruel disposição dessas Criaturas" que planejaram uma rebelião pela liberdade em 1723. Em 1861, legisladores secessionistas do Texas se queixaram de não receber mais "recursos federais para se proteger... contra os selvagens cruéis". Benjamin Tillman, senador dos Estados Unidos, disse aos colegas em 1903: "O pobre africano se tornou um demônio, uma besta selvagem, à procura de quem devorar." Dois importantes criminologistas sugeriram em 1967 que a "grande... exibição criminal de violência entre grupos minoritários como os negros", se origina de sua "subcultura de violência". Heather Mac Donald, membro do Manhattan Institute, escreveu: "A principal população envolvida no sistema de justiça penal são negros pertencentes a uma classe inferior" em *The War on Cops* ["A Guerra contra os Policiais", em tradução livre], em 2016.

Este é o legado vivo do poder racista, construindo a raça negra biologicamente e etnicamente, e apresentando o corpo negro para o mundo antes de mais nada como uma "besta", para usar o termo de Gomes de Zurara, como violentamente perigoso, como a personificação negra do mal. Hoje, os norte-americanos veem o corpo negro como maior, mais ameaçador, potencialmente mais prejudicial e com maior probabilidade de exigir força para ser controlado do que um corpo branco de tamanho semelhante, segundo os pesquisadores. Não é surpresa que milhares de corpos negros tivessem que ser linchados, dezenas de milhares deportados, milhões encarcerados e dezenas de milhões segregados.

A PRIMEIRA VEZ EM QUE PEGUEI UMA bola de basquete, com cerca de oito anos, também comecei a entender os temores de meus pais por meu corpo negro. Meu pais detestavam quando eu jogava em parques próximos, preocupados com a possibilidade de eu levar um tiro, e tentaram me desestimular advertindo-me dos perigos que me esperavam lá fora. Ao espalhar constantemente seus temores sobre traficantes de drogas, ladrões e assassinos negros, eles alimentaram em mim o medo de meus próprios vizinhos negros. Quando propus cimentar o quintal dos fundos e instalar uma tabela de basquete, meu pai construiu uma quadra mais depressa que um foguete e mais legal que as quadras dos parques da vizinhança. Mas a nova quadra de basquete não era capaz de me manter longe de meu próprio corpo negro perigoso. Ou de Smurf no ônibus.

"NÃO, CARA", respondi com calma a pergunta de Smurf sobre o meu medo. Meu olhar se fixou na arma.

"Tá certo, cara", riu ele. "Você tá com medo, meu." Então, ele enfiou a arma nas minhas costelas e seu sorriso se endureceu.

Olhei diretamente para ele, morto de medo. "Não, cara", disse, rindo um pouco, "mas é uma máquina legal".

"É mesmo, né?"

Satisfeito, Smurf se virou, arma na mão, e procurou outra pessoa para assustar. Respirei aliviado, mas sabendo que poderia ter sido ferido naquele dia, como em qualquer outro dia. Principalmente, pensei, dentro da Escola de Ensino Médio John Bowne, cercada por outros adolescentes negros, latinos e asiáticos.

Andando pelos corredores da John Bowne, olhos bem atentos, eu evitava pisar em tênis novos como se fossem minas terrestres (apesar de que, quando pisei em um por acidente, nada tenha explodido). Eu evitava esbarrar nas pessoas, preocupado que um esbarrão se transformasse em um tiro em minha cabeça (apesar de que, quando eu inevitavelmente esbarrava em alguém, minha cabeça permanecia intacta). Eu evitava fazer contato visual, como se meus colegas de classe fossem lobos (apesar de que, quando eu o fazia, meu corpo não era atacado). Eu evitava gangues, receando que ela se reunisse à minha volta a qualquer momento (apesar de que, quando passei por uma gangue, não fui assaltado). O que poderia acontecer com base nos meus temores mais profundos era mais importante do que o que aconteceu comigo. Eu acreditava que a violência estava me perseguindo — mas, na verdade, eu estava sendo perseguido dentro de minha cabeça por ideias racistas.

Gangues comandavam minha escola — como gangues comandam os Estados Unidos — e eu pensei em me unir à Nação Zulu, impressionado por sua história e seu alcance. Testemunhar uma iniciação me fez mudar de ideia. A perversa combinação de socos e pisões, apertos de mão e abraços, me desanimou. Mas eu tinha uma gangue informal, ligada por uma lealdade inflexível que nos exigia lutar uns pelos outros, caso a ocasião surgisse.

Um dia, encontramos outra gangue em um quarteirão perto da via expressa Long Island — talvez 5 de nós e 15 deles, todos se entreolhando ameaçadoramente enquanto nos aproximávamos. Aquilo era novo para mim, os confrontos, os xingamentos, as crescentes demonstrações de raiva. Ameaças ferindo como punhos. Eu estava no grupo com todos os outros — mas motoristas que passavam e nos olhavam não podiam ver que eu estava lutando contra meu nervosismo mais do que tudo.

Uma ameaça levou à outra. Ninguém me atacou, pequeno e despretensioso que eu era. Eu vi o grande Gil distribuindo socos. Eu queria ajudá-lo, mas então vi um adolescente solitário alto e magro olhando em volta, nervoso. Ele me lembrou de mim mesmo. Eu me esgueirei por trás dele e desferi um violento gancho de direita. Ele caiu no chão com um baque e me afastei depressa. Logo ouvimos sirenes e fugimos como formigas, com medo de sermos agredidos pela polícia de Nova York.

ESTÁVAMOS DESARMADOS, mas sabíamos que a negritude nos armava, mesmo que não tivéssemos armas. A branquitude desarmava os policiais — fazia deles assustadas vítimas em potencial — mesmo quando se aproximavam de um grupo de estudantes do ensino médio agitados e ansiosos. Os negros constituem 13% da população dos EUA. E mesmo assim, em 2015, corpos negros são pelo menos 26% dos mortos pela polícia, caindo levemente para 24% em 2016, 22% em 2017, e 21% em 2018, segundo o *Washington Post*. Corpos negros desarmados — que aparentemente parecem armados para policiais assustados — têm duas vezes mais probabilidade de serem mortos do que corpos brancos desarmados.

Gil e eu corremos pela passarela sobre a via expressa de Long Island e saltamos em um ônibus que partia, sentindo-nos com sorte, recuperando o fôlego. Eu poderia ter ido para a cadeia naquele dia, ou pior.

Mais do que as vezes em que arrisquei ser preso, eu ainda sou assombrado pelas vezes em que não ajudei as vítimas da violência. Minha recusa em ajudá-las me aprisionou no medo. Eu tinha tanto medo do corpo negro quanto o corpo branco tinha medo de mim. Não conseguia reunir força para fazer o certo. Como na ocasião em outro ônibus lotado depois da escola. Um pequeno adolescente indiano — menor que eu! — sentou-se perto de mim no fundo do ônibus naquele dia. Meu assento ficava de frente para a porta traseira e o adolescente indiano sentou-se no banco individual ao lado da porta traseira. Fiquei olhando para ele, tentando encontrar seu olhar para poder acenar para que ele fosse para a frente do ônibus. Vi outros garotos negros e indianos no ônibus tentando fazer o mesmo com o olhar. Queríamos muito que ele saísse dali. Mas ele estava concentrado na música que tocava em seu novo Walkman. Seus olhos estavam fechados e ele balançava a cabeça.

Smurf e seus garotos também estavam no ônibus naquele dia. Por um momento, os corpos dos outros estudantes bloquearam sua visão do garoto indiano — eles não o viam sentado ali. Mas, quando o ônibus esvaziou o bastante para que pudessem vê-lo com clareza, Smurf, como esperado, focou o que não queríamos que ele visse.

Ele não estava com a pistola naquele dia. Ou talvez estivesse.

Smurf fez sinal para seus garotos e se levantou. Ele deu alguns passos e ficou na frente do adolescente indiano, de costas para mim, a cabeça virada para olhar seus amigos.

"Mas que merda!"

Ele apontou o dedo, imitando uma arma, para a cabeça do garoto sentado. "Olhe só esse filho da mãe!"

EM 1993, UM GRUPO bipartidário de legisladores brancos apresentou a Lei de Controle de Crimes Violentos e Aplicação da Lei. Eles estavam pensando em Smurf — e em mim. O Congressional Black Caucus [representantes afro-americanos no Congresso dos Estados Unidos] também estava pensando em Smurf e em mim. Eles pediram mais US$2 bilhões para a lei para tratamento de dependentes químicos e mais US$3 bilhões para programas de prevenção à violência. Quando os Republicanos chamaram esses itens de "assistência para criminosos" e exigiram que eles fossem reduzidos em troca de seus votos, os líderes Democratas cederam. Vinte e seis dos 38 membros votantes do Congressional Black

Caucus também cederam. Afinal, a lei refletia seu medo por meu corpo negro — e o dele. A decisão da política refletia seu duelo de consciências — e seu desejo prático de não perder totalmente os recursos de prevenção em uma nova redação da lei. Além das novas prisões, crimes capitais, penas mínimas, *federal three strike laws* [para criminosos condenados pela terceira vez], policiais e armamentos para policiais, a lei me qualificou, quando completasse 13 anos, em 1995, a ser julgado como adulto. "Nunca mais Washington deve colocar a política e os partidos acima da lei e da ordem", disse o presidente Bill Clinton, ao assinar a lei bipartidária, birracial, em 13 de setembro de 1994.

"EI, NEGUINHO, PASSA ESSE Walkman", disse Smurf até com gentileza. O garoto não ergueu a cabeça, ainda fascinado pelo som que vinha dos fones de ouvido. Smurf lhe deu um tapa no ombro. "Ei, neguinho, passe esse Walkman", gritou.

Eu queria me levantar e gritar: "Deixa o cara em paz. Por que você sempre quer ferrar com as pessoas, Smurf? Que raios está errado com você?" Porém meu medo me aprisionou. Eu fiquei sentado e calado.

O garoto finalmente olhou para cima, espantado. "O quê?" O susto de ver Smurf se elevando sobre ele e o alto volume da música o fez erguer o tom de voz. Sacudi a cabeça, mas sem sacudir a cabeça. Continuei imóvel.

OS DEMOCRATAS DE CLINTON ACHARAM que tinham vencido a guerra no território político para se apropriar do crime como uma questão a ser resolvida — combater o corpo negro para conquistar votos. Mas os norte-americanos racistas não demoraram a se queixar de que até as leis mais dispendiosas contra o crime na história da humanidade não foram suficientes para deter a besta, o demônio, a arma, Smurf, a mim. Por volta do feriado de Ações de Graças, em 1995, John J. Dilulio Jr., um cientista político de Princeton, advertiu da "chegada dos superpredadores", principalmente corpos jovens como o meu em "vizinhanças negras no centro das cidades". Mais tarde, Dilulio disse que se arrependeu de usar o termo. Mas Dilulio nunca teve que internalizar essa ideia racista e olhar para o próprio corpo com medo. Ele nunca teve que lidar com estar sendo caçado. Meus amigos em John Bowne, sim. Eu também. Em 1996, completei 14 anos. Um superpredador estava crescendo em mim, em Smurf, eles disseram. Acreditei no que ouvi.

"A maioria das crianças dos centros das cidades cresce cercada por adolescentes e adultos degenerados, delinquentes ou criminosos", escreveu Dilulio. Cuidado. "Uma nova geração de criminosos de rua está chegando — a geração mais jovem, maior e mais nefasta que a sociedade já conheceu", advertiu. Meu grupo de "'superpredadores' juvenis" era composto de "jovens radicalmente impulsivos, brutalmente impiedosos, incluindo cada vez mais garotos pré-adolescentes, que matam, atacam, estupram, roubam, invadem, traficam drogas mortais, se juntam a gangues portadoras de armas e criam graves desordens na comunidade". Nós, jovens negros superpredadores, aparentemente estávamos sendo criados com uma inclinação para a violência sem precedentes — em uma nação que presumivelmente não criava brancos donos de escravos, encarceradores em massa, policiais, executivos, investidores, financistas, motoristas embriagados e defensores da guerra violentos.

Essa multidão de superpredadores nunca se materializou no final dos anos 1990. Os crimes violentos já tinham iniciado uma queda drástica quando eu assistia a Smurf exigindo aquele Walkman em 1996. Os homicídios tinham atingido seu nível mais baixo desde a era Reagan, quando a intensa concorrência no mercado de crack e o tráfico ilegal de armas elevou o índice.

Contudo, leis referentes à criminalidade nunca estiveram relacionadas ao crime mais do que o medo esteve relacionado à violência em si. Não se espera que tenhamos medo de ternos com políticas que matam. Não se espera que tenhamos medo de bons homens brancos armados com AR-15s. Não, devemos temer os corpos latinos exaustos e desarmados da América Latina. O corpo árabe ajoelhado para Alá deve ser temido. O corpo negro do inferno deve ser temido. Políticos hábeis e empresários do crime fabricam o medo e ficam diante dos eleitores para libertá-los — messias que os livrarão do medo de todos esses outros corpos.

"NEGUINHO, VOCÊ NÃO está me ouvindo!" tornou Smurf, furioso. "Eu disse para passar essa droga de Walkman!"

Em minha mente, tentei pensar em uma estratégia para o pobre garoto, imaginando a mim mesmo em seu lugar. Eu tinha um pouco de habilidade para me manter calmo e neutralizar situações potencialmente instáveis, o que era útil ao lidar com os violentamente insistentes Smurfs do mundo ou policiais imprevisivelmente violentos. Aprendi a desarmar ou evitar os Smurfs pela cidade — garotos subjugados pelo caos. Mas eu também via que estranhos faziam os mesmos cálculos quando me viam chegando — eu via o medo em seu olhar. Eles me viam e decidiam que estavam olhando para Smurf. Nós os assustávamos da mesma forma — tudo que viam eram os nossos corpos negros perigosos. Os policiais pareciam especialmente receosos. Assim como eu aprendi a evitar os Smurfs do mundo, tive que aprender a evitar que policiais racistas ficassem nervosos. Negros aparentemente são responsáveis por acalmar os temores de policiais violentos do mesmo modo que mulheres são supostamente responsáveis por acalmar os desejos sexuais de estupradores. Se não o fizermos, então somos responsabilizados por nossas próprias agressões ou nossas mortes.

Mas, nesse ponto, o garoto à minha frente não tinha opções — provavelmente não havia como neutralizar a situação. "Passe esse maldito Walkman!", gritou Smurf, agora com cabeças se voltando na frente do ônibus e, provavelmente, fazendo o motorista ficar sobressaltado. O adolescente assustado começou a se levantar, calado, apenas balançando a cabeça. Provavelmente, ele pretendia ir para a frente, perto da segurança do motorista. Mas, assim que ele endireitou o corpo, Smurf desferiu um soco em sua têmpora — sua cabeça bateu no vidro e depois no chão. Smurf agarrou o Walkman e então sua turma se aproximou. O garoto cobriu o rosto quando os pisões com as botas Timberland o atingiram com violência. Tudo ocorreu na minha frente. Eu não fiz nada. Eu não fiz nada.

O ônibus parou. A porta traseira se abriu. Smurf e seus garotos saltaram para fora e correram, despreocupados, rindo. Mas eu notei que quatro olhos da turma de Smurf continuaram fixos no ônibus, espreitando, olhando, aparentemente esperando que alguém ajudasse o garoto caído em agonia. Eu não fiz nada.

A RESPONSABILIDADE DE ME MANTER em segurança me seguia como os cães abandonados no meu bairro, enchendo minha consciência com latidos de medo. Nunca quis chegar em casa com bolsos vazios e sem sapatos, com o corpo surrado e sangrando como o garoto indiano. Ou pior, nunca chegar, apenas uma carta da polícia reportando minha morte, ou uma ligação do hospital. Convenci meus pais (ou assim pensei) de que estava seguro. Mas não me convenci. Os atos de violência que eu testemunhei Smurf e outros garotos cometerem, combinados com as ideias racistas à minha volta, me convenceram de que mais violência espreitava do que havia na realidade. Eu acreditava que a violência não definia apenas Smurf, mas todos os negros à minha volta, de minha escola, de minha vizinhança. Acreditava que ela me definia — que eu deveria temer toda a escuridão, incluindo meu próprio corpo negro.

Nós, escritores negros que crescemos em bairros negros no centro da cidade, muitas vezes lembramos a violência que experimentamos mais do que a não violência. Não escrevemos sobre todos aqueles dias em que não nos defrontamos com armas em nossas costelas. Não recontamos todos aqueles dias em que não brigamos, os dias em que não vimos alguém ser espancado diante de nós. Nós ficamos exatamente iguais ao noticiário noturno local — se há sangue, há notícia — e nossas histórias se concentram em corpos negros violentos, em vez de na imensa maioria de corpos negros não violentos. Em 1993, perto do auge da violenta criminalidade urbana, para cada mil residentes da cidade, 74, ou 7,4%, relataram ter sido vítimas de crimes violentos, uma porcentagem que caiu ainda mais depois. Em 2016, para cada mil residentes urbanos, cerca de 30, ou 3%, relataram ter sido vítimas de crimes violentos. Esses números não são precisos. Pesquisadores calculam que mais da metade de crimes violentos cometidos de 2006 a 2010 não foram informados à polícia. E até mesmo estar perto de crimes violentos pode criar efeitos adversos. Contudo, a ideia de que a violência experimentada diretamente é endêmica e está em todos os lugares, afetando a todos, ou até a maioria das pessoas — que bairros negros, como um todo, são mais perigosos do que "zonas de guerra", para usar o termo do presidente Trump — não é real.

Faz todo sentido que essa seja a história que contamos com tanta frequência — os punhos se agitando, os tiros de revólver e as mortes precoces se agarram a nós como uma segunda pele, enquanto os abraços, as danças e bons momentos desaparecem. Mas o trabalho do escritor se reflete, e o leitor absorve, essas lembranças vívidas e ardentes, não a realidade vivida do cotidiano do corpo negro.

Por mais momentos de ansiedade e medo que tive de outros corpos negros, provavelmente vivi muito mais momentos de serenidade e paz. Por mais que temesse a violência que me perseguia, minha vida diária não era organizada ao redor desse medo. Joguei basquete durante anos com garotos brancos em Long Island e sempre me perguntei por que eles nunca quiseram visitar meu bairro, minha casa. Quando eu perguntava, os olhares de horror em seus rostos, e ainda mais no rosto de seus pais, me assustavam e confundiam. Eu sabia que havia perigos no meu quarteirão; mas também achava que era seguro.

Eu não associei todo ou mesmo a maior parte de Southeast Queens à violência, assim como não associei todos ou até mesmo a maioria de meus vizinhos à violência. Eu sabia evitar certas pessoas como Smurf, certos quarteirões e certos bairros. Mas não porque eram negros — éramos quase todos negros. Eu sabia vagamente que bairros negros com habitações sociais de alta densidade populacional, como o South Jamaica Houses ou as Casas Baisley Park, eram conhecidos como sendo mais violentas do que bairros como o meu, Queens Village, com mais casas unifamiliares, mas eu nunca realmente pensei no porquê. Mas eu sabia que não era a negritude — a negritude era uma constante.

Um estudo que usou os dados do Levantamento Nacional Longitu-dinal da Juventude de 1976 a 1989 constatou que jovens negros se envol-viam mais em crimes violentos do que jovens brancos. Porém, quando os pesquisadores compararam apenas jovens empregados do sexo mas-culino de ambas as raças, as diferenças em comportamento violento de-sapareciam. Ou, como o Instituto Urbano declarou em um relatório mais recente sobre desemprego de longo prazo: "Comunidades com uma parcela maior de trabalhadores desempregados também tendem a ter maiores índices de crime e violência."

Outro estudo descobriu que a queda de 2,5% no desemprego en-tre 1992 e 1997 resultou na queda de 4,3% de assaltos, 2,5% de roubos de carros, 5% de arrombamentos e 3,7% de estelionatos. A socióloga Karen F. Parker estabeleceu uma sólida ligação entre o crescimento de negócios de propriedade de negros com a redução de violência entre jo-vens negros entre 1990 e 2000. Recentemente, o Laboratório Criminal da Universidade de Chicago trabalhou com o programa One Summer Chicago Plus (empregos de verão) e constatou uma diminuição de 43% nas prisões por crimes violentos de jovens negros que trabalharam em empregos de verão de meio período, comparados ao grupo de controle de adolescentes que não trabalharam.

Em outras palavras, os pesquisadores encontraram uma correlação mais forte e clara entre níveis de crimes violentos e níveis de desempre-go do que entre crimes violentos e raça. Nem todos os bairros negros apresentam os mesmos níveis de crimes violentos. Se a causa de crimes violentos fosse o corpo negro, se os negros fossem demônios violentos, então os níveis de crimes violentos seriam relativamente os mesmos, não importa onde os negros vivessem. Mas bairros negros de renda média e alta tendem a ter menos crimes violentos do que bairros negros de baixa renda — como é o caso de comunidades não negras. Mas isso não signifi-ca que pessoas negras de baixa renda sejam mais violentas do que pessoas negras de alta renda. Isso significa que bairros de baixa renda lutam com desemprego e pobreza — e seu subproduto comum, o crime violento.

Durante décadas, houve três estratégias principais para reduzir crimes violentos em bairros negros. Segregacionistas que consideram os bairros negros como sendo zonas de guerra pediram policiamento reforçado e encarceramento em massa de superpredadores. Os assimilacionistas dizem que esses superpredadores precisam de leis rígidas e muito amor por parte de mentores e pais para civilizá-los de volta à não violência. Antirracistas dizem que os negros, como todas as pessoas, precisam de acesso a empregos com melhores salários, principalmente jovens negros, que consistentemente apresentaram os maiores índices de desemprego entre todos os grupos demográficos, atingindo o máximo de 50% em meados dos anos de 1990.

Não existe algo como um grupo racial perigoso. Mas há, é claro, indivíduos perigosos como Smurf. Há a violência do racismo — manifesto nas políticas e na polícia — que teme o corpo negro. E há a não violência do antirracismo que não teme o corpo negro, que teme, quando muito, a violência do racismo que foi colocada no corpo negro.

Percepções de perigo e ameaças reais conviviam diariamente comigo na John Bowne, de várias formas. Havia o perigoso desinteresse de alguns professores. Ou a perigosa superpopulação da escola: 3 mil alunos abarrotando uma escola construída para um número muito menor. As classes eram muito grandes — duas vezes maiores do que nas minhas escolas privadas — e alunos desapegados como eu podiam manter nossas próprias aulas no fundo da classe diante de professores desapegados. Eu não me lembro de um único professor, ou classe, ou aula, ou tarefa do primeiro ano do ensino médio. Fui deixado de lado — seguindo o exemplo da maioria dos professores, administradores e políticos ostensivamente encarregados de minha educação. Eu frequentei a John Bowne como alguém que batia o cartão no emprego sem intenção de trabalhar. Eu só trabalhei arduamente no meu primeiro amor.

CULTURA

RACISTA CULTURAL: Aquele que cria um padrão cultural e impõe uma hierarquia cultural entre grupos raciais.

ANTIRRACISTA CULTURAL: Aquele que rejeita padrões culturais e iguala diferenças culturais entre grupos raciais.

MEU PAI ME ARRASTOU para assistir ao documentário de 1994, *Basquete Blues,* um filme sobre os perigos que rondam dois jovens em busca da chance extremamente improvável de uma carreira lucrativa na NBA. A intervenção de meu pai fracassou, assim como os sonhos dos garotos no filme. Para mim, basquete era vida.

Era um dia frio do início do inverno em 1996, e eu estava aquecido no vestiário depois do treino, vestindo-me e brincando com os colegas do novo time júnior de basquete da John Bowne. De repente, nosso técnico branco irrompeu no vestiário como se algo estivesse errado. Paramos as brincadeiras enquanto ele olhava desesperançado para nossos rostos escuros. Ele se recostou a um armário como se estivesse preparando um sermão.

"Todos vocês precisam tirar duas notas 7,0 e três 5,5 para continuar no time. Certo? Certo?" Todos assentiram com um gesto de cabeça ou olharam para ele, talvez esperando que continuasse. Mas isso era tudo que ele tinha a dizer. Retomamos nossas brincadeiras.

Não amei nem detestei o ensino fundamental. Contudo, alguns meses no ensino médio me transformaram. Não consigo identificar o que provocou meu ódio pela escola. A dificuldade em diferenciar o policial assediador do professor assediador? Uma elevada sensibilidade aos olhares de professores que viam meu corpo negro não como uma planta a ser cultivada, mas como uma erva daninha a ser arrancada de sua escola e jogada em sua prisão? No primeiro ano, consegui as notas necessárias para continuar no time de basquete: dois 7,0 e três 5,5. Só o basquete e a vergonha dos pais me impediam de abandonar a escola e ficar em casa o dia todo como alguns outros adolescentes.

Quando eu subia nos ônibus públicos lotados depois da escola, me sentia como um fugitivo. Na maioria dos dias, não havia sinal de Smurf. Parando e andando, o ônibus se dirigia ao sul, até a última parada — meu lar cultural longe de casa.

Chamávamos a artéria principal de Southsisde Queens de Avenida, o lugar em que a Jamaica Avenue cruza com a 164th Street. Nos finais de semana, eu saía da minha casa e corria uma quadra pela 209th Street até a Jamaica Avenue e tomava uma "van" para percorrer aqueles 30 quarteirões até a Avenida. Um dólar, uma viagem, um motorista qualquer. Eu não sabia, mas vans ou carros baratos semelhantes de propriedade particular, lotados com corpos negros suados, satisfeitos, cansados, revigorados e traumatizados, corriam por todos os bairros em todo o mundo negro. Desde então, viajei nesses produtos culturais rápidos em outras partes do mundo, de Gana à Jamaica (o país insular, não a avenida). A viagem sempre me traz de volta ao Queens.

Nada se comparava a chegar à Avenida. Algumas dezenas de quarteirões repletas de lojas, o enorme distrito comercial era repleto de adolescentes de olhos arregalados. Nunca sabíamos o que veríamos — que *kicks* (tênis) estariam em oferta; que *beef* (briga) estava se formando; o que os *guads* (garotos) e as *shorties* (garotas) estariam *rocking* (vestindo).

Desculpem o meu *ebonics* — termo cunhado pelo psicólogo Robert Williams, em 1973, para substituir termos racistas como "Inglês Negro Não Padronizado" ao se referir às gírias usadas pelos afro-americanos. Preciso usar a linguagem da cultura a fim de expressar a cultura.

Alguns norte-americanos desprezaram meu *ebonics* em 1996. Nesse ano, o conselho da escola de Oakland reconheceu negros como eu como bilíngues, e, em um ato de antirracismo cultural, reconheceu "a legitimidade e riqueza" do *ebonics* como idioma. Eles decidiram usá-lo com os alunos "para facilitar a aquisição e o domínio de conhecimentos da língua inglesa". A reação foi intensa. Primeiro, Jesse Jackson chamou o ato de "uma rendição inaceitável, beirando o desastre. Estão fazendo nossas crianças desaprenderem".

Estavam mesmo? Isso nos ajuda a examinar as origens do *ebonics*. Africanos escravizados criaram novas línguas em praticamente todas as colônias europeias nas Américas, incluindo o *ebonics* afro-americano, patois jamaicano, crioulo haitiano, calunga brasileiro e cubano. Em cada um desses países, o poder racista — aqueles no controle do governo, meio acadêmico, educação e mídia — tem rebaixado as línguas africanas como dialetos, como sendo francês, espanhol, holandês, português ou inglês "errado", "inadequado" ou "fora do padrão". Os assimilacionistas sempre insistiram que os africanos nas Américas deveriam esquecer as línguas "erradas" de nossos ancestrais e dominar as línguas aparentemente "corretas" dos europeus. Mas qual era a diferença entre o *ebonics* e o suposto inglês "padrão"? O *ebonics* nasceu nas raízes das línguas africanas e inglês moderno assim como o inglês moderno se originou do latim, grego e alemão. Por que o *ebonics* é inglês errado e o inglês não é alemão errado? Por que o *ebonics* é um dialeto do inglês, se o inglês não é um dialeto do latim? A ideia de que as línguas negras fora da África são erradas é tão culturalmente racista quanto a ideia de que as línguas dentro da Europa são as corretas.

QUANDO A REAÇÃO ao Holocausto nazista marginalizou o racismo biológico, o racismo cultural tomou seu lugar. "Em praticamente todas as suas divergências", a cultura afro-americana "é uma evolução distorci-

da ou uma condição patológica da cultura norte-americana em geral",
escreveu Gunnar Myrdal em *An American Dilemma* [Um Dilema Norte-americano, em tradução livre], seu tratado histórico de 1944 sobre
relações raciais, que foi chamado de a "bíblia" do movimento de direitos
civis. A obra de Myrdal padronizou a cultura geral norte-americana
(branca), depois julgou a cultura afro-americana como uma distorção
ou degeneração desse padrão. Quem quer que crie padrões culturais cria
hierarquia cultural. O ato de criar uma hierarquia e um padrão cultural
é o que cria o racismo cultural.

Ser antirracista é rejeitar padrões culturais e nivelar a diferença cultural. Os segregacionistas dizem que grupos raciais não são capazes de
atingir seu padrão cultural superior. Os assimilacionistas dizem que grupos raciais podem, com esforço e intenção, atingir seus padrões culturais
superiores. "É vantajoso aos negros norte-americanos como indivíduos
e como grupo assimilar a cultura norte-americana" e "adquirir as características apreciadas pelos norte-americanos brancos dominantes",
Myrdal sugeriu. Ou, como o presidente Theodore Roosevelt declarou,
em 1905, a meta deveria ser assimilar "a raça retrógrada... para que possa se apoderar da verdadeira liberdade, enquanto a raça avançada é capa-
citada a preservar ilesa a alta civilização forjada por seus antepassados".

Até Alexander Crummell, o notável ministro episcopal que fundou a
primeira sociedade intelectual negra formal em 1897, exortou seus colegas negros norte-americanos a assimilar. Ele concordou com os norte-americanos racistas que classificavam os africanos como fundamentalmente imitativos. "Essa qualidade de imitação tem sido o grande preservador
do negro em todas as terras de servidão", pregou Crummell em 1877.

NÓS CERTAMENTE NÃO ESTÁVAMOS imitando nada na Avenida — pelo
contrário. A cultura mais ampla é que avidamente nos imitava e se
apropriava de nós; nossa música, moda e língua foram transformando
a pretensa tendência dominante. Não nos importávamos se norte-americanos mais velhos, mais ricos ou mais brancos desprezavam nossas roupas fora do padrão, assim como nosso *ebonics* fora do padrão.

Éramos algo novo, recém-tirado do plástico, como cantou o rapper Jadakiss. Novos jeans baggy soltos no corpo. Novas camisas abotoadas ou moletons de marca debaixo de nossas jaquetas acolchoadas no inverno. Novas camisetas de times sobre nossos shorts de brim folgados no verão. Correntes penduradas brilhando como nossos sorrisos. Piercings, tatuagens e cores ousadas disseram ao mundo da tendência dominante o quanto não queríamos imitá-los.

O novo significava não só ter os trajes mais incríveis, mas encontrar novas maneiras de usá-los, na melhor tradição da moda: experimentação, elaboração e precisão impecável. Botas Timberland e tênis Nike Air Force 1 eram nossos produtos preferidos na cidade de Nova York. Era como se todos — garotos ou garotas — tivessem Tims (as botas da marca) cor de trigo nos armários se pudessem comprar ou roubá-las. Nosso Air Force 1 preto tinha que ser mais preto do que as populações carcerárias. Nosso Air Force branco tinha que ser mais branco do que a polícia de Nova York. Tinha que ser macio como pele de bebê. Nenhuma mancha. Nenhum vinco. Nós os mantínhamos pretos ou brancos com toques regulares de tinta para calçados. Nós os enchíamos com papel ou meias à noite para não formar vincos na frente. E, chegada a hora de calçá-los pela manhã, muitos de nós conhecíamos os truques para evitar os vincos o dia todo. Calçar uma segunda meia até a metade do pé e dobrar a outra metade por cima dos dedos para encher a parte da frente do tênis. Doía como os jeans da Guess agarrados que as garotas usavam. Mas quem ligava para a dor quando o novo proporcionava tanta alegria?

Jason Riley, um colunista do *Wall Street Journal,* não nos via ou aos nossos discípulos do século XXI como inovadores culturais contemporâneos. "A cultura negra atual não só tolera a delinquência e o vandalismo, mas os celebra a ponto de os jovens negros terem adotado a moda das prisões na forma das calças baggy bem abaixo da cintura e camisetas imensas." Mas havia uma solução. "Se os negros puderem fechar a lacuna da civilização, é provável que o problema racial neste país se torne insignificante", alegou Dinesh D'Souza certa vez. "Civilização", muitas vezes, é um eufemismo cordial para racismo cultural.

EU DETESTAVA O QUE ELES CHAMAVAM de civilização, representado de forma mais imediata pela escola. Adorava o que consideravam disfuncional — a cultura afro-americana, que definia a minha vida fora da escola. Minha primeira experiência com a cultura foi a igreja negra. Ouvir estranhos se identificarem como irmãs e irmãos. Ouvir conversas sermonárias, todas aquelas perguntas dos pregadores, as respostas dos congregados. Corpos se movimentando nos coros como galhos de uma árvore, acompanhando as nuances da solista. Mulheres tomadas pelo Espírito Santo louvando e correndo pelos corredores. Chapéus esvoaçantes cobrindo as perucas novas das velhas senhoras que os guardavam para Jee-susss. Funerais mais animados que casamentos. Observar minha mãe tirar o pó de seu traje africano e, meu pai, de seus dashikis para celebrações Kwanzaa, ainda mais animados que funerais.

Adoro estar em meio à cultura criada por meus ancestrais, que encontraram formas de recriar as ideias e práticas de seus ancestrais com o que estava disponível para eles nas Américas, por meio do que a psicóloga Linda James Myers chama de "manifestações físicas externas de cultura". Essas manifestações físicas externas que nossos ancestrais encontraram incluíram o cristianismo, o idioma inglês, alimentos, instrumentos, moda e costumes europeus populares. Estudiosos culturalmente racistas imaginaram que, como os afro-americanos exibem manifestações culturais externas da cultura europeia, "negros norte-americanos... em cultura e linguagem" são "essencialmente europeus", citando o antropólogo Franz Boas, em 1911. "É muito difícil encontrar qualquer coisa no sul atualmente que possa ter origem direta na África", declarou o sociólogo Robert Park, em 1919. "Destituído de sua herança cultural", o ressurgimento do negro "como ser humano foi facilitada por sua assimilação" da "civilização branca", escreveu o sociólogo E. Franklin Frazier, em 1939. Assim, "o negro é só um norte-americano e nada mais", argumentou o sociólogo Nathan Glazer, em 1963. "Ele não tem valores e cultura para preservar e proteger." Na análise final, "nós não somos africanos", disse Bill Cosby à NAACP [Associação Nacional para o Progresso de Pessoas Não Brancas], em 2004.

É difícil encontrar a sobrevivência e o renascimento de formas culturais africanas com um olhar superficial. Esse olhar superficial avalia o corpo cultural por sua pele. Ele não enxerga atrás, dentro, abaixo. Esse olhar superficial historicamente esperava que religiões, idiomas, alimentos, moda e costumes tradicionais africanos ocorressem nas Américas assim como ocorrem na África. Quando não os encontraram, assumiram que as culturas africanas tinham sido assimiladas pelas culturas europeias "mais fortes". Pessoas com visão superficial não têm noção do que o psicólogo Wade Nobles chama de "a estrutura profunda da cultura", as filosofias e os valores que mudam as formas físicas externas. É essa "estrutura profunda" que transforma o cristianismo europeu em um novo cristianismo africano, de ânimos elevados, perguntas e respostas, e louvor ao Espírito Santo; ela transforma o inglês em *ebonics*, ingredientes europeus em *soul food*[1]. O cultural africano sobreviveu nos norte-americanos, criou uma cultura complexa e forte com formas "externas" ocidentais "ao mesmo tempo em que conservou valores internos (africanos)", declarou o antropólogo Melville Herskovits em 1941. O mesmo cultural africano instilou vida na cultura afro-americana em que fui criado.

A AVENIDA. EU SIMPLESMENTE ADORAVA estar rodeado por todos aqueles negros — ou seria por toda aquela cultura? — se movendo depressa e devagar ou só ficando parados ali. A Avenida tinha um coro orgânico, uma interação dos sons fortes das lojas e o dos porta-malas dos carros, dos adolescentes passando, praticando suas rimas, às mensagens dos rappers nas esquinas. Gil gostava de fazer *freestyle*; eu ouvia e sacudia a cabeça. O som do hip-hop estava por todos os lados.

"Cara, eles tremeram/ Porque não existe bandido pela metade/ Mortos de medo, com medo de olhar, eles tremeram." "Shook Ones" foi o hino do Queens em meados dos anos de 1990 para os autoproclamados "assassinos oficiais de Queensbridge" — de Mobb Deep. Eles prometeram fazer os ouvintes "saírem da realidade", e foi o que aconte-

---

[1] N. da T.: Pratos de origem afro-americana.

ceu comigo. Eu desprezava atores adolescentes que escondiam seu medo debaixo de uma grossa camada de verniz. Eles pareciam muito reais para policiais racistas e forasteiros que, de qualquer forma, não conseguiam ver a diferença entre um corpo negro e outro. Mas nós conseguíamos. "Ele não é um bandido, cara/ ele só é medroso."

Eu ouvia as rimas retumbantes do melhor do Queens: Nas, Salt-N--Pepa, Lost Boyz, A Tribe Called Quest, Onyx e LL Cool J, com seu "Ei Amante, ei amante/ Isso é mais que uma paixão"; e alguns caras do Brooklyn como Biggie Smalls, toda a Junior M.A.F.I.A. e o novato Jay-Z; e a galera irada de Staten Island, Wu-Tang Clan, aprendendo que "a vida é um inferno/ vivendo em um mundo parecido com uma cela"; e o gênio do Harlem, Big L; e o pessoal de fora da cidade, desde Queen Latifah ao *fast-rapping* de Bone Thugs-N-Harmony — "Acorde, acorde, acorde é o primeiro do mês" — a Tupac Shakur escrevendo uma carta para a mãe. Eu me identifiquei quando Tupac confessou: "Eu andava com bandidos, e apesar de eles venderem drogas/ Demostravam o amor a um jovem irmão."

O hip-hop tem o vocabulário mais sofisticado entre todos os gêneros de música norte-americana. Li seus textos poéticos vezes sem fim. Mas pais e avós não nos viam ouvindo e memorizando palavras fortes de poesia oral, relatos urbanos, pequenos contos, autobiografias, conquistas sexuais e fantasias sobre aventuras. Eles viam — e ainda veem — palavras capazes de desvirtuar minha mente. "Ao reforçar os estereótipos que há muito prejudicam os negros, e ao ensinar jovens negros que uma postura contenciosa e violenta é a resposta 'autêntica' a uma sociedade presumidamente racista, o rap retarda o sucesso do negro", alegou certa vez o linguista John McWhorter. C. Delores Tucker fez campanha contra o rap em meados dos anos de 1990. "Não se pode ouvir toda aquela linguagem e depravação sem ser afetado por elas", Tucker gostava de dizer — assim como nossos pais e avós gostavam de dizer. A presidente do Congresso Político Nacional de Mulheres Negras de 66 anos, a venerável veterana do movimento de direitos civis, continuava a repeti-lo, como uma batalha de rap de Biggie Smalls.

NO ANO SEGUINTE SAÍMOS DO Queens, deixamos a Avenida para trás, para começar uma nova vida no Sul. No final de um dia de aula em algum ponto do segundo semestre de 1997, fui para o ginásio nervoso, para ver quem tinha conseguido entrar para o time de basquete estudantil júnior da Stonewall Jackson High School.

Fui até o ginásio sozinho. Eu detestava ficar sozinho o tempo todo. Eu não tinha amigos na nova escola em Manassas, Virgínia. Tinha chegado semanas antes à nossa nova casa, em um bairro de subúrbio predominantemente branco. Manassas não era o Extremo Sul, mas, inquestionavelmente, era o sul de Jamaica, Queens. Fiquei acordado em toda a nossa primeira noite ali, às vezes olhando pela janela, preocupado com que a Ku Klux Klan aparecesse de repente. Por que a tia Rena teve que mudar para esse lugar e atrair meus pais?

A notícia de que o garoto quieto, magro, de roupas largas, Air Force 1s e Tims, com um sotaque esquisito e passos lentos, era de Nova York, logo se espalhou. Garotas e garotos estavam igualmente fascinados — mas não necessariamente se dispondo a ser meus amigos. O basquete era meu único companheiro.

Abri a porta do ginásio, andei devagar pela quadra escura e encontrei a lista de convocados. Confiante, procurei meu nome. Não o vi. Atordoado, olhei de novo, acompanhando com o indicador enquanto lia cada nome devagar. Não vi o meu.

Lágrimas se acumularam nos meus olhos. Eu me virei e me afastei depressa, segurando o choro. Fui até o ônibus e me larguei no banco como nunca tinha feito antes.

A tristeza de ter sido cortado foi superada por um sofrimento mais profundo: não fazer parte do time afastara todas as possibilidades de fazer amigos na nova escola. Eu estava sofrendo, mas me controlei enquanto percorria a pequena distância do ponto de ônibus até minha casa.

Quando abri a porta da frente, vi meu pai descendo a escada de nossa casa de dois andares — entrei e caí em seus braços surpresos. Sentamo-nos nos degraus, a porta da frente ainda aberta. Chorei incontrolavelmente, assustando meu pai. Depois de alguns minutos, me contive e disse: "Não entrei para o time", e em seguida recomecei a chorar e desabafei: "Agora, nunca vou ter amigos!"

O basquete tinha sido minha vida. Tudo mudou quando aquelas lágrimas finalmente secaram.

AOS QUINZE ANOS, EU acreditava intuitivamente no multiculturalismo, ao contrário de sociólogos assimilacionistas como Nathan Glazer, que naquele ano lamentou o conceito em seu livro *We Are All Multiculturalists Now* ["Agora Somos Todos Multiculturalistas", em tradução livre]. Eu era contra ideias racistas que menosprezam as culturas dos negros das cidades, o hip-hop — e a mim. Eu sentia que ridicularizar as culturas negras que conhecia — a cultura urbana, a cultura do hip-hop — era me ridicularizar.

Contudo, ao mesmo tempo, como um negro urbano do norte, eu desprezava as culturas de negros não urbanos, principalmente sulistas, exatamente as pessoas por quem eu estava cercado agora. Eu comparava sua amada música go-go — então popular em Washington, D.C., e na Virgínia — com o que eu considerava o suprassumo da música negra, o hip-hop do Queens, e a menosprezava como C. Delores Tucker menosprezava o hip-hop. Os caras na Virgínia não sabiam se vestir. Eu detestava seus *ebonics*. Achava que os jogadores de basquete eram incompetentes que eu tinha que tratar com condescendência, o que me custou um lugar no time juvenil. Naqueles primeiros meses, eu andava pela Stonewall Jackson com uma arrogância muda. Desconfio que amigos em potencial escutavam minhas pistas não verbais de esnobismo e certamente se afastavam.

Quando nos referimos a um grupo como negro, branco ou de outra identidade racial — sulistas negros em vez de sulistas —estamos racializando esse grupo. Quando racializamos qualquer grupo e então consideramos sua cultura inferior, estamos articulando o racismo cultural. Quando eu defendia a cultura negra em minha mente, eu estava tratando a cultura em seu sentido geral, não em um senso específico. Eu sabia que era errado dizer que os negros eram culturalmente inferiores. Mas fui rápido em julgar culturas negras específicas praticadas por grupos raciais negros específicos. Julgar a cultura que vi em Manassas em comparação aos padrões culturais da Nova York negra não era diferente de a Nova York branca julgando a Nova York negra em comparação aos seus próprios padrões culturais. Isso não é diferente de a América branca julgar a América latina em comparação aos padrões culturais da América branca. Isso não é diferente de a Europa julgando o resto do mundo em comparação a padrões culturais europeus que é onde o problema começou, remontando à chamada era do Iluminismo.

"Que toda prática e sentimento que não estão de acordo com os usos da Europa moderna sejam bárbaros, parece uma máxima fundamental aplicada por muitos de nossos críticos e filósofos", escreveu o crítico do iluminismo escocês James Beattie, em 1770. "Muitas vezes, suas observações fazem lembrar-nos da fábula do homem e do leão." Na fábula, um homem e um leão viajavam juntos, discutindo sobre quem era superior. Eles passaram por uma estátua que mostra um leão estrangulado por um homem. O homem diz: "Veja, ali! Como somos fortes e como subjugamos até mesmo o rei dos animais." O leão responde: "Esta estátua foi feita por um de vocês, homens. Se nós, leões, soubéssemos erigir estátuas, você veria o homem colocado sob a pata do leão." Quem cria o padrão cultural geralmente se coloca no topo da hierarquia.

"Todas as culturas devem ser julgadas em relação à sua própria história, e todos os indivíduos e grupos em relação à sua história cultural e, definitivamente, não pelo padrão arbitrário de uma única cultura", escreveu Ashley Montagu, em 1942, uma expressão clara da relatividade cultural, a essência do antirracismo cultural. Ser antirracista é ver todas as culturas e suas diferenças como se estivessem no mesmo nível, como iguais. Quando vemos a diferença cultural, vemos diferença cultural — nada mais, nada menos.

Levei algum tempo. Meses de solidão — na verdade, quase dois anos, se estivermos falando de fazer amigos verdadeiros. Mas, gradualmente, comecei a respeitar a cultura afro-americana do norte da Virgínia. Gradualmente, desci das nuvens de minha presunção cultural racista. Mas eu não conseguia me erguer além de minha insegurança racista comportamental.

COMPORTAMENTO

RACISTA COMPORTAMENTAL: Aquele que responsabiliza os indivíduos pelo comportamento percebido de grupos raciais e responsabiliza grupos raciais pelo comportamento dos indivíduos.

ANTIRRACISTA COMPORTAMENTAL: Aquele que confere caráter fictício ao comportamento do grupo racial e real ao comportamento do indivíduo.

ACABEI FAZENDO AMIGOS, um grupo inter-racial que chegou exatamente quando minhas velhas roupas da Avenida se tornavam pequenas demais para meu corpo em crescimento. Perdera a pureza do meu sotaque de Nova York e meu *jump shot*, mas achei amigos vivos, ativos e divertidos como Chris, Maya, Jovan e Brandon.

Meu rendimento escolar não se recuperou. Nunca me incomodei muito com as aulas no Queens — eu cabulava aulas na John Bowne para jogar baralho na cantina e desligava os professores como se eles fossem um comercial ruim, fazendo apenas trabalhos suficientes para continuar ligado ao basquete. Definitivamente, não correspondia ao meu potencial acadêmico — e, sendo um adolescente negro nos anos de 1990, minhas deficiências não passaram despercebidas, tampouco deixaram de ser julgadas. Os primeiros a notar o fato foram os adultos da geração de meus pais e avós que me cercavam. Conforme documentado pelo acadêmico da área jurídica, James Forman Jr., a geração dos direitos civis geralmente evocava Martin Luther King Jr. para nos envergonhar. "Martin Luther King foi bem-sucedido ao enfrentar pessoas como Bull Connor para que, no final, perdêssemos a luta pelos direitos civis para integrantes desorientados e mal-intencionados de nossa própria raça?" perguntou o promotor de Washington, D.C., Eric Holder, em uma comemoração do aniversário de MLK, em 1995. "Vocês estão sacrificando a liberdade de todos", disse Jesse Jackson a um grupo de prisioneiros do Alabama naquele ano. "Vocês podem superar isso se mudarem de atitude", acrescentou. "Faço um apelo a vocês. Suas mães fizeram um apelo a vocês. O Dr. King morreu por vocês."

O chamado "primeiro presidente negro" seguiu seu exemplo. "Não é racista os brancos dizerem que não entendem por que as pessoas aceitam gangues na esquina ou nos conjuntos habitacionais, ou a venda de drogas nas escolas ou a céu aberto", disse o presidente Clinton em 1995. "Não é racista os brancos afirmarem que a cultura da dependência do serviço social, das gestações fora do casamento e de pais ausentes não pode ser derrubada por programas sociais a menos que primeiro haja mais responsabilidade pessoal."

Os negros precisavam parar de usar a "carta do racismo", expressão usada por Peter Collier e David Horowitz para designar "conversas sobre raça e racismo", em 1997. O problema era a irresponsabilidade pessoal.

De fato, fui irresponsável na escola. Faz sentido em termos antirracistas falar sobre irresponsabilidade pessoal de indivíduos como eu em todas as raças. Fiz besteiras. Poderia ter estudado mais. Contudo, alguns amigos brancos também poderiam ter estudado mais, e seus fracassos e irresponsabilidade não macularam sua raça.

Meus problemas com irresponsabilidade pessoal foram exacerbados — ou, talvez, até causados — pelas lutas adicionais que o racismo acrescentou à minha vida escolar, de uma história de professores desinteressados e racistas a escolas superlotadas, aos ataques racistas diários a garotas e garotos negros. Não há dúvidas de que eu poderia ter superado esse racismo e continuado a avançar. Contudo, pedir a todos os negros sem vocação atlética que se tornem corredores olímpicos, e censurá-los por não conseguirem atender às expectativas, é racista. Um dos malefícios do racismo é a forma como afeta negros comuns de quem se exige atos extraordinários simplesmente para sobreviver — e, ainda pior, coloca o negro que comete erros defronte ao abismo, enquanto o branco que comete erros recebe empatia e uma segunda chance. Isso não deveria representar surpresa: um dos valores básicos do racismo para os brancos é tornar o sucesso disponível até para brancos não excepcionais, enquanto o sucesso, mesmo moderado, geralmente é reservado a negros extraordinários.

Como encaramos o meu jovem eu, o aluno de notas medíocres, em termos antirracistas? A verdade é que eu deveria ser criticado como aluno — eu não tinha motivação, era distraído e indisciplinado. Em outras palavras, um mau aluno. Mas eu não deveria ser criticado como um mau aluno *negro*. Eu representava a minha raça tanto quanto meus companheiros de classe brancos irresponsáveis representavam a deles. Faz sentido em termos racistas falar sobre irresponsabilidade pessoal como se ela se aplicasse a todo um grupo racial. O comportamento do grupo racial é uma invenção da imaginação racista. Comportamentos individuais podem moldar o sucesso de indivíduos. Contudo, políticas determinam o sucesso de grupos. E é o poder racista que cria as políticas que causam desigualdades raciais.

Responsabilizar indivíduos pelo comportamento percebido dos grupos raciais e responsabilizar grupos raciais inteiros pelo comportamento de indivíduos são duas formas pelas quais o racismo comportamental contagia nossa percepção do mundo. Em outras palavras, quando acreditamos que o aparente sucesso ou fracasso de um grupo racial afeta cada um de seus membros individuais, aceitamos a ideia racista. Do mesmo modo, quando acreditamos que o aparente sucesso ou fracasso de um indivíduo afeta todo um grupo, aceitamos uma ideia racista. Essas duas ideias racistas eram corriqueiras nos anos 1990. Norte-americanos progressistas — os que se autoidentificavam como "não racistas" — abandonaram o racismo biológico em meados dos anos 1990. E foram além: a maioria abandonou o racismo étnico, corporal e cultural. Mas ainda estavam ligados ao racismo comportamental. E carregaram essa tocha com firmeza até o presente.

O mesmo racismo comportamental orientou muitos eleitores de Trump, a quem esses mesmos progressistas "não racistas' se opuseram violentamente na eleição de 2016. Eles, também, atribuíram qualidades a grupos inteiros — estes eram eleitores cuja escolha política se relacionou à crença de que os negros são mais grosseiros, preguiçosos, estúpidos e cruéis do que os brancos. "A comunidade negra norte-americana... transformou as grandes cidades dos EUA em favelas por causa da preguiça, do uso de drogas e da promiscuidade sexual", sugeriu o reverendo Jamie Johnson, diretor de um centro religioso no Departamento de Segurança Interna de Trump após as eleições. "Embora líderes de direitos civis dos negros gostem de apontar um sistema de justiça criminal supostamente racista para explicar por que nossas prisões abrigam tantos negros, é óbvio, há décadas, que o verdadeiro culpado é o comportamento deles", argumentou Jason Riley em 2016.

Sempre que alguém racializa o comportamento — descreve algo como "comportamento negro" — está expressando uma ideia racista. Ser antirracista é reconhecer que não existe algo como comportamento negro muito menos comportamento irresponsável negro. O comportamento negro é tão fictício quanto genes negros. Não existem "genes negros". Ninguém jamais determinou um único "traço comportamental negro". Por exemplo, jamais se produziu uma única evidência de que os negros são mais ruidosos, zangados, simpáticos, engraçados, menos pontuais, mais imorais, religiosos ou dependentes; de que os asiáticos são mais subservientes; de que os brancos são mais gananciosos. Tudo o que temos são histórias de comportamentos individuais. Porém histórias individuais são apenas provas de comportamentos de indivíduos. Assim como a raça não existe em termos biológicos, também não existe em termos comportamentais.

Mas e quanto ao argumento de que grupos de negros no sul, ou asiáticos-americanos em Chinatown, em Nova York, ou brancos nos subúrbios do Texas parecem se comportar de modos que seguem práticas culturais coerentes e definidas? Antirracismo significa separar a ideia de cultura da ideia de comportamento. Cultura define uma tradição grupal que um grupo racial em especial pode partilhar, mas não é compartilhado entre todos os indivíduos desse grupo racial ou entre todos os grupos raciais. Comportamento define o potencial e os traços humanos peculiares que todos partilham. Os seres humanos são inteligentes e preguiçosos, mesmo quando essa inteligência e essa preguiça possam aparecer de modos diferentes em grupos culturais racializados.

RACISTAS COMPORTAMENTAIS VEEM a questão de um jeito diferente que os antirracistas, e até mesmo entre si. Nas décadas antes da Guerra Civil, racistas comportamentais discutiam sobre se era a liberdade ou a escravidão que causava um suposto comportamento negro medíocre. Para teóricos pró-escravatura, deficiências comportamentais negras originam-se da liberdade, seja na África ou entre escravizados emancipados nos Estados Unidos. Nos estados que "conservaram a antiga relação" entre a supremacia branca e a escravatura negra, negros "melhoraram grandemente em todos os aspectos — em quantidade, conforto, inteligência e moral", explicou John C. Calhoun, secretário de Estado, a um crítico britânico em 1844. Essa posição pró-escravatura se manteve até depois de sua abolição. Negros livres "separados do espírito da sociedade branca" — seus senhores civilizadores — degeneraram no "tipo original africano", com traços comportamentais que iam de hipersexualidade, imoralidade, criminalidade e preguiça à má atuação como pais, declarou Philip Alexander Bruce em seu livro popular de 1889, *The Plantation Negro as a Freeman*. ["O Negro das Plantações como Homem Livre", em tradução livre].

Em contraste, os abolicionistas, incluindo Benjamin Rush, em 1773, argumentavam: "Todos os vícios de que os negros são acusados nas colônias sulistas e nas Índias Ocidentais, como o Ócio, Deslealdade, Ladroagem, e outros, são descendentes legítimos da escravidão." Um ano depois, Rush fundou a primeira sociedade branca antiescravatura do país. Ao redigir o prefácio da narrativa de Frederick Douglass sobre os escravos, em 1845, o abolicionista William Lloyd Garrison declarou que a escravidão degradava o povo negro "na escala da humanidade... Não faltou fazer nada para mutilar seus intelectos, obscurecer suas mentes, rebaixar sua natureza moral, obliterar todos os traços de seu relacionamento com a humanidade".

Abolicionistas — ou, melhor, assimilacionistas progressistas — idealizaram o que chamo de tese de opressão-inferioridade. Em seus bem-intencionados esforços de persuadir os norte-americanos dos horrores da opressão, os assimilacionistas argumentam que a opressão degradou os comportamentos de pessoas oprimidas.

Essa crença se estendeu até o período após a escravidão. Em seu discurso na reunião de fundação da Academia do Negro Americano Alexander Crummell, em 1897, W.E.B. Du Bois declarou: "O primeiro e maior passo em direção à criação do atual atrito entre as raças... reside na correção da imoralidade, do crime e da preguiça entre os próprios negros, que ainda continua uma herança da escravatura." Essa concepção de escravidão como uma força desmoralizadora foi um reflexo da concepção do historiador Jim Crow sobre a escravidão como uma força civilizadora. Ambas as posições levaram os norte-americanos em direção ao racismo comportamental: o comportamento do negro desmoralizado pela liberdade — ou o comportamento do negro liberto desmoralizado pela escravidão.

A mais recente expressão da tese de opressão-inferioridade é conhecida como síndrome pós-traumática da escravidão, ou SPTE. "Conflitos internos", materialismo, má atuação como pais, colorismo, derrotismo, raiva — esses comportamentos "disfuncionais" e "negativos" "assim como muitos outros estão, em grande parte, relacionados a adaptações transgeracionais associadas a traumas passados da escravidão e opressão contínua", afirma a psicóloga Joy DeGruy, em seu livro de 2005, *Post Traumatic Slave Syndrome* ["Síndrome Pós-traumática da Escravidão", em tradução livre]. (Algumas pessoas acreditam, com base em estudos incorretos, que essas adaptações transgeracionais são genéticas.)

DeGruy alegou que "muitos, muitos" afro-americanos sofrem de SPTE. Ela elaborou essa teoria com base em histórias e a modelou como um transtorno de estresse pós-traumático (TEPT). Mas estudos mostram que um grande número de pessoas que vive em ambientes traumáticos não desenvolve esse transtorno. Pesquisadores constataram que, entre soldados que voltaram do Iraque e do Afeganistão, as taxas de TEPT variavam entre 13,5 a 30%.

Naturalmente, indivíduos negros sofreram traumas devido à escravidão e opressão contínua. Alguns indivíduos ao longo da história exibiram comportamentos negativos relacionados a esse trauma. DeGruy é uma heroína por conduzir os constructos do trauma, do dano e da cura para a nossa compreensão da vida negra. Mas existe uma linha tênue entre um antirracista que diz que indivíduos negros sofreram traumas e um racista que diz que os negros são pessoas traumatizadas. Existe uma linha igualmente tênue entre um antirracista que diz que a escravidão foi debilitante e um racista que afirma que os negros são um povo debilitado. Os últimos constructos apagam passagens inteiras da história: por exemplo, o caso de até a primeira geração de negros emancipados, que saiu diretamente das plantações para o exército da União, para a política, organização do trabalho, *Union leagues* [organizações formadas para dar apoio à União, durante e após a Guerra Civil], arte, empreendedorismo, construção de clubes, igrejas, escolas e comunidades — edifícios mais comumente dizimados pelas mãos incendiárias do terrorismo racista do que por quaisquer mãos autodestrutivas das deficiências comportamentais originadas no trauma da escravidão.

No século XX, os cientistas sociais substituíram cada vez mais a escravidão pela segregação e discriminação como a mão opressora que devastava o comportamento negro. Os psicanalistas Abram Kardiner e Lionel Ovesey mostraram essa inquietação em seu livro de 1951, *The Mark of Oppression: A Psychosocial Study of the American Negro* ["A Marca da Opressão: Um Estudo Psicossocial do Negro Norte-americano", em tradução livre]. "Não há um único traço de personalidade do negro cuja origem não possa ser encontrada em suas difíceis condições de vida", escreveram. "O resultado final é uma vida interior infeliz", uma "autoestima" abalada, uma "autoaversão" perniciosa, "a convicção de não ser digno de ser amado, a diminuição da afetividade e a hostilidade incontrolável". Amplamente aceitas como fato científico, essas generalizações abrangentes foram baseadas nas entrevistas dos autores com 25 respondentes.

COMO UM ADOLESCENTE NEGRO conturbado nos anos 1990, eu me sentia sufocado pela sensação de ser julgado, principalmente pelas pessoas mais próximas: outros negros, especialmente negros mais velhos que se preocupavam com toda a minha geração. O juiz negro em minha mente não deixava espaço para erros de indivíduos negros — eu não tinha que lidar apenas com as consequências de meus erros pessoais, eu tinha o ônus adicional de decepcionar toda a raça. Nossos erros eram generalizados como os erros da raça. Parecia que os brancos eram livres para se comportar mal, cometer erros. Mas se nós falhássemos — ou falhássemos em ser duas vezes melhores — então o juiz negro proferia uma sentença dura. Nada de indulto ou liberdade condicional. Não havia meio-termo — éramos discípulos de King ou bandidos matando o sonho de King.

Porém, naturalmente, embora isso possa ter parecido verdadeiro em um senso social mais amplo, pais negros respondiam como indivíduos. Meus próprios pais criaram meios-termos escusatórios para os próprios filhos. Eu não deixei meus pais orgulhosos. Mas eles não me trataram como um bandido, tampouco me prenderam — eles continuaram tentando. Quando eu estava no segundo ano do ensino médio na Stonewall Jackson, meus pais insistiram para que eu assistisse às aulas do *International Baccalaureate* (IB) e, embora eu não alimentasse quaisquer expectativas especialmente elevadas para mim, concordei. Entrei para o mundo hipócrita do IB, cercado por um mar de alunos brancos e asiáticos. Esse ambiente só intensificou meu ódio pela escola, mesmo que agora por um motivo diferente. Eu me sentia isolado, exceto por uma aula ou outra com minha amiga Maya, uma adolescente negra que se preparava para o Spelman College. Nenhum de meus colegas brancos ou asiáticos vieram me salvar. Raramente abrindo a boca ou erguendo a mão, eu me moldava de acordo com o que imaginei que pensavam de mim. Eu me sentia como uma pessoa em um bote furado enquanto eles passavam por mim todos os dias a caminho de suas sessões padronizadas de preparação, sonhos na Ivy League e competições em busca de elogios dos professores. Eu me via pelos seus olhos: um impostor, merecedor de invisibilidade. Meu afogamento no suposto mar da inteligência avançada era iminente.

Internalizei minhas dificuldades acadêmicas como indicador de algo errado não só com meu comportamento, mas com o comportamento negro como um todo, visto que eu representava a raça, tanto nos olhos deles — ou o que eu imaginei ver nos olhos deles — e nos meus.

O chamado Nation's Report Card [Relatório de Avaliação Nacional do Progresso na Educação — NAEP] conta a mesma história aos norte--americanos. Primeiro, ele publicou a pontuação em matemática de alunos do nono e quinto anos, em 1990, o ano em que entrei para o quarto ano. Alunos asiáticos do quinto ano obtiveram 37 pontos; brancos, 32; e latinos, 21 a mais que os negros no teste padronizado de matemática. Em 2017, as disparidades na pontuação de alunos do quarto ano diminuíram ligeiramente. A "defasagem de desempenho" em leitura entre alunos brancos e negros do quinto ano também diminuiu entre 1990 e 2017, mas aumentou entre alunos brancos e negros do terceiro ano do ensino médio. Em 2015, negros apresentaram a menor média na pontuação do teste de aptidão escolar entre todos os grupos raciais.

Quando eu era aluno no ensino médio, acreditava que testes padronizados realmente mediam inteligência, e que, portanto, meus colegas brancos e asiáticos eram mais inteligentes que eu. Acreditava que eu era um idiota. Estava claro que precisava de outra aula humilhante sobre como King morreu por mim.

. . . .

SÓ PERCEBI NO ÚLTIMO ano da faculdade que era idiota por pensar que eu era idiota. Estava me preparando para o último teste padronizado importante, Graduate Record Exam, ou GRE, de seleção para o mestrado/doutorado. Eu já tinha morrido com mais de US$1 mil para um curso preparatório, alimentando a indústria norte-americana de aulas particulares e preparatórios para testes que rendeu US$12 bilhões em 2014 e tem previsão de chegar a US$17,5 bilhões em 2020. Os cursos e professores particulares estão concentrados nas comunidades asiáticas e brancas, que, não é de surpreender, obtêm a maior pontuação nos testes padronizados. Por exemplo, o curso preparatório para meu GRE não foi ministrado em meu campus historicamente negro. Tive que ir até um campus historicamente branco de uma faculdade em Tallahassee.

Eu me sentava cercado por alunos brancos diante de uma professora branca na Universidade Estadual da Flórida, em um *flashback* do meu bote solitário na Stonewall Jackson. Eu me perguntava por que era o único aluno negro na sala, sobre meu privilégio econômico e o suposto privilégio econômico de meus colegas. Estava curioso sobre outro estrato de alunos, que nem estavam na sala, os que podiam pagar por aulas particulares com essa professora.

A professora se gabava de que o curso melhoraria nossa pontuação no GRE em 200 pontos, fato que ignorei no início — parecia uma técnica de marketing improvável. Mas, a cada aula, a técnica que fundamentava a confiança da professora ficava mais clara. Ela não estava nos deixando mais espertos para gabaritar o teste — ela estava nos ensinando *como* realizar o teste.

No caminho para casa depois da aula, eu geralmente parava na academia para levantar peso. Quando comecei os exercícios de levantamento de peso, supus naturalmente que as pessoas que levantavam os mais pesados eram as mais fortes. Minha suposição estava errada. Erguer muito peso exigia uma combinação de força e boa forma; uma era baseada em habilidade, a outra, no acesso a um bom treinamento e melhores informações. Levantadores de peso bem treinados em excelente forma levantavam mais peso do que levantadores igualmente ou até mais bem dotados em pior forma.

Esse trajeto habitual do curso preparatório até a academia deixava minha mente mais clara: a professora não estava nos deixando mais fortes. Ela estava nos dando forma e técnica para sabermos exatamente como levantar o peso do teste.

Isso revelava o método fraudulento de oferecer um produto e entregar outro de qualidade inferior que fundamentava os testes padronizados — exatamente o que os tornavam injustos: ela ensinava como realizar testes padronizados que supostamente medem força intelectual. Meus colegas de classe e eu conseguíamos uma pontuação mais alta — 200 pontos, como prometido — do que alunos mais pobres, que poderiam ter a força intelectual equivalente, mas não tinham os recursos ou, em alguns casos, até a consciência de adquirir uma forma melhor por meio de cursos preparatórios caros. Por causa do modo como a mente humana funciona — o chamado "erro fundamental de atribuição" ou "viés de correspondência", que nos motiva a assumir crédito pessoal por qualquer sucesso — aqueles de nós que se prepararam para o teste teriam uma pontuação maior e, assim, acesso a melhores oportunidades, mas pensaríamos que tudo isso era mérito próprio: que éramos melhores e mais inteligentes do que os demais, e tínhamos até evidência inquestionável e quantificável para apresentar. Vejam as nossas notas! Conselheiros de admissão e professores suporiam que éramos mais bem qualificados e nos admitiriam às suas faculdades (ao mesmo tempo melhorando suas classificações institucionais). E, como estamos falando de números objetivos e inexpressivos, ninguém jamais pensaria que o racismo poderia ter desempenhado um papel nessa situação.

O uso de testes padronizados para medir aptidão e inteligência é uma das políticas racistas mais eficientes já criadas para degradar mentes negras e excluir legalmente os corpos negros. Degradamos mentes negras sempre que falarmos da "defasagem de desempenho acadêmico" com base nesses números. A aceitação de uma defasagem de desempenho acadêmico é somente o método mais recente de reforçar um conceito racista mais antigo: a inferioridade intelectual negra. A ideia de uma defasagem de desempenho significa que existe uma disparidade no desempenho acadêmico entre grupos de estudantes; nesta ideia está implícita a noção de que o desempenho acadêmico medido por instrumentos estatísticos como pontuação de testes e taxas de desistência é a única forma de "desempenho" acadêmico. Existe uma implicação ainda mais sinistra na conversa sobre defasagem de desempenho — que disparidades no desempenho acadêmico refletem com exatidão disparidades na inteligência em grupos raciais. O intelecto é o elemento fundamental do comportamento, e a ideia racista de uma defasagem de desempenho é o elemento fundamental do racismo comportamental.

Lembre-se: acreditar em uma hierarquia racial é acreditar em uma ideia racista. A ideia de uma defasagem de desempenho entre raças — com brancos e asiáticos no topo e negros e latinos no fundo — cria uma hierarquia racial, com implicações de que a defasagem racial na pontuação de testes significa que algo está errado com negros e latinos que se submetem aos testes, e não com os testes. Desde o início, os testes, não as pessoas, sempre foram o problema racial. Sei que é difícil aceitar essa ideia — muitas pessoas bem-intencionadas tentaram "resolver" o problema da defasagem de desempenho racial —, mas, quando entendemos a história e as políticas que os fundamentam, tudo fica claro.

A história da raça e dos testes padronizados começou em 1869, quando o estatístico inglês Francis Galton — meio-primo de Charles Darwin — elaborou a hipótese de que "o padrão intelectual médio da raça negra fica a cerca de dois pontos abaixo do nosso", em *Eugenia e Hereditariedade*. Galton foi o pioneiro da eugenia décadas depois, mas falhou em desenvolver um mecanismo de testes que comprovasse sua hipótese racista. Onde Galton falhou, France Alfred Binet e Theodore Simon tiveram êxito, quando desenvolveram o teste de QI, em 1905, que o psicólogo de Stanford, Lewis Terman, revisou e entregou aos norte-americanos em 1916. Esses testes "experimentais" mostrariam "diferenças raciais imensamente significativas na inteligência em geral, diferenças que não podem ser apagadas por nenhum esquema de cultura mental", disse o eugenista em seu livro de 1916, *The Measurement of Intelligence* ["A Medida da Inteligência", em tradução livre].

O teste de QI foi ministrado pela primeira vez em uma escala mais ampla a 1,7 milhões de soldados norte-americanos durante a Primeira Guerra Mundial. O psicólogo de Princeton Carl C. Brigham apresentou a defasagem racial da pontuação dos soldados como prova da hierarquia racial genética em *A Study of American Intelligence* ["Um Estudo da Inteligência Norte-americana", em tradução livre], publicado três anos antes de ele criar o Teste de Aptidão Escolar (SAT na sigla em inglês), em 1926. Aptidão significa habilidade natural. Brigham, como outros eugenistas, acreditava que o SAT revelaria a habilidade intelectual natural dos brancos.

O físico William Shockley e o psicólogo Arthur Jensen levaram essas ideias eugenistas para os anos 1990. Nessa época, explicações genéticas — se não os testes e a defasagem de desempenho em si — eram amplamente desacreditadas. Segregacionistas que apontavam para genes inferiores tinham sido superados no debate racista sobre o tema da defasagem de desempenho por assimilacionistas apontando ambientes inferiores.

Assimilacionistas liberais mudaram o discurso para "eliminar a defasagem de desempenho", intensificando o movimento de testes nos anos 1990, quando surgiu a controvérsia do livro *The Bell Curve* ["A Curva Normal", em tradução livre], em 1994, sobre se a defasagem poderia ser eliminada. "Parece altamente provável que os genes e o ambiente têm algo a ver com as diferenças raciais" na pontuação de testes, escreveram o psicólogo de Harvard Richrd Herrnstein e o cientista político Charles Murray nesse livro. A ideia racista de uma defasagem de desempenho continuou no novo milênio por meio da Lei de Nenhuma Criança Deixada para Trás, de George W. Bush, e a Corrida para o Topo e Núcleo Comum, de Obama — iniciativas que aumentaram ainda mais o papel dos testes padronizados na determinação do sucesso ou fracasso de estudantes e das escolas que frequentavam. Por meio dessas iniciativas e incontáveis outras, responsáveis por reformas educacionais alardearam a "lacuna de desempenho" para ganhar atenção e fundos para seus esforços igualitários.

Porém e se esses esforços bem-intencionados para fechar a lacuna de desempenho estivessem abrindo a porta para ideias racistas desde o início? E se diferentes ambientes levassem a diferentes tipos de desempenho, e não a diferentes níveis de desempenho? E se o intelecto de uma criança negra com maus resultados nos testes em uma escola negra pobre for diferente — e não inferior — ao intelecto de uma criança branca com bons resultados nos testes em uma escola branca rica? E se medíssemos a inteligência com base nos conhecimentos dos indivíduos sobre o próprio ambiente? E se medíssemos o intelecto pelo desejo de aprender do indivíduo? E se compreendêssemos que a padronização de nossos currículos e testes não é a melhor forma de garantir um sistema educacional eficiente, e sim a padronização das oportunidades disponíveis a todos os estudantes?

Na Pensilvânia, um recente estudo em âmbito estadual constatou que, em qualquer nível de pobreza, os distritos com proporção mais alta de alunos brancos recebem muito mais recursos do que distritos com mais estudantes de outras etnias. O subfinanciamento crônico das escolas negras no Mississipi é algo terrível de ver. Faltam às escolas suprimentos e livros básicos, comida saudável e água. A falta de recursos leva diretamente à diminuição de oportunidades de aprendizagem. Em outras palavras, o problema racial é a lacuna de oportunidade, como reformistas antirracistas a tacham, não a lacuna de desempenho.

• • •

DE VOLTA À ESCOLA, aqueles últimos dias de 1999 não terminavam nunca. Eu estava sentado durante o intervalo da aula de estudos sobre o governo. Enquanto minha mente vagueava, meus olhos vaguearam e pararam em Angela, sentada atrás de mim. Pele marrom, maçãs do rosto salientes e um temperamento agradável, Angela parecia estar escrevendo atentamente.

"O que você está fazendo?", perguntei.

"Estou escrevendo meu discurso", disse ela com o sorriso habitual, sem erguer os olhos do papel.

"Discurso para quê?"

"Para o concurso MLK. Não está sabendo?"

Balancei a cabeça e então ela me contou tudo sobre o concurso de oratória Prince William County Martin Luther King Jr. Os participantes da Stonewall Jackson apresentariam seus discursos em dois dias. O vencedor iria para a competição do condado. Os três finalistas discursariam na Capela Hylton no Dia de MLK, em 2000.

Ela me encorajou a participar. Primeiro, recusei. Mas, quando ela terminou de falar, concordei. O tema do concurso era "Qual seria a mensagem do Dr. King para o milênio?", e o que saiu da minha caneta foram todas as ideias racistas sobre o comportamento da juventude negra que circulavam nos anos 1990 que, sem perceber, eu internalizara profundamente. Comecei a escrever uma mensagem contra os negros que teria enchido King de indignação — menos parecido com o próprio King e mais com os discursos insultuosos sobre ele que ouvi tantas vezes de adultos da geração de meus pais. Se ao menos eu tivesse passado mais tempo ouvindo King em vez de todos esses adultos que alegavam falar por ele. "Não devemos mais nos envergonhar de ser negros", diria-me King, como ele disse aos negros reunidos em 1967. "Enquanto a mente estiver escravizada, o corpo nunca poderá ser livre."

Enquanto a mente achar que há algo errado com o comportamento de um grupo racial, ela nunca poderá ser antirracista. Enquanto a mente oprimir os oprimidos ao pensar que seu ambiente opressivo retardou seu comportamento, a mente nunca poderá ser antirracista. Enquanto a mente for racista, nunca poderá ser livre.

Ser antirracista é achar que não há comportamentos errados ou certos — inferiores ou superiores — em quaisquer grupos raciais. Sempre que o antirracista vir indivíduos se comportarem de modo positivo ou negativo, ele verá exatamente isto: indivíduos se comportando de modo positivo ou negativo, não representantes de raças inteiras. Ser antirracista é desracializar o comportamento, remover o estereótipo tatuado em cada corpo racializado. O comportamento é algo feito por humanos, não raças.

TERMINEI O RASCUNHO do discurso naquela noite. "Quero ouvir!", pediu Angela, animada, no dia seguinte, antes de nossa aula de estudos sobre governo.

"Ouvir o quê?", respondi, tímido virando-me, sabendo exatamente o quê.

"Seu discurso!" Ela estava radiante. "Sei que está com você. Quero ouvir!"

Sentindo-me obrigado, recitei meu discurso devagar. Quanto mais eu lia, mais confiança sentia. As ideias racistas soavam muito bem, como costuma ocorrer com ideias racistas. Quando terminei, Angela estava eufórica.

"Você vai ganhar! Você vai ganhar!", entoou com suavidade quando a aula começava. Eu continuava me virando e pedindo-lhe que parasse. Angela viu meu sorriso e não obedeceu.

Não dormi muito naquela noite. Entre retocar o discurso e acalmar meus nervos e temores, havia muita coisa ocorrendo em minha mente. Acabei caindo em um sono profundo, tão profundo que não escutei o alarme. Quando acordei, percebi que tinha perdido a competição. Aborrecido, mas também aliviado, fui até a escola.

Angela esperou por mim no local da competição a manhã inteira. Depois que o último participante tinha falado diante dos juízes da Stonewall, Angela exigiu que eles se reunissem de novo quando eu cheguei à escola e não aceitou um não como resposta — assim como ela não aceitara um não de mim.

E, de fato, quando eu cheguei à escola, os juízes voltaram a se reunir para mim. Ao ouvir tudo o que Angela tinha feito, uma onda de gratidão afastou meus temores e nervosismo. Estava determinado a dar o discurso de minha vida. E foi o que fiz. Eu ganhei, com ideias racistas e tudo.

VENCER COMEÇOU A afastar a vergonha que eu sentia de mim e da minha raça com relação às minhas dificuldades acadêmicas. O juiz negro estava orgulhoso de mim. Eu estava mais do que orgulhoso de mim. Mas minha insegurança racista começou a se transformar em uma presunção racista. A transformação realmente tinha começado quando decidi frequentar a Universidade Agrícola e Mecânica da Flórida. "Parecia certo", disse às pessoas. Não revelei a ninguém, nem a mim mesmo, por que essa universidade historicamente negra parecia a certa.

Na minha visita durante o verão de 1999, todos falavam animadamente da universidade como a maior e pior faculdade e universidade historicamente negra do país. A revista *Time* e a *Princeton Review* a tinham considerado a Faculdade do Ano em 1997. Pela segunda vez em três anos, a Florida A&M tinha passado Harvard no recrutamento de National Achievement Scholars (os melhores entre os melhores alunos negros do ensino médio). O presidente Frederick S. Humphries, com seu 1,95m de carisma, tinha pessoalmente recrutado muitos desses estudantes, enquanto transformava sua universidade na maior universidade historicamente negra do país.

Sempre que dizemos que algo simplesmente parece certo ou errado, estamos fugindo de ideias mais profundas, talvez ocultas, que revelariam nossos sentimentos. Mas, nesses lugares ocultos, encontramos o que realmente pensamos se tivermos a coragem de enfrentar nossas verdades cruas. Não olhei para dentro de mim para ver por que a Florida A&M simplesmente parecia certa — um motivo além de meu desejo de estar cercado pela excelência negra. A verdade é que eu queria fugir do pessoal negro malcomportado.

A Florida A&M se tornou para mim o melhor da negritude, sem dúvida. Eu nunca teria imaginado o som arrebatador da negritude em seu ponto máximo. Duas semanas depois de chegar ao campus, eu o ouvi em toda a sua glória.

COR

COLORISMO: Uma coleção poderosa de políticas racistas que leva a desigualdades entre negros de pele clara e negros de pele escura, apoiada por ideias racistas sobre pessoas de diferentes tons de pele negra.

ANTIRRACISMO DE COR: Uma coleção poderosa de políticas antirracistas que leva à igualdade entre negros de pele clara e negros de pele escura, apoiadas por ideias antirracistas sobre pessoas de diferentes tons de pele negra.

Minha voz rangeu como uma escada velha. Meus braços balançavam devagar enquanto eu subia na mais alta das sete colinas em Tallahassee, Flórida. Não estava cansado da escalada naquele dia de setembro em 2000. Estava no campus há algumas semanas e o espírito escolar já tinha me dominado e esgotado, assim como às milhares de pessoas ao meu redor — meus colegas Rattlers da Florida A&M University. Nós chamávamos nossa escola de FAMU, pronunciado FAM-YU.

Olhei de novo o mostrador de placar do jogo de futebol americano no Estádio Bragg. FAMU 39. MORGAN STATE 7. Mas eu não tinha tempo de descansar meus braços e gritos fatigados. Estava chegando a hora do intervalo.

Deveria ter poupado minha energia, mas, como era calouro, não conseguia agir diferente. Nunca tinha visto uma apresentação da Marching 100, o orgulho máximo da FAMU, seguramente a melhor banda da história e certamente a mais imitada do país. Sou suspeito para falar, mas veja os fatos. William P. Foster tinha acabado de se aposentar depois de 52 anos criando o que a *Sports Illustrated* chamou de "a melhor banda universitária do país". Os integrantes da banda da FAMU subiram ao palco do Grammy Awards, em 2006. Mas nada se comparava ao Super Bowl, em 2007, quando eu me gabava sem parar e dançava terrivelmente enquanto meus amigos e eu assistíamos à Marching 100 tocando para o Prince.

Contudo, em 2000, a Marching 100 me confundiu quando a vi pela primeira vez no primeiro trimestre. Vestidos para o inverno com calças grossas e uniformes de mangas longas nas cores laranja, verde e branco, enfeitados com capas e chapéus altos, eles me deixaram com calor só de vê-los torrar debaixo do sol da Flórida. Eles dissipavam o calor como descontraídas *jam sessions* entre os jogos. Mas nada me preparou para o que eu veria no intervalo.

Meu colega de quarto, Clarence, estava ao meu lado. Clarence e eu chegamos à FAMU de lugares diferentes, percorrendo caminhos diferentes que convergiram em amizade. Ele: um titã acadêmico de Birmingham, Alabama. Eu: um acadêmico de segunda classe vindo do norte. Minhas ideias ousadas e livres complementaram sua análise metódica. Meu senso confuso de direção e de mim mesmo abraçou sua clareza. Clarence considerava a FAMU um pit stop em um caminho preestabelecido para uma faculdade de direito importante, o direito empresarial e a riqueza. Eu considerava a FAMU uma comunidade negra inclusiva para ser explorada e me encontrar. Minhas explorações divertiam Clarence. Mas nada o deliciava mais do que meus olhos.

A pele cor de avelã de Clarence combinava com os olhos da mesma cor, uma cor rara no mundo, mas mais comumente encontrada em pessoas com ascendência no sul e leste da Europa, não afro-americana. Quando vi seus olhos claros pela primeira vez, imaginei que fossem falsos. Acontece que seus genes lhe proporcionaram o que eu tive que comprar.

Antes de chegar à FAMU, eu tinha começado a usar lentes de contato "cor de mel" ou "alaranjadas", como meus amigos as chamavam. Era difícil não notar minhas lentes coloridas. Lentes cor de avelã talvez fossem as mais populares entre os negros, mas escolhi um tom ainda mais claro. Parecia certo brincar com a cor de meus olhos. Conhecia alguns negros que usavam lentes azuis ou verdes, o que eu achava vergonhoso. Eu os via — mas não a mim — como tentando parecer brancos.

Além de meus olhos alaranjados, Clarence não reparava no corte de cabelo baixo, às vezes com um raspado progressivo nas laterais e parte posterior da cabeça, e a onipresente escova para alisar os fios crespos que lutavam para se levantar unidos e livres antes do próximo corte "da hora". Comecei a trançar meu cabelo na faculdade, criava pequenas tranças torcidas ou deixava os fios crespos armados, pouco me importando que os racistas considerassem esses estilos os uniformes não profissionais de bandidos. Minhas tranças representavam uma ideia antirracista. Meus olhos cor de mel, uma rendição à assimilação. Juntos, eles entrelaçavam as ideias assimilacionistas e antirracistas de meu duelo de consciências.

Meus olhos cor de mel mostravam que eu lutava para ser branco? De jeito nenhum. Eu estava simplesmente criando uma versão mais bonitinha de mim mesmo, que estudos indicam ser a explicação da maioria dos consumidores de lentes de contato coloridas, cor de pele, cabelo ou traços faciais artificiais. Nunca me fiz a pergunta antirracista. Por quê? Por que eu achava que olhos mais claros ficavam melhor em mim? O que eu realmente queria?

Eu queria ser negro, mas não queria parecer negro. Procurava o novo ideal de beleza pós-racial, uma consequência do antigo ideal de beleza branco. Clarear os olhos. Alisar os fios crespos. Clarear a pele. Afinar ou ressaltar traços faciais. Tudo para alcançar um ideal que não rotulamos como branco. Esse ideal de beleza pós-racial é a clareza: a raça de olhos e pele mais clara, cabelo mais liso, nariz mais afilado e nádegas e lábios não muito volumosos, percebida como birracial ou racialmente ambígua.

O duelo de consciências do orgulho racista na própria raça e o desejo assimilacionista de ser outra raça se misturam nesse ideal paradoxal de beleza pós-racial. "Ele é simultaneamente inclusivo, multicultural e novo, ao mesmo tempo em que continua exclusivo, eurocêntrico e... antiquado." É "beleza branca repaginada com cabelos negros", explica a socióloga Margaret Hunter.

Eu não tinha ideia de que meus olhos claros personificavam a forma mais recente de "colorismo", termo cunhado pela romancista Alice Walker, em 1983. O ideal de beleza pós-racial oculta o colorismo e o encobre com um eufemismo. O colorismo é uma forma de racismo. Para reconhecer o colorismo, devemos primeiro reconhecer que pessoas claras e pessoas escuras são dois grupos racializados distintos, moldados por suas próprias histórias. Pessoas escuras — o grupo racial indeterminado de peles mais escuras, cabelos crespos, nariz largo e lábios grossos — atingem muitas raças, etnias e nacionalidades. Às vezes, pessoas claras passam por brancas e podem até ser aceitas na branquitude, de modo que os brancos possam permanecer a maioria em países como os Estados Unidos, onde as tendências demográficas ameaçam relegá-los a uma posição de minoria. Alguns reformistas projetam pessoas claras como a chave birracial para a harmonia racial, uma personificação do futuro pós-racial.

O colorismo é uma coleção de políticas racistas que causam desigualdades entre pessoas claras e pessoas escuras, e essas desigualdades são substanciadas por ideias racistas sobre pessoas claras e escuras. O colorismo, como todas as formas de racismo, racionaliza as desigualdades com ideias racistas, alegando que as desigualdades entre pessoas escuras e pessoas claras não se devem a uma política racista, mas se baseiam no que está errado ou certo em cada grupo de pessoas. Ideias coloristas também são ideias assimilacionistas, estimulando a assimilação — ou transformação em algo próximo — ao corpo branco.

Ser antirracista é focar traços de cor tanto quanto traços raciais, sabendo que traços de cor são especialmente prejudiciais para pessoas escuras (ou retintas). Quando os ganhos de uma raça multicolorida fluem desproporcionalmente para pessoas claras e as perdas fluem desproporcionalmente para pessoas escuras, desigualdades entre as raças refletem desigualdades dentro das raças. Mas, como as desigualdades entre as raças ocultam as desigualdades dentro das raças, negros retintos muitas vezes falham em ver o colorismo que vivenciam regularmente. Assim, raramente protestam contra políticas que beneficiam pessoas claras, um "paradoxo de cor da pele", como descrito pelas cientistas políticas Jennifer L. Hochslind e Vesla Weaver.

Estudos mostram que o colorismo antiescuro segue a lógica do racismo comportamental, associando comportamento à cor. Crianças brancas atribuem positividade à pele mais clara e negatividade à pele mais escura, um colorismo que se fortalece à medida que crescem. Os brancos geralmente preferem políticos de pele mais clara a políticos de pele escura. Afro-americanos retintos estão desproporcionalmente em risco de sofrer de hipertensão. Estudantes afro-americanos retintos alcançam médias escolares muito mais baixas do que estudantes mais claros. Talvez pelo fato de racistas norte-americanos alimentarem expectativas mais altas em relação a estudantes claros, as pessoas tendem a lembrar homens negros instruídos como dotados de pele clara mesmo quando sua pele é escura. É por isso que empregadores preferem homens negros claros a homens negros escuros, independentemente de suas qualificações? Até mesmo filipinos escuros têm salários menores do que seus pares mais claros nos Estados Unidos. Imigrantes de pele escura nos Estados Unidos, não importa seu local de origem, costumam ter menos bens e renda do que imigrantes claros. Quando chegam, os latinos claros recebem salários maiores, e latinos escuros têm maior probabilidade de ser empregados em locais de trabalho etnicamente semelhantes.

Filhos escuros e filhas claras recebem melhores cuidados dos pais do que filhos claros e filhas escuras. A cor da pele influencia a percepção de atração para mulheres negras com mais frequência. À medida que o tom da pele clareia, os níveis de autoestima entre mulheres negras aumenta, especialmente entre as de renda baixa e média.

Afro-americanos escuros recebem penas de prisão mais duras e longas. Criminosos brancos com traços faciais africanos recebem sentenças mais duras do que seus pares de traços totalmente europeus. Estudantes escuras têm probabilidade duas vezes maior de serem suspensas do que estudantes brancas, enquanto pesquisadores não descobriram disparidades entre estudantes brancas e claras. As desigualdades entre afro-americanos claros e escuros podem ser tão amplas quanto as desigualdades entre norte-americanos negros e brancos.

O SEGUNDO QUARTO PASSOU. Eu olhava para o mais longo Rattler multicolorido se desenrolar. A Marching 100 deveria ter sido chamada de Marching 400. Centenas de integrantes da banda entraram no campo lentamente, um após o outro, em fileiras de instrumentos, em uma passada ritmada. Fileiras marcharam em passos curtos para trás do time da FAMU no nosso lado do campo, para o outro lado do campo atrás do time da Morgan State, e para as duas áreas de gol. As cores das linhas cobriram o campo verde como faixas de tinta em uma tela. A cor da pele não importava nessa procissão. Nunca deveria importar.

Assisti ao posicionamento das fileiras de címbalos, trombetas, trombones, saxofones, clarinetes, trompa, flautas e aquelas grandes tubas. Os instrumentos se agitavam ritmadamente em sintonia com os corpos. O primeiro tempo acabou. Os jogadores de futebol correram por entre as filas da fanfarra e saíram do campo. Em vez de sair correndo para a lanchonete, as pessoas correram para seus assentos e esperaram.

Alguns estudantes do sexo masculino não se importaram em assistir à primeira apresentação da Marching 100 da temporada e, em vez disso, vagaram pelo saguão coberto ou fora do estádio, procurando novas companhias, desejando que elas pudessem oferecer algo a mais que futebol. Se eles fossem parecidos com meus amigos, então mulheres claras seriam suas preferidas, e isso era visível nas palavras que disparavam. "Negra feia", chamavam as mulheres mais escuras. "Cabelo pixaim." Mas cabelo liso e comprido era "cabelo bom".

"Ela é bonitinha… para uma garota escura" era o melhor que alguns conseguiam dizer sobre mulheres retintas. Até mesmo gays escuros ouviam: "Normalmente não saio com homens de pele escura, mas…"

A primeira garota que namorei na FAMU era mais clara do que eu, com a pele quase cor de caramelo. Cabelos lisos caíam sobre seu corpo miúdo. Eu gostava dela (ou gostava do fato de ela gostar de mim?). Mas eu não gostava de como meus amigos a enchiam de atenções e ignoravam sua colega de quarto e melhor amiga de pele mais escura. Quanto mais meus amigos ignoravam ou difamavam mulheres escuras, mais eu me ressentia por gostar de uma garota clara. Depois de alguns meses, dei um basta na situação. Terminei com a garota repentinamente. Meus amigos pensaram que eu tinha perdido a cabeça. Até hoje, eles consideram a garota clara a mais bonita com quem namorei na FAMU. Depois dela, eles dizem, caí morro abaixo para dentro do abismo negro.

Eles têm razão sobre a negritude — se não sobre o abismo. Essa primeira namorada clara na faculdade acabou sendo a última na FAMU. Jurei namorar somente mulheres retintas. Só meu amigo Terrell não achou que eu tinha perdido a cabeça. Ele também preferia mulheres escuras. Eu mal me dei conta de minha hipocrisia racial: eu estava virando a hierarquia da cor de cabeça para baixo, mas a hierarquia permanecia. Pessoas escuras degradavam e distinguiam pessoas claras por nomes: luz clara, amarelo intenso, bronzeada. "Você nunca é negro o suficiente", disse uma mulher clara, certa vez, à Oprah, sobre seus sentimentos de rejeição. Pessoas claras constantemente falam de sua luta em se integrar com pessoas escuras, para provar sua negritude para pessoas escuras, como se as pessoas escuras fossem os juízes e o padrão da negritude. A ironia está no fato de que muitas pessoas escuras — como eu, por volta do ano 2000 — se consideram juízes e padrão da negritude, ao mesmo tempo em que placidamente desejam o padrão de clareza ou branquitude.

Pessoas brancas e retintas rejeitam e invejam não retintos. Pessoas brancas têm empregado historicamente a regra de uma gota — que mesmo uma gota de sangue negro o torna negro — a fim de excluir pessoas claras da branquitude pura. Pessoas escuras empregam o que eu chamo de a regra das duas gotas — duas gotas de sangue branco o torna menos negro — a fim de excluir pessoas claras da negritude pura. Pessoas claras empregam o que chamo de a regra de três gotas — três gotas de sangue negro significam que você é escuro demais — para excluir pessoas escuras da clareza pura. As regras das "gotas" da pureza racial eram miragens, assim como as próprias raças e a ideia de sangue racial. Nenhum grupo racial era puro.

Quando as pessoas olham para a minha pele cor de chocolate, meu nariz largo, meus lábios grossos e cabelos longos trançados no meu primeiro ano na FAMU, mais ou menos na época em que aposentei meus olhos alaranjados para sempre, elas não veem um homem birracial. Elas não veem meu trisavô branco.

Nada foi dito sobre esse homem branco, exceto que engravidou minha trisavó, que lhe deu uma criança clara chamada Eliza, em 1875. Nos anos de 1890, Eliza casou-se com Lewis, negro retinto, que recentemente tinha chegado a Guyton, Geórgia, vindo de Sylvania, Virgínia Ocidental. Em 1920, eles tiveram meu avô Alvin. Eliza, Alvin e minha mãe, todos de pele clara, se casaram com pessoas escuras.

Uma atração ancestral por pessoas escuras? Um desejo forte de exonerar meu colorismo anticlaro. Eu tinha intenções antirracistas, sem me dar conta de que, com as intenções corretas, o carro do racismo só chega até um determinado ponto. Ser antirracista não é reverter o padrão de beleza. Ser antirracista é eliminar qualquer padrão de beleza baseado na cor da pele e dos olhos, textura do cabelo, características do rosto e do corpo partilhados por um grupo. Ser antirracista é diversificar os padrões de beleza, como os de cultura ou inteligência, para ver a beleza igualmente em todas as cores de pele, narizes largos e afilados, cabelos lisos ou crespos, olhos claros ou escuros. Ser antirracista é construir e viver uma cultura de beleza que acentua, não apaga, nossa beleza natural.

"PELO QUE SE SABE", afirmou o missionário anglicano Morgan Godwyn, em um panfleto antiescravagista, em 1680, "os negros… têm sua pele e a si mesmos em alta conta, assim como os europeus". Johann Joachim Winckelmann, o chamado "pai" da história da arte ocidental, esforçou-se, como seus colegas intelectuais do Iluminismo, em diminuir o bom conceito de meus ancestrais sobre si mesmos. Os africanos precisam aceitar o "conceito correto" de beleza, declarou Winckelmann em *History of the Art of Antiquity* ["História da Arte da Antiguidade", em tradução livre] em 1764. "Quanto mais branco, mais bonito será o corpo."

A filosofia dos donos de escravos foi além: o corpo será superior quanto mais branco for — um corpo escravizado estará mais próximo de seu dono quanto mais branco ele for. Com frequência, grandes proprietários de escravizados colocavam pessoas claras na casa e as escuras nos campos, alegando que as pessoas claras eram qualificadas para tarefas que requeriam habilidade; e as pessoas escuras, para tarefas que exigiam maior força física. Quanto mais escuro, mais animalesco é o corpo. Donos de escravos criaram uma hierarquia que descia do branco intelectualmente forte ao claro, depois ao escuro e, finalmente, ao animal fisicamente forte. "A ferocidade e estupidez são características dessas tribos nas quais os elementos peculiares do negro são encontrados mais desenvolvidos", disse um escritor.

O pai norte-americano do colorismo é Samuel Stanhope Smith, um velho teólogo que lecionou e depois foi reitor da Universidade de Princeton nos primórdios dos Estados Unidos. No início de 1787, o jovem professor de Princeton proferiu seu discurso anual ao grupo de acadêmicos mais notáveis do país, a Sociedade Filosófica Americana. Ele falou para homens brancos que redigiram a Constituição dos Estados Unidos naquele ano, jurando usar "a luz genuína da verdade". A luz racista de Smith: "empregados domésticos… que ficam próximos às pessoas (brancas)" têm "progredido muito antes dos demais em adquirir características regulares e agradáveis." Como "escravizados do campo" vivem "longe de… seus superiores", seus corpos "geralmente são mal formados", e seu cabelo crespo é "o que está mais longe das leis comuns da natureza". Em um livro de 1850, Peter Browne contou com sua incomparável coleção de cabelos humanos para classificar o "cabelo" dos brancos e a "lã" dos negros para assegurar que "o cabelo do homem branco é mais perfeito do que o do negro".

Alguns escravocratas consideravam as pessoas escuras mais perfeitas do que a chamada mula humana, ou mulato. O "híbrido" birracial é "um produto degenerado, não natural, destinado pela natureza a causar sua própria destruição", escreveu o médico do Alabama, Josiah Nott, no *Boston Medical and Surgical Journal* em 1843.

As ideias públicas dos escravocratas muitas vezes discordavam de suas ideias racistas particulares, que normalmente descreviam mulheres claras como mais inteligentes, gentis, delicadas e mais bonitas do que as mulheres escuras. Escravocratas pagavam muito mais por mulheres escravizadas claras do que por suas equivalentes escuras. Desde muito antes da existência dos Estados Unidos até muito depois que a escravatura norte-americana terminou, homens brancos consideravam essas *"yaller gals"* (negras de pele muito clara) e "Jezebels" como sedutoras, incapazes de admitir os séculos de tentativas e estupros de fato.

Alguns abolicionistas definiram pessoas claras birraciais como "mulatos trágicos", aprisionados por sua "única gota" de "sangue negro". No best-seller de 1852, *A Cabana do Pai Tomás*, de Harriet Beecher Stowe, os únicos quatro fugitivos são os quatro cativos birraciais. Stowe contrasta o fugitivo George, "de traços europeus delicados e um espírito elevado indomável", com o dócil "totalmente negro" chamado Tom. "Filhos de pais brancos... nem sempre serão comprados, vendidos e comercializados", diz o proprietário de Tom.

Filhos libertos de pais brancos sempre terão "maior probabilidade de se engajar ao grupo dos brancos", afirmou Edwin Clifford Holland, editor do *Charleston Times*, em 1822. Talvez Holland tivesse a Brown Fellowship Society (organização afro-americana de auxílio à comunidade de negros) em mente, uma organização birracial de ajuda mútua dedicada à "pureza social", em Charleston. Ou talvez ele tenha previsto a criação de barbearias somente para brancos e claros de propriedade de pessoas claras em Washington, D.C., antes da Guerra Civil.

Quando a emancipação jogou todos os negros do país para a liberdade, em 1865, as comunidades brancas construíram muros de segregação mais altos para manter os negros do lado de fora. As comunidades claras, também, ergueram muros mais altos de segregação para manter pessoas escuras do lado de fora. Para manter o privilégio, os claros segregados segregaram ainda mais seus irmãos e irmãs escuros, preservando as disparidades pré-guerra entre pessoas claras e escuras. Depois da escravidão, pessoas claras ficaram mais ricas do que as pessoas escuras, e com maior probabilidade de obter empregos com bons salários e boas escolas.

No final do século XIX, dezenas de cidades tinham sociedades de "veia azul", que impediam pessoas escuras "não brancas o suficiente para mostrar veias azuis", como Charles Chesnutt relatou em um conto de 1898. Pessoas claras reproduziam o teste do saco de papel, do lápis, da porta e do pente a fim de barrar pessoas escuras nas igrejas, nos negócios, nos partidos, nas escolas e nas faculdades e universidades historicamente negras.

Mas esses segregadores ainda eram segregados pelos brancos. Em 1896, o sapateiro Homer Plessy — do caso *Plessy versus Ferguson*, que considerou constitucionais "acomodações iguais, mas separadas" — foi aclamado em uma orgulhosa comunidade clara em Nova Orleans. Mas o professor de Mississippi Charles Carroll considerava o relacionamento sexual inter-racial de humanos brancos e "bestas" negras como o mais diabólico dos pecados. Homens claros naturalmente rebeldes estupravam mulheres brancas, levando a linchamentos, Carroll advertiu em seu livro de 1900, *The Negro a Beast* ["O Negro, uma Besta", em tradução livre]. Em 1901, George T. Winston, diretor da Universidade Estadual da Carolina do Norte, discordou, definindo pessoas escuras como cometendo "crimes muito mais terríveis". O sociólogo Edward Byron Reuter completou a posição de Winston, declarando que pessoas birraciais eram responsáveis por todas as realizações dos negros, em seu livro de 1918, *The Mulatto in the United States* ["O Mulato nos Estados Unidos", em tradução livre]. Reuter tornou as pessoas claras uma espécie de classe média racial, abaixo dos brancos e acima dos escuros.

Reuter defendeu as pessoas claras da ira dos eugenistas que procuravam "pureza da raça" e das pessoas escuras contestando seu colorismo. No final de 1920, o famoso neto de um homem birracial cansou-se de ativistas escuros, especialmente Marcus Garvey e sua Associação de

Melhoria Universal do Negro, que crescia rapidamente. "Negros norte-americanos não reconhecem a linhagem de cor dentro ou fora da raça, e eles acabarão por punir o homem que tentar estabelecê-la", declarou W.E.B. Du Bois à revista *The Crisis*. Isso vindo de um homem que provavelmente ouviu os versos de crianças negras: "Se você é branco, está certo / Se você é amarelo, é maduro / Se você é marrom, fique aqui/ Se você é negro, volte para trás." Isso dito por um homem que em seu próprio ensaio "Talented Tenth" [O Décimo Talentoso, em tradução livre], em 1903, ouviu 21 líderes negros, todos, com exceção de um, birraciais. Isso vindo de um homem que ouviu pessoas claras dizerem repetidas vezes que as massas escuras precisavam de "cuidados adequados na aparência", como expressado pela educadora da Carolina do Norte, Charlotte Hawkins Brown, que tinha orgulho de sua origem inglesa.

O reconhecimento de Du Bois de um país negro pós-cor depois da eleição presidencial de Warren G. Harding, em 1920, divergia do reconhecimento de John McWhorter de um país pós-racial depois da eleição do presidente Barack Obama, em 2008. Políticas racistas ou a inferioridade negra explicam por que os brancos são mais ricos, saudáveis e mais poderosos do que os negros hoje. Políticas racistas ou a inferioridade negra explicou por que pessoas claras eram mais ricas, saudáveis e mais poderosas que as escuras em 1920. Du Bois ignorou a existência do colorismo, alegando que ele tinha sido "totalmente renegado por todos os negros pensantes".

Du Bois mudou o modo de pensar em 1930, aproximando-se do deportado Garvey. Ele recolocou Garvey como o principal crítico antirracista do ANPPC, que inicialmente se negou a defender os escuros e pobres garotos de Scottsboro, injustamente acusados de estuprar duas mulheres brancas no Alabama em 1931. Du Bois não suportava o novo secretário-executivo da ANPPC, Walter White. O filho de olhos azuis e cabelo loiro de pais birraciais tinha defendido a assimilação e acreditado que negros "não misturados" eram "inferiores, infinitamente inferiores agora". Na revista *The Crisis*, em 1934, meses antes de deixar a ANPPC, Du Bois disparou: "Walter White é branco."

Empresários trabalharam duro para encontrar um meio para que os negros, por meio da mudança da cor e do cabelo, passassem por claros ou brancos, como Walter White fez em suas primeiras investigações sobre linchamentos. Depois da Primeira Guerra Mundial, a onda do *conk* — derivado do *congolene*, um gel alisante derivado da água sanitária — passou a ser moda entre homens e mulheres negros para alisar os cabelos. "Eu tinha me juntado a essa multidão de homens e mulheres negros nos Estados Unidos tentando ficar 'bonitos' pelos padrões dos brancos", lembrou Malcolm X depois de receber seu primeiro *conk* quando adolescente. Produtos para clareamento receberam um impulso em 1938, depois da descoberta de que o éter monobenzil da hidroquinona (HQ) clareava a pele escura.

No início dos anos 1970, ativistas do Black Power inspirados por Malcolm X e Angela Davis — incluindo meus pais — libertaram seus cabelos crespos. Nada mais de cortes raspados para homens negros. Nada mais de cabelos lisos para mulheres negras. Quanto mais alto o cabelo, melhor. Poucos homens tinham um afro mais alto que meu pai. Pessoas escuras como meu pai diziam em voz alta: "Sou escuro e tenho orgulho disso."

ALGUMAS PESSOAS ESCURAS tinham muito orgulho do tom escuro, invertendo a hierarquia da cor como eu fiz na FAMU, empregando a regra de duas gotas para repudiar a negritude das pessoas claras mesmo quando elas adoravam os claros Malcolm X, Angela Davis, Huey P. Newton e Kathleen Cleaver. E, por fim, o ideal claro voltou com uma vingança, como se tivesse partido algum dia. Em seu filme de 1988, *Faça a Coisa Certa*, Spike Lee satirizou suas experiências no final dos anos de 1970 em Morehouse, uma faculdade historicamente negra, como uma batalha entre os "*wannabees*", os mais claros, e os "*jigaboos*", os mais escuros. Lentamente, meu pai cortou o afro acima das orelhas e minha mãe alisou seus fios crespos na época em que nasci.

Nos anos 1980, crianças claras eram adotadas primeiro, tinham rendas mais altas e tinham menos probabilidade de ficarem confinadas em habitações públicas ou prisões. "Quanto mais clara a pele, mais leve a sentença" tornou-se um ditado popular antirracista enquanto a era do encarceramento em massa surgiu nos anos de 1990. Em 2007, Don Imus, da MSNBC, comparou os jogadores de basquete escuros da Rutger — "tem umas prostitutas de cabelo ruim ali" — aos jogadores claros do Tennessee — "todos são bonitinhos". Em uma seleção para o elenco do filme *Straight Outta Compton: A História do N.W.A*, a agência Sandi Alesse classificou os extras: "GAROTAS A:... Precisam ter cabelo de verdade... GAROTAS B:... Vocês precisam ter pele clara... GAROTAS C: Estas são garotas afro-americanas... Tom de pele médio a escuro. Tipos de personagens."

Nessa época, o cantor Michael Jackson tinha preparado o caminho do clareamento de pele percorrido pela rapper Lil' Kim, o jogador de beisebol Sammy Sosa e tantos outros. Produtos para clareamento de pele movimentavam milhões para empresas norte-americanas. Na Índia, cremes de "clareamento" renderam US$200 milhões em 2014. Hoje, clareadores de pele são usados por 70% das mulheres na Nigéria; 35% na África do Sul; 59% no Togo e 40% na China, Malásia, Filipinas e Coreia do Sul.

Algumas pessoas brancas têm seu próprio "vício" em relação à pele para atingir um ideal pós-racial: o bronzeamento. Em 2016, os Estados Unidos elegeram o "homem laranja", como NeNe Leakes chama Trump, que supostamente usa uma cama de bronzeamento todas as manhãs. Paradoxalmente, algumas pessoas brancas bronzeadas menosprezam o clareamento de pessoas negras, como se houvesse uma diferença. Pesquisas mostram que pessoas consideram a pele bronzeada — uma réplica da cor de pessoas claras — mais atraente do que a pele naturalmente clara ou a pele escura.

HORA DO INTERVALO. FILAS de músicos se juntaram e cobriram todo o campo de futebol americano. O maior retângulo de seres humanos que já vi. Cores laranja e verde. Não escuro e claro. Arregalei os olhos, surpreso com o tamanho dos Rattlers da FAMU. Em uma extremidade, sete chefes dos tambores, distantes cinco metros um do outro, marcharam lentamente para o centro do campo enquanto o apresentador

Joe Bullard anunciava seus nomes acima de nossos gritos. Eles pararam quando chegaram ao centro do campo virados para nós. Devagar, eles giraram. A fila de tambores tocou. Os chefes dos tambores se sentaram e então se levantaram, conduzindo a banda em um ritmo agitado e dançante. A galera delirou.

"Recebam a que se tornou conhecida como a banda dos Estados Unidos", disse Bullard enquanto a banda tocava e marchava ao redor do campo, joelhos subindo até o peito com a facilidade de cadeiras dobráveis.

"A innnn-crível, a maaagnífica, a banda número um dooooo muuuundo. A faaantástica Florida A&M University Marching Band!"

Os integrantes da banda pararam em filas retas e olharam para nós. Eles beijaram seus instrumentos.

"Primeiro, o soooom!"

Daaaa... da, da, daaaaaaaa — os trompetes soaram a introdução retumbante do filme da Twentieth Century Fox, estourando nossos tímpanos.

Então, o show. Marchando, os integrantes da banda se alternaram em formações intrincadas e tocavam canções de Destiny's Child, Carl Thomas e Sisqó, enquanto dezenas de milhares de pessoas cantavam no o maior coro do mundo. As baladas do R&B nos prepararam para o clímax — as canções de rap. Sacudindo, torcendo, girando, saltando e se agitando em uníssono, a banda e os dançarinos de apoio se transformaram em um, enquanto a multidão cantava ao som do rap. Eu esfregava os olhos, achando que eles estavam me enganando. Eu não tocava nenhum instrumento e mal conseguia dançar. Como todos aqueles estudantes de roupas pesadas podiam tocar músicas fortes e dançar passos sofisticados em harmonia? Ludacris, Trick Daddy, Three 6 Mafia, Outkast — a banda tocou esses rappers do sul antes de marchar para fora do campo ao som da música tema de *Good Times,* sob nosso aplauso ensurdecedor. Extremamente entusiasmado, não sei se alguma vez aplaudi e bati os pés com mais força.

Terminado o intervalo, o êxodo das lanchonetes me assombrou. As pessoas tinham vindo ver o que as pessoas tinham vindo ver.

EU TINHA VINDO VER Clarence. Entrei em nosso apartamento fora do campus, todo agitado, como na primeira vez em que vi a Marching 100. O silêncio envolvia a tarde. Louça suja se empilhava na pia da cozinha. Clarence deveria estar no quarto, finalizando o dever de casa.

A porta estava aberta; mesmo assim, bati, perturbando-o na escrivaninha. Ele olhou para mim, surpreso. Tínhamos dividido o quarto por quase dois anos. Clarence tinha se acostumado com minhas interrupções no meio do dia. Ele se preparou para ouvir minha mais recente epifania.

BRANCO

RACISTA ANTIBRANCO: Aquele que classifica descendentes de europeus como biológica, cultural ou comportamentalmente inferiores ou associa toda a etnia branca ao poder racista.

EU ESTAVA NA SOLEIRA DA PORTA, em algum momento de março de 2002. Clarence provavelmente pressentiu a iminência de outra discussão. Éramos feitos sob medida para discutir um com o outro. Extremamente cínico, Clarence parecia não acreditar em nada. Extremamente crédulo, eu era suscetível a acreditar em qualquer coisa, um crente mais que um pensador. Ideias racistas adoram crentes, não pensadores.

"Então, o que você quer me contar?", perguntou Clarence.

"Acho que compreendi os brancos", respondi.

"O que é, agora?"

EU TINHA CHEGADO À FAMU tentando entender os negros. "Nunca tinha visto tantos negros juntos com motivações positivas", escrevi em uma redação para a aula de Inglês Básico em outubro de 2000. A frase parecia deslocada, perdida entre "Nunca tinha ouvido uma apresentação da famosa 'Marching 100'" e "Esse foi meu primeiro jogo de futebol universitário". A percepção, ainda mais deslocada. Como ignorei todos aqueles negros que se reuniam com motivações positivas em todos os lugares e espaços em que fui criado? Como me tornei um juiz negro? Ideias racistas distorcem a realidade e modificam a história, incluindo nossas histórias individuais.

Ideias racistas antinegros cobriam meus olhos de calouro como as lentes de contato alaranjadas quando me mudei para o Gibbs Hall na FAMU. Ao adentrar o saguão, à direita se via um escritório de aspecto movimentado e desgastado. Um pouco mais à esquerda, um corredor que levava para o meu quarto; uma curva acentuada à esquerda levava à sala de televisão, onde nossa turma de fãs de basquete do alojamento geralmente perdia amargas discussões para o exército de fãs de futebol americano sobre o direito de assistir aos jogos.

Não havia discussões ou jogos na sala de televisão na noite de 7 de novembro de 2000. Mas nossas expressões de espectadores ainda estavam lá. Eleitores novatos, assistíamos ao desenrolar dos resultados das eleições, desejando que nossos votos pudessem ajudar a manter o irmão do governador da Flórida fora da Casa Branca. Negros da Flórida não tinham esquecido o cancelamento dos programas de ação afirmativa por Jeb Bush no início daquele ano. Votamos para salvar o resto do país dos Bushes racistas.

A eleição dependia do vencedor na Flórida. A apuração terminou e logo vimos o rosto vitorioso de Al Gore na tela. Fim de jogo. Ficamos exultantes. Eu me juntei ao grupo alegre que saía da sala de televisão. Marchamos até nossos quartos como fãs saindo de um estádio depois do final da apresentação da Marching 100 no intervalo. As pessoas tinham vindo ver o que tinham vindo ver.

Na manhã seguinte, acordei e soube que George W. Bush tinha conseguido, de algum modo, uma pequena dianteira de 1.784 votos na Flórida. Era uma margem muito estreita e os representantes de Jeb Bush estavam fiscalizando a recontagem.

A injustiça da situação desabou sobre mim naquele novembro. Minhas ideias racistas antinegros não serviram de consolo. Saí do meu quarto naquela manhã para um mundo de angústia. Nas semanas seguintes, ouvi e reli várias vezes histórias indignadas e chorosas em primeira e segunda mão de alunos da FAMU e de suas famílias em suas cidades natais que não conseguiram votar. Queixas de cidadãos negros que se registraram, mas nunca receberam seus títulos de eleitor. Ou seu local de votação tinha mudado. Ou eles foram ilegalmente impedidos de votar sem o título ou obrigados a deixar as longas filas quando do encerramento da votação. Ou lhes disseram que, por serem criminosos condenados, não poderiam votar. No início daquele ano, a Flórida expurgou 58 mil supostos criminosos das listas de votação. Os negros eram somente 11% dos eleitores registrados, mas eram 44% das listas de expurgo. E cerca de 12 mil dessas pessoas expurgadas não eram criminosos condenados.

Os repórteres e funcionários de campanha pareciam mais focados nos habitantes da Flórida cujos votos não foram contados ou foram contabilizados para o candidato errado. O condado de Palm Beach usou cédulas confusas que resultaram na inutilização de 19 mil cédulas e, talvez, tenham feito com que 3 mil eleitores de Gore votassem em Pat Buchanan. O condado de Gadsden, perto de Tallahassee, teve a maior porcentagem de eleitores negros e a maior taxa de descarte de cédulas. Os negros tiveram dez vezes mais probabilidade de ter os votos rejeitados do que os brancos. A desigualdade racial não podia ser explicada por níveis de renda ou educação ou pelo desenho da cédula, segundo uma análise estatística do *New York Times*. Isso deixa só uma explicação, que no início eu não consegui admitir facilmente: racismo. Um total de 179.855 cédulas foram invalidadas por funcionários eleitorais em uma disputa ganha por 537 votos.

Ted Cruz, na época com 19 anos, atuou na equipe jurídica de Bush que se opôs às tentativas de recontagens manuais em condados democratas, o que poderia ter conseguido dezenas de milhares de votos para Gore, enquanto pressionaram por recontagens manuais em condados republicanos, que resultaram em 185 votos adicionais para Bush.

Assistindo ao desenrolar desse filme de terror, me recolhi, assustado, durante dias após as eleições. Mas alguns de meus colegas da FAMU não. Eles reuniram a coragem que não tive, que todos os antirracistas devem ter. "A coragem não é ausência de medo, mas a força de fazer o que é certo quando ele surge", segundo um filósofo anônimo. Alguns de nós ficam paralisados pelo medo do que poderia nos acontecer se resistirmos. Em nossa ingenuidade, temos menos medo do que poderia acontecer conosco — ou já esteja acontecendo — se não resistirmos.

Em 9 de novembro de 2000, corajosos líderes estudantis e ligados ao governo da FAMU conduziram uma marcha silenciosa de 2 mil estudantes do campus até a Assembleia Legislativa da Flórida, onde realizaram um protesto passivo. Esse protesto durou cerca de 24 horas, mas a caça às bruxas que realizamos no campus durou semanas, se não meses. Caçamos os milhares de estudantes da universidade que não votaram. Nós os constrangemos com histórias de pessoas que marcharam para que pudéssemos votar. Eu participei dessa caçada tola — que parece se repetir sempre que uma eleição é perdida. A tentativa de constrangimento ignora a verdadeira origem de nossa perda e nosso sofrimento. O fato foi que os eleitores negros compareceram em número suficiente para vencer, mas esses eleitores foram mandados embora ou tiveram os votos descartados. Muitas vezes, ideias racistas levam a essa inversão psicológica idiota, em que responsabilizamos a raça vitimizada por sua própria vitimização.

Quando a Suprema Corte dos Estados Unidos interrompeu a recontagem na Flórida em 12 de dezembro de 2000, eu não via mais o país como uma democracia. Quando Gore cedeu, quando os democratas brancos abriram caminho para deixar Bush roubar a presidência à custa da destruição de votos negros, fui atirado de volta ao pensamento binário da Escola Dominical, onde me ensinaram sobre o bem e o mal, Deus e o Diabo. Quando houve a transição do governo Bush naquele inverno, eu fiz a transição para odiar os brancos.

Os brancos se tornaram demônios para mim, mas eu precisava descobrir por que tinham se transformado em demônios. Eu li "The Making of Devil" [A Criação de um Demônio, em tradução livre], um capítulo de *Message to the BlackMan in America* ["Mensagem para o Homem Negro nos EUA", em tradução livre], de Elijah Muhammad, escrito em 1965. Muhammad liderou a Nação do Islã Não Ortodoxa (NOI, da sigla em inglês) de 1934 até sua morte, em 1975. Segundo a teologia que adotou, mais de 6 mil anos atrás, em um mundo totalmente negro, um cientista negro perverso de nome Yakub foi exilado juntamente com seus 59.999 seguidores em uma ilha no mar Egeu. Yakub arquitetou sua vingança contra os inimigos: "Criar na Terra uma raça demoníaca."

Yakub criou um regime brutal de reprodução seletiva na ilha — o encontro da eugenia com o colorismo. Matou todos os bebês escuros e obrigou as pessoas claras a procriar. Quando Yakub morreu, seus seguidores continuaram, criando a raça parda a partir da raça negra, a raça vermelha a partir da parda, a raça amarela a partir da vermelha, e a raça branca a partir da amarela. Depois de 600 anos, "na ilha de Patmos, não havia nada além desses demônios loiros, de pele clara e olhos azuis frios — selvagens".

Pessoas brancas invadiram o continente e transformaram "o que tinha sido um paraíso de paz na Terra em um inferno destruído por brigas e discussões". Autoridades negras acorrentaram os criminosos brancos e os fizeram marchar para prisões em cavernas na Europa. Quando a Bíblia diz que "Moisés levantou a serpente no deserto", os teólogos da NOI alegam que "a serpente é o símbolo da demoníaca raça branca que Moisés retirou das cavernas da Europa, ensinando-lhe civilização" para dominar pelos próximos 6 mil anos.

Além da regra branca de 6 mil anos, esta história do povo branco é sinistramente parecida com a história do povo negro que aprendi aos poucos em escolas brancas de pensamento racista. Racistas brancos imaginam os negros vivendo nas savanas da África em vez de nas cavernas, até que Moisés, na forma de escravizadores e colonizadores brancos, chegou como civilizador. A escravidão e a colonização terminaram antes de o povo negro — e a África — se tornar civilizado do mesmo modo que os brancos. Os negros caíram na criminalidade e acabaram linchados, segregados e encarcerados em massa por nobres agentes da lei em nações brancas "desenvolvidas". Nações negras "em desenvolvimento" foram corroídas pela corrupção, por conflitos étnicos e pela incompetência, mantendo-as pobres e instáveis, apesar de todos os tipos de "ajuda" de antigos países colonizadores na Europa. A história da NOI das pessoas brancas foi a história racista de pessoas negras usando *whiteface*.

Segundo a mitologia da NOI, durante a Primeira Guerra Mundial, Deus apareceu na Terra na forma de Wallace Fard Muhammad. Em 1931, Fard enviou Elijah Muhammad em missão divina para salvar a

"Nação Perdida-Encontrada do Islã" nos Estados Unidos — para reparar o povo negro com o conhecimento da verdadeira história.

A primeira vez que li essa história, fiquei sentado no meu quarto, suando, fascinado, assustado. Parecia que eu mesmo havia escalado a árvore e comido o fruto proibido. Todos os brancos que me maltrataram, desde a professora do quarto ano, repentinamente voltaram à minha memória como uma locomotiva soando seu apito no meio da floresta. Mas minha atenção continuou focada em todos aqueles brancos que conduziram o trem das eleições de 2000 na Flórida. Todos aqueles policiais brancos intimidando os eleitores, fiscais de eleições brancos rejeitando eleitores, oficiais estaduais brancos removendo eleitores, advogados e juízes brancos defendendo a repressão aos eleitores. Todos esses políticos brancos repetindo o chamado de Gore para, "pelo bem de nossa unidade como povo e a força de nossa democracia", ceder a eleição a Bush. Os brancos me mostraram que não se importavam realmente com a unidade nacional ou a democracia, só com a unidade entre e democracia para o povo branco!

Estou deitado no meu quarto, olhando para o teto, silenciosamente enraivecido com os brancos que se recolheram no deserto para tramar a presidência de Bush.

A HISTÓRIA DA CRIAÇÃO BRANCA de Elijah Muhammad fazia muito sentido para mim. Meio século antes, ela também fez sentido para um jovem prisioneiro negro calculista, grosseiro e louco apelidado de "Satan". Um dia, em 1948, o irmão de Satan, Reginald, sussurrou para ele durante uma visita: "O homem branco é o demônio." Quando ele voltou para sua cela em Massachusetts, uma fileira de pessoas brancas apareceram diante de seus olhos. Ele viu brancos lincharem seu pai ativista, confinarem a mãe ativista em um asilo, separarem seus irmãos, dizerem a ele que ser advogado "não era uma meta realista para um crioulo", degradando-o nas ferrovias do leste, preparando armadilhas para que a polícia o apanhasse, sentenciando-o de oito a dez anos por roubo porque sua namorada era branca. Seus irmãos e irmãs, livrando os pescoços machucados de uma corda semelhante de racismo branco, já tinham se convertido à Nação do Islã. Em pouco tempo, eles fizeram Satan voltar a ser Malcolm Little, e Malcolm Little se tornou Malcolm X.

Malcolm X deixou a prisão em 1952 e rapidamente começou a desenvolver a Nação do Islã de Elijah Muhammad, por meio de sua oratória e organização poderosa. O repentino renascimento da NOI chamou a atenção da mídia, e, em 1959, Louis Lomax e Mike Wallace produziram um documentário para a televisão sobre a NOI, o *Ódio que o Ódio Produziu*, que foi exibido na CBS. Ele tornou Malcolm X um nome conhecido.

Em 1964, depois de deixar a Nação do Islã, Malcolm X fez a peregrinação à Meca e mudou seu nome de novo, para el-Hajj Makik el-Shabazz, e se converteu ao islamismo ortodoxo. "Nunca testemunhei" um "espírito avassalador de verdadeira fraternidade como o praticado por pessoas de todas as cores e raças aqui nesta Antiga Terra Santa", escreveu para casa em 20 de abril. Dias depois, ele começou a "abandonar algumas de minhas conclusões anteriores (sobre brancos)... Você pode se surpreender com essas palavras vindas de mim. Mas... eu sempre fui um homem que tenta enfrentar os fatos e aceitar a realidade da vida à medida que novas experiências e novos conhecimentos se desenvolvem". Em 22 de setembro de 1964, Malcolm fez uma segunda conversão. "Eu rejeito totalmente a filosofia racista de Elijah Muhammad, que ele rotulou de 'Islã' apenas para enganar e usar indevidamente pessoas crédulas, assim como me enganou e usou indevidamente", escreveu. "Mas eu culpo a mim e a ninguém mais por ter sido tolo, e pelo dano que minha estupidez em seu nome causou aos outros."

Meses antes de ser assassinado, Malcolm X enfrentou um fato que muitos de seus admiradores ainda se recusam a aceitar: os negros podem ser racistas em relação aos brancos. A ideia da NOI do demônio branco é um exemplo clássico. Sempre que alguém classifica pessoas de descendência europeia como biológica, cultural ou comportamentalmente inferior, sempre que alguém diz que há algo errado com os brancos como grupo, alguém está articulando uma ideia racista.

A única coisa errada com os brancos é quando eles manifestam ideias e políticas racistas, e depois negam que suas ideias e políticas sejam racistas. Isso não é ignorar que os brancos massacraram e escravizaram milhões de índígenas e africanos, colonizaram e empobreceram milhões de pessoas de outras etnias ao redor do mundo enquanto suas nações enriqueciam, ao mesmo tempo em que criavam ideias racistas que culpam as vítimas. Isso quer dizer que sua história de pilhagens não é resultado dos genes ou culturas perversas dos brancos. Não existem genes brancos. Precisamos separar as culturas bélicas, gananciosas, intolerantes e individualistas do império moderno e capitalismo racial (mais sobre isso depois) das culturas dos brancos. Eles não são uma coisa só, como a resistência dentro das nações brancas mostra, resistência reconhecidamente temperada por ideias racistas.

Ser antirracista é nunca confundir a marcha global do racismo branco com a marcha global das pessoas brancas. Ser antirracista é nunca confundir o ódio antirracista pelo racismo branco com o ódio racista pelos brancos. Ser antirracista é nunca associar pessoas racistas a pessoas brancas, sabendo que há antirracistas brancos e racistas não brancos. Ser antirracista é ver as pessoas brancas comuns como as frequentes vitimizadoras de pessoas de outras etnias e frequentes vítimas do poder racista. As políticas econômicas de Donald Trump estão voltadas para enriquecer o poder do homem branco — mas à custa da maioria de seus seguidores brancos, e do resto de nós.

Precisamos enxergar a diferença entre o poder racista (legisladores racistas) e os brancos. Durante décadas, o poder racista contribuiu para estagnar salários, destruir sindicatos, desregulamentar bancos e corporações, e deslocar recursos de educação para prisões e orçamentos militares, políticas que provocaram uma reação negativa junto às pessoas brancas. A desigualdade econômica branca, por exemplo, subiu tanto a ponto de chamados "detentores de 99%" ocuparem Wall Street em 2011, e o senador Bernie Sanders, de Vermont, lançar uma campanha presidencial popular contra a "classe bilionária", em 2016.

Naturalmente, pessoas brancas comuns se beneficiam de políticas racistas, embora nem de longe quanto poderia o poder racista e nem de longe quanto poderiam em uma sociedade igualitária, na qual o eleitor branco médio teria tanto poder quanto os homens brancos super-ricos para decidir eleições e políticas. Na qual as escolas de negócios dos filhos

poderiam se parecer com as excelentes escolas preparatórias dos super-
-ricos de hoje. Na qual assistência médica de qualidade poderia salvar
milhões de vidas brancas. Na qual eles não poderiam mais se defrontar
com os companheiros do racismo que os atacam: sexismo, etnocentrismo, homofobia e exploração.

O poder racista, reunindo riqueza e recursos, é o que tem mais a
perder na construção de uma sociedade igualitária. Como aprendemos,
poder racista produz políticas racistas por interesse próprio e então produz ideias racistas para justificá-las. Mas ideias racistas também inibem a
resistência a políticas prejudiciais aos brancos, convencendo-os de que a
desigualdade está baseada em "fracasso pessoal" e não tem relação com
as políticas. O poder racista manipula pessoas brancas comuns a resistir a políticas igualitárias, ensinando-lhes o que perderão com políticas
igualitárias e como essas políticas igualitárias são contrárias aos brancos.
Em 2017, a maioria das pessoas brancas identificou discriminação antibrancos como um grave problema. "Se você se candidatar a um emprego, eles parecem dar preferência aos negros", disse Tim Hershman
de Ohio, de 68 anos, para um repórter da NPR. Os afro-americanos
estão recebendo doações injustas, "e está piorando para os brancos", disse Hershman. Hershman se queixou de perder uma promoção para um
finalista negro, mesmo que, na verdade, quem tenha ficado com o emprego tenha sido um outro branco.

Alegações de racismo branco em resposta ao antirracismo são tão
antigas quanto os direitos civis. Quando o Congresso aprovou a (primeira) Lei de Direitos Civis em 1866, tornou os negros cidadãos dos
Estados Unidos, definiu seus direitos civis e declarou que leis estaduais
não poderiam "privar uma pessoa de qualquer um desses direitos com
base na raça". O presidente Andrew Johnson reestruturou essa lei antirracista como uma "lei feita para agir em favor de pessoas não brancas contra a raça branca". Um século depois, racistas norte-americanos
definiram apoiadores da ação afirmativa como "racistas obstinadamente leais à discriminação reversa", citando o antigo advogado-geral dos
Estados Unidos, Robert Bork, no *Wall Street Journal* em 1978. Quando
Alicia Garza digitou "Black Lives Matters" ["Vidas Negras Importam"]
no Facebook, em 2013, e quando essa carta de amor se transformou em

um movimento em 2015, o ex-prefeito de Nova York, Rudolf Giuliani, chamou o movimento de "inerentemente racista".

Racistas brancos não querem definir a hierarquia ou as políticas raciais que geram desigualdades raciais como racistas. Fazê-lo definiria suas ideias e políticas como racistas. Em vez disso, eles definem políticas não manipuladas em favor dos brancos como racistas. Ideias que não centralizam vidas brancas são racistas. Racistas brancos afetados que não podem imaginar suas vidas não sendo o foco de qualquer movimento respondem a "Vidas Negras Importam" [Black Lives Matters] com "Todas as Vidas Importam" [All Lives Matters]. Policiais preparados para a batalha que não conseguem imaginar perder o direito de classificar e brutalizar racialmente respondem com "Vidas Azuis[1] Importam" [Blue Lives Matter].

Racistas brancos comuns agem como soldados do poder racista. Fica difícil para as pessoas não brancas não odiar brancos comuns ao lidar todos os dias com essas tropas terrestres que praticam abusos racistas. Ideias racistas antibrancos geralmente são uma reação reflexiva ao racismo branco. O racismo antibranco é, de fato, o ódio que o ódio produziu, atraente para vítimas do racismo branco.

E, no entanto, o poder racista prospera com ideias racistas antibrancos — mais ódio só torna seu poder maior. Quando pessoas negras recuam do racismo branco e concentram seu ódio nos brancos comuns, como eu fiz em meu primeiro ano da faculdade, elas não estão lutando contra o poder racista ou os legisladores racistas. Ao perder o foco no poder racista, deixam de contestar políticas racistas antinegros, o que significa que essas políticas têm maior probabilidade de prosperar. Combater os brancos em vez de o poder racista prolonga as políticas que prejudicam a vida negra. No final, ideias racistas antibrancos, ao tirarem todo ou parte do foco do poder racista, tornam-se antinegros. No final, odiar pessoas brancas torna-se odiar pessoas negras.

---

[1] N. da T. Azul (blue) é uma referência à cor dos uniformes dos policiais, um termo frequentemente usado para se referir à polícia.

NO FINAL, odiar pessoas negras se torna odiar pessoas brancas.

Em 15 de outubro de 2013, trabalhadores revelaram uma placa de 3,5m x 7m perto de uma estrada importante em Harrison, Arkansas, conhecida naquela região como território da Klan. A mesma placa apareceu em outdoors em estradas importantes do Alabama ao Oregon. Motoristas que passavam viram as letras escuras sobre um fundo amarelo: ANTIRRACISTA É UMA PALAVRA-CÓDIGO PARA ANTIBRANCO.

Robert Whitaker, que se candidatou a vice-presidente dos Estados Unidos em 2016 pelo partido da Liberdade, popularizou essa declaração em um texto de 2006 chamado de "O Mantra". Esse mantra tornou-se sagrado para a autoidentificada "multidão" de supremacistas brancos que odeiam pessoas de outras etnias e judeus, e temem o "programa contínuo de genocídio contra minha raça, a raça branca", como alegou Whitaker.

Os fatos mostram uma história diferente. Contrários ao "mantra", supremacistas brancos são os que apoiam políticas que beneficiam o poder racista contra os interesses da maioria do povo branco. Supremacistas brancos alegam ser pró-brancos, mas se recusam a reconhecer que as mudanças climáticas estão exercendo um efeito desastroso na terra que habitam. Eles se opõem a programas de ação afirmativa, apesar de as mulheres brancas serem suas principais beneficiárias. Supremacistas brancos se revoltam contra o Obamacare mesmo quando 43% das pessoas beneficiadas por esse seguro-saúde salvador de vidas de 2010 a 2015 eram brancas. Eles saúdam os nazistas de Adolf Hitler, mesmo que tenham sido os nazistas que iniciaram uma Guerra Mundial que destruiu a vida de mais 40 milhões de brancos e arruinou a Europa. Eles agitam bandeiras confederadas e defendem monumentos confederados, mesmo que a Confederação tenha iniciado uma guerra civil que terminou com a perda de mais de 500 mil norte-americanos brancos — mais do que quaisquer outras guerras norte-americanas combinadas. Supremacistas brancos adoram o que os Estados Unidos costumavam ser, mesmo que eles estivessem — e ainda estejam — fervilhando de brancos em dificuldades. Supremacistas brancos culpam os não brancos pelas dificuldades que os brancos enfrentam quando qualquer análise objetiva de sua condição implica principalmente os Trumps ricos e brancos que eles apoiam.

Supremacista branco é um código para antibranco, e a supremacia branca nada mais é do que um programa contínuo de genocídio contra a raça branca. Na verdade, é mais que isso: supremacista branco é um código para anti-humano, uma ideologia nuclear que representa uma ameaça existencial para a existência humana.

CARREGUEI O ódio branco até o segundo ano da faculdade, enquanto o ódio contra os islâmicos e os árabes enchia a atmosfera dos Estados Unidos como uma nuvem escura depois do 11/09. Muitos norte-americanos não viam problema em seu crescente ódio pelos muçulmanos nos primeiros meses de 2002. E eu não via problema no meu crescente ódio pelas pessoas brancas. As justificativas eram as mesmas: "Eles são bandidos violentos." "Eles odeiam a nossa liberdade."

Eu continuava lendo, tentando encontrar a origem do mal branco. Encontrei a maioria das respostas na teoria de duas origens do estudioso senegalês Cheikh Anta Diop, muito antes de conhecer seu trabalho antirracista sobre a ancestralidade africana dos antigos egípcios. A teoria de duas origens de Diop sugere que o clima inóspito e a falta de recursos na origem do norte alimentaram nos europeus comportamentos bárbaros, individualistas, materialistas e bélicos, que levavam destruição ao mundo. O clima ameno e a abundância de recursos na origem sul alimentaram comportamentos africanos de comunidade, espiritualidade, equanimidade e paz, que levaram civilização ao mundo.

Combinei o determinismo ambiental de Diop com a versão de Michael Bradley do mesmo tema, sua teoria no livro *The Iceman Inheritance* ["A Herança do Homem de Gelo", em tradução livre], de que a crueldade da raça branca é produto de sua criação na era do Gelo. Mas eu ainda estava sedento por teorias biológicas. Como concebemos o problema — e quem concebemos como sendo o problema — molda as respostas que encontramos. Eu estava procurando uma teoria biológica do motivo pelo qual os brancos são ruins. Eu a encontrei em *The Isis Papers* ["Os Artigos de Isis", em tradução livre], da psiquiatra Frances Cress Welsing.

"O profundo senso de inadequação numérica e inferioridade de cor" da minoria global branca causa seu "incontrolável senso de hostilidade e agressão", escreveu Welsing. Os brancos estão se defendendo da própria aniquilação genética. A pele carregada de melanina "sempre 'aniquila'... a ausente de cor, branca". Ironicamente, a teoria de Welsin reflete temores de aniquilação genética que supremacistas brancos no mundo ocidental têm expressado atualmente em seus temores de "genocídio branco" — uma ideia com uma história profunda, como na obra de eugenistas como Lothrop Stoddard e seu best-seller de 1920, *The Rising Tide of Color against White World-Supremacy* ["A Crescente Onda de Cor contra o Mundo da Supremacia Branca", em tradução livre].

Devorei Welsing, mas depois, ao saber que a melanina não me deu nenhum superpoder negro, fiquei desanimado. Acontece que é a regra racista de uma gota que tornou a identidade negra dominante em pessoas birraciais, não qualquer distinção genética ou um superpoder proporcionado pela melanina. Minha busca continuou.

. . .

NÃO BATI NA PORTA de Clarence naquele dia para discutir a "teoria da confrontação de cores" de Welsing. Ou a teoria de duas origens de Diop. Ele tinha rido dessas duas teorias muitas vezes antes. Viera falar sobre outra teoria, a que finalmente decifrava os brancos.

"Eles são alienígenas", disse a Clarence, recostado ao batente da porta, confiante, braços cruzados. "Acabei de ver um documentário que apresentou as provas. É por isso que eles são tão empenhados na supremacia branca. É por isso que eles parecem não ter consciência. Eles são alienígenas."

Clarence escutou, o rosto inexpressivo. "Você não pode estar falando sério."

"Muito sério. Isso explica a escravidão e a colonização. Isso explica por que a família Bush é tão perversa. Isso explica por que os brancos não estão nem aí. Isso explica por que eles nos odeiam tanto. Eles são alienígenas!" Eu me afastei do batente e entrei totalmente no modo discussão.

"Você está mesmo falando sério", replicou Clarence com uma risada. "Se está falando sério, então essa é a coisa mais idiota que já ouvi na vida! Quer dizer, sério, não posso acreditar que você seja tão ingênuo." O riso se transformou em uma careta.

"Por que você passa tanto tempo tentando compreender os brancos?", perguntou, depois de uma longa pausa. Clarence tinha feito essa pergunta antes. Eu sempre respondia da mesma forma.

"Por que compreendê-los é a resposta! Os negros precisam saber com que estão lidando!"

"Se você está dizendo. Mas me diga uma coisa: se os brancos são alienígenas, por que brancos e negros podem se reproduzir? Os humanos não podem se reproduzir com animais neste planeta, mas os negros podem se reproduzir com alienígenas de outro planeta? Ah, cara, cai na real!"

"Eu estou na real", respondi. Mas realmente não tinha resposta. Eu me virei, desajeitado, andei até meu quarto, caí na cama e voltei a olhar para o teto. Talvez os brancos não fossem alienígenas. Talvez eles tivessem se tornado assim aqui na Terra. Talvez eu precisasse ler mais Frances Cress Welsing. Olhei para *The Isis Papers* no criado-mudo.

· · ·

NO OUTONO DE 2003, Clarence se formou e decidi partilhar minhas ideias com o mundo. Comecei minha carreira de escritor sobre raças em uma coluna no jornal estudantil da FAMU, *The Famuan*. Em 9 de setembro de 2003, escrevi um artigo aconselhando aos negros a parar de odiar os brancos por serem quem são. Na verdade, eu estava aconselhando a mim mesmo: "Eu certamente entendo os negros que têm ficado envolvidos em uma tempestade de ódio, porque eles não conseguiam escapar dos fortes ventos da verdade sobre a mão destrutiva do homem branco." Envolvido por esse tornado, eu não consegui escapar à ideia enganosa de que "os europeus são simplesmente uma espécie diferente de seres humanos", como escrevi, baseado nas ideias de *The Isis Papers*. Os brancos são "apenas 10% da população do mundo", e eles "têm genes recessivos. Assim, eles estão diante da extinção". É por isso que eles estão tentando "destruir meu povo", conclui. "Os europeus estão tentando sobreviver e não posso odiá-los por isso."

O artigo circulou amplamente em Tallahassee, alarmando os leitores brancos. Suas ameaças atingiram o objetivo. Meus colegas de alojamento, Devan, Brandon e Jean, em tom de brincadeira insistiram para que eu tomasse cuidado com a Klan. O novo presidente da FAMU, Fred Gainus, me chamou à sua sala para me repreender. Eu devolvi no mesmo tom, chamando-o de criado de Jeb.

O editor do *Tallahassee Democrat* também me convocou ao seu escritório. Eu precisava completar o estágio necessário para me formar em jornalismo. Entrei em seu escritório, temeroso. Eu me sentia prestes a enfrentar o encerramento, o encerramento de meu futuro. E, de fato, algo se encerraria naquele dia.

NEGRO

DEFESA IMPOTENTE: A ideia ilusória, dissimulada, enfraquecedora e racista de que as pessoas negras não podem ser racistas porque as pessoas negras não têm poder.

Entrei em seu escritório. Sempre que eu olhava para Mizel Stewart, editor do *Tallahassee Democrat*, no segundo semestre de 2003, via o ator alto, magro e de pele clara Christopher Duncan. Sua energia tensa me lembrava Braxton, o personagem de Duncan em *The Jamie Foxx Show*.

Eu me sentei. Ele girou na cadeira. "Vamos falar sobre este artigo", falou.

Ele disparou de uma crítica a outra, surpreso com minhas defesas. Eu conseguia debater sem me aborrecer. Ele também. Os negros eram problemáticos para mim, mas ele compreendeu que o demônio branco assombrava minha mente.

Ele ficou em silêncio, claramente remoendo algo. Eu não ia confrontá-lo, apenas me defender o mais respeitosamente que podia. Ele tinha minha formatura nas mãos.

"Sabe, eu tenho um bom carro", começou devagar, "e detesto quando me fazem encostar e me tratam como se eu fosse um desses crioulos".

Respirei fundo, apertei os lábios e os umedeci, e mentalmente me obriguei a ficar quieto. "Esses crioulos", pairou no ar entre nossos olhares inquisitivos. Ele esperou por minha resposta. Fiquei em silêncio.

Eu queria me levantar, apontar e gritar: "Que raios você pensa que é?" Teria interrompido sua resposta: "Está claro que você não se considera um crioulo! O que os faz crioulos e você não? Eu sou um 'desses crioulos'"? Minhas aspas imaginárias se agitavam sobre a cabeça dele.

Ele se distinguiu "daqueles crioulos", racializou-os, menosprezou-os. Dirigiu seu desdém não para os policiais que o classificaram racialmente, que o maltrataram, mas para "aqueles crioulos".

NINGUÉM POPULARIZOU O constructo de "esses crioulos" [*niggers*] como o comediante Chris Rock em seu especial de 1996, na HBO, *Bring the Pain*. Rock começou o show com uma observação antirracista, imitando as reações de pessoas brancas ao veredito de O. J. Simpson. Então ele se virou e falou sobre as pessoas negras e "nossa guerra civil pessoal". Ele escolheu um lado: "Adoro pessoas negras, mas odeio crioulos." Foi um refrão familiar para mim — meu próprio duelo de consciências muitas vezes se fixou na mesma fórmula, acrescentando depois da eleição de 2000: "Eu adoro pessoas negras, mas odeio crioulos e pessoas brancas."

Embora artistas do hip-hop tenham reformulado "neguinho" [*nigga*] como um termo afetuoso, "crioulo" [*nigger*] continuou sendo um termo sarcástico dentro e fora de bocas negras. Rock ajudou pessoas negras a recriar os grupos raciais dos "crioulos" e atribuiu características ao grupo, como todos os criadores de raças têm feito. "Crioulos" sempre impedem os negros de se divertir, disse Rock. Crioulos são barulhentos. Crioulos estão sempre falando, exigindo reconhecimento por tomar conta de seus filhos e ficar fora da cadeia. "A pior coisa sobre os crioulos é que eles adoram não saber", provocou Rock. "Livros são como kryptonita para um crioulo." Ele rejeitou a alegação antirracista de que "a mídia distorceu nossa imagem para parecermos maus". Esqueça isso!

Foi culpa dos crioulos. Quando ele vai sacar dinheiro, "não fico olhando por cima do ombro à procura da mídia. Estou procurando crioulos".

Rimos quando Chris Rock partilhou a grande verdade de que o crioulo não é igual ao homem negro (uma remixagem da "grande verdade de que o negro não é igual ao homem branco", manifesta pelo vice-presidente confederado, Alexander Stephens, em 1861). Brancos racistas conseguiram nos ensinar a generalizar as características individuais que vemos em uma pessoa negra em especial. Não estávamos vendo nem tratando as pessoas negras como indivíduos, embora algumas delas façam coisas ruins: criamos uma identidade de grupo, crioulos, que, por sua vez, criaram uma hierarquia, como ocorre em toda criação de raças. Acrescentamos a ousadia hipócrita de ficar enfurecidos quando pessoas brancas nos chamam de crioulos (Chris Rock parou de apresentar esse número quando viu pessoas brancas rindo demais).

Não colocamos pessoas barulhentas que por acaso eram negras em um grupo inter-racial de pessoas barulhentas — como antirracistas. Racializamos o comportamento negativo e associamos o barulho aos crioulos, como racistas brancos, como racistas negros. Não colocamos pais negros negligentes em um grupo inter-racial de pais negligentes — como antirracistas. Racializamos o comportamento negativo e associamos a negligência na criação de filhos aos crioulos, como racistas brancos, como racistas negros. Não colocamos criminosos negros em um grupo inter-racial de criminosos — como antirracistas. Racializamos o comportamento negativo e associamos a criminalidade aos crioulos, como racistas brancos, como racistas negros. Não colocamos negros preguiçosos em um grupo inter-racial de pessoas preguiçosas — como antirracistas. Racializamos o comportamento negativo e associamos a preguiça aos crioulos, como racistas brancos, como racistas negros.

E, depois de tudo isso, nos autoidentificamos como "não racistas", como racistas brancos, como racistas negros.

Chris Rock assumiu a posição de muitos de nós norte-americanos negros na virada do milênio, presos a duelos de consciência entre as ideias assimilacionistas e antirracistas, diferenciando-nos dos crioulos assim como racistas brancos se diferenciavam de nós, crioulos. Sentíamos um tremendo orgulho antirracista na excelência negra e uma imensa vergonha racista em estar ligados aos crioulos. Reconhecemos a política racista que enfrentamos e ignoramos a política racista que os crioulos enfrentam. Olhamos para os crioulos como criminosos da raça, quando nossas ideias racistas antinegros eram o verdadeiro crime de negros contra negros.

Em 2003, enquanto eu estava no escritório do editor negro, 53% de pessoas negras entrevistadas diziam que outros fatores além do racismo geralmente explicavam por que pessoas negras tinham empregos, renda e casas piores do que os brancos, um aumento dos 48% de uma década antes. Somente 40% de entrevistados negros descreveram o racismo como a origem dessas desigualdades em 2003. Em 2013, no meio da administração Obama, somente 37% de pessoas negras apontaram o "racismo como principal" causa de desigualdades raciais. Gritantes 60% de pessoas negras tinham se unido aos 83% de pessoas brancas naquele ano que encontraram outros motivos além do racismo para explicar as persistentes desigualdades raciais. A internalização de ideias racistas provavelmente foi a razão.

Mentes negras despertaram para a contínua realidade do racismo pela série de mortes televisionadas provocadas por policiais e as frágeis exonerações que seguiram a eleição de Obama, o movimento por Vidas Negras e, finalmente, a ascensão racista de Donald Trump. Em 2017, 59% das pessoas negras expressaram a posição antirracista de que o racismo é a principal razão pela qual os negros não conseguem progredir (comparados a 35% de brancos e 45% de latinos). Mas, mesmo então, cerca de 1/3 de negros ainda expressava a posição racista de que negros em dificuldades são geralmente responsáveis por sua própria condição, comparados a 54% de brancos, 48% de latinos e 75% de republicanos.

Está claro que uma grande porcentagem de pessoas negras alimenta ideias racistas antinegros. Mas eu ainda queria acreditar que o comentário sobre "aqueles crioulos" de Stewart era algo fora do normal. Contudo, a verdade é que Stewart colocara um espelho à sua frente. Eu tinha que enfrentar a realidade. Eu detestava o que via. Ele estava dizendo o que eu pensava há anos. Teve a coragem de dizê-lo. Eu o odiei por isso.

Em que suas críticas sobre as pessoas negras eram diferentes das minhas, quando ambos as culpávamos por seus votos serem roubados ou as acusávamos de letargia e autossabotagem? Em que nossas críticas sobre as pessoas negras eram diferentes das críticas antinegros dos racistas brancos? Naquele escritório, naquele dia, aprendi que, sempre que eu digo que algo está errado com as pessoas negras, estou, ao mesmo tempo, separando-me delas, essencialmente dizendo "aqueles crioulos". Quando faço isso, estou sendo racista.

EU ACHAVA QUE SOMENTE pessoas brancas podiam ser racistas, e que pessoas negras não podiam ser racistas porque pessoas negras não têm poder. Pensava que latinos, asiáticos, pessoas do Oriente Médio e indígenas não podiam ser racistas, porque eles não tinham poder. Eu não tinha noção da história reacionária dessa construção, de sua influência racista.

Essa defesa impotente, como a chamo, surgiu no rastro de brancos racistas rejeitando políticas e ideias racistas no final dos anos 1960. Em décadas posteriores, vozes negras críticas do racismo branco se defendiam dessas acusações dizendo: "Pessoas negras não podem ser racistas, porque pessoas negras não têm poder."

Silenciosamente, porém, essa defesa ampara as pessoas não brancas em posições de poder para que não façam o trabalho do antirracismo, visto que elas são aparentemente impotentes, já que pessoas brancas detêm todo o poder. Isso significa que pessoas não brancas são impotentes para limitar os efeitos de políticas racistas e reduzir desigualdades raciais mesmo em suas esferas de influência, os locais em que realmente têm algum poder para realizar mudanças. A defesa impotente protege as pessoas não brancas das acusações de racismo mesmo quando estão reproduzindo políticas racistas e justificando-as com as mesmas ideias racistas que as pessoas brancas a quem chamam de racistas. A defesa impotente protege seus adeptos da história de pessoas brancas empoderando pessoas não brancas para oprimir pessoas não brancas, e de pessoas não brancas de usar seu poder limitado para oprimir pessoas não brancas para seu ganho pessoal.

Como qualquer outra ideia racista, a defesa impotente subestima as pessoas negras e superestima as pessoas brancas. Ela elimina o já escasso poder negro e expande o já amplo alcance do poder branco.

A defesa impotente não considera pessoas em todos os níveis de poder, de legisladores, como políticos e executivos que têm o poder de instituir e eliminar políticas racistas e antirracistas, a gestores de políticas, como dirigentes e médios gerentes empoderados para executar ou recusar políticas racistas e antirracistas. Cada pessoa tem o poder de protestar contra políticas racistas e antirracistas, de promovê-las ou, de algum modo modesto, impedi-las. Estados-nação, setores, comunidades e instituições são administrados por legisladores, políticas e gestores de políticas. "O poder institucional", "poder sistêmico" ou "poder estrutural" é a criação de políticas e poder de gestão de pessoas, em grupos ou individualmente. Quando alguém diz que pessoas negras não podem ser racistas porque não têm "poder institucional", elas estão ignorando a realidade.

A defesa impotente tira todo o poder dos legisladores e gestores negros. A defesa impotente diz que mais de 154 afro-americanos que serviram no Congresso de 1870 a 2018 não tinham poder legislativo. Ela diz que nenhum dos milhares políticos estaduais e locais negros tem qualquer poder de criar leis. Ela diz que o juiz da Suprema Corte dos Estados Unidos Clarence Thomas nunca teve o poder de usar sua voz em favor de propósitos antirracistas. A defesa impotente diz que mais de 700 juízes negros em tribunais estaduais e mais de 200 juízes negros em tribunais federais não tiveram poder durante os processos de julgamento e condenação que criaram nosso sistema de encarceramento em massa. Ela diz que mais de 57 mil policiais negros não têm o poder de brutalizar e matar o corpo negro. Ela diz que os 3 mil chefes de polícia, chefes adjuntos e comandantes negros não têm poder sobre seus subordinados. A defesa impotente diz que os mais de 40 mil professores negros em faculdades e universidades nos Estados Unidos em 2016 não tinham o poder de aprovar e reprovar alunos negros, contratar e dar estabilidade a professores negros ou formar as mentes de pessoas negras. Ela diz que os 11 negros bilionários do mundo e as 380 mil famílias negras milionárias nos Estados Unidos não têm poder econômico para ser usado de formas racistas ou antirracistas. Ela diz que os 16 CEOs negros que administraram empresas Fortune 500 desde 1999 não tinham poder de diversificar sua força de trabalho. Quando um homem negro assumiu o mais poderoso cargo do mundo em 2009, suas políticas muitas vezes foram justificadas por apologistas que afirmaram que ele não tinha poder executivo. Como se nenhuma de suas ordens executivas fosse cumprida, como se seus procuradores-gerais não tivessem poder de evitar o encarceramento em massa ou seu conselheiro de segurança nacional não tivesse poder algum. A verdade é: pessoas negras podem ser racistas porque pessoas negras têm poder, mesmo que limitado.

Note que eu disse poder negro *limitado* e não nenhum poder. O poder branco controla os Estados Unidos. Mas não absolutamente. O poder absoluto precisa de controle total sobre todos os níveis de poder. Todas as políticas. Todos os gestores de políticas. Todas as mentes. Ironicamente, o único meio de o poder branco conseguir poder total é convencendo-nos de que as pessoas brancas já detêm todo o poder. Se aceitarmos a ideia de que não temos poder, estaremos sujeitos ao tipo de controle mental que, na verdade, nos tirará qualquer poder para resistir. Como o pai do Mês da História Negra, Carter G. Woodson, escreveu: "Quando você controla o pensamento de um homem, não precisa se preocupar com suas ações. Você não precisa lhe dizer para não ficar aqui ou ir para lá. Ele vai encontrar seu 'lugar adequado' e ficará nele."

Ideias racistas são criadas constantemente para aprisionar o poder de resistência das pessoas. Ideias racistas fazem as pessoas negras acreditar que as pessoas brancas detêm todo o poder, elevando-as ao nível de deuses. Assim, segregacionistas negros atacam esses deuses todo-poderosos como demônios caídos, como fiz na faculdade, enquanto os assimilacionistas cultuam seus todo-poderosos anjos brancos, lutam para se tornar um deles, a fim de angariar seus favores, reproduzindo suas ideias racistas e defendendo suas políticas racistas.

Além dos inúmeros aniquiladores julgamentos antinegros do juiz Clarence Thomas ao longo dos anos, talvez o mais grave crime racista negro contra negro na história norte-americana recente foi o que deci-

156 • COMO SER ANTIRRACISTA

diu a eleição presidencial de 2004. George W. Bush venceu a reeleição por uma margem estreita ganhando em Ohio com a ajuda crucial de Ken Blackwell, ambicioso secretário de Estado negro, que agiu simultaneamente como copresidente da campanha de Bush em Ohio.

Blackwell dirigiu conselhos de condados para limitar o acesso de eleitores às cédulas provisórias que garantiam que quaisquer pessoas indevidamente removidas das listas de votação pudessem votar. Ele ordenou que os formulários de registro de eleitores fossem aceitos somente em caro papel cartão, uma técnica dissimulada para excluir eleitores recém-registrados (que ele sabia, quase com certeza, que tinham maior probabilidade de ser negros). Sob a supervisão de Blackwell, os conselhos dos condados estavam falsamente dizendo a ex-prisioneiros que não poderiam votar. Os conselhos dos condados alocaram poucas urnas eletrônicas para cidades largamente democratas. Eleitores negros de Ohio esperaram em média 52 minutos para votar, 34 minutos a mais que eleitores brancos, segundo um levantamento pós-eleitoral. Longas filas fizeram com que 3% dos eleitores desistissem de votar, representando cerca de 174 mil votos em potencial perdidos, mais do que a margem de vitória de 118 mil de Bush. "Blackwell fez Katherine Harris parecer boazinha", disse o representante John Conyers depois de investigar a supressão de eleitores em Ohio, referindo-se à secretária de Estado da Flórida que confirmou Bush como vencedor da eleição de 2000. Contudo, segundo a teoria de que pessoas negras não podem ser racistas porque não têm poder, Blackwell não tinha o poder de suprimir votos negros. Lembre-se: somos todos racistas ou antirracistas. Como pôde Katherine Harris, da Flórida, ser uma racista em 2000 e Blackwell antirracista em 2004?

Depois de concorrer sem sucesso ao governo de Ohio em 2006 e a presidente do Comitê Nacional Republicano em 2009, Blackwell juntou-se à Comissão Consultiva sobre Integridade Eleitoral Presidencial de Trump em maio de 2017. A comissão foi claramente criada, embora Trump nunca o admitisse, para encontrar novos meios de eliminar o poder de voto de oponentes de Trump, principalmente os eleitores mais leais do Partido Democrata: os negros. Claramente, mesmo 13 anos depois, agentes de Trump não tinham esquecido o trabalho racista inovador de eliminação de eleitores negros para a reeleição de Bush.

Com a popularidade da defesa impotente, criminosos negros contra negros como Blackwell saem impunes com seu racismo. As pessoas negras os chamam de Tio Tom [pejorativo, para negros subservientes], traidores, Oreos, marionetes — tudo, menos do nome certo: racistas. Pessoas negras precisam fazer mais do que revogar seu "'cartão negro", como o chamamos. Precisamos colar o cartão de racista em suas testas para que todos vejam.

A frase "Negros não podem ser racistas" reproduz a falsa dualidade do racista e não racista promovida por racistas brancos para negar seu racismo. Ela combina pessoas negras com eleitores brancos de Trump que estão zangados por serem chamados de racistas, mas que querem expressar posições racistas e apoiar suas políticas racistas e, ao mesmo tempo, ser identificados como não racistas, não importa o que digam ou façam. De acordo com essa teoria, pessoas negras podem odiar os crioulos, valorizar pessoas claras em detrimento das escuras, apoiar políticas de imigração prejudiciais aos latinos, defender mascotes de times anti-indígenas, apoiar proibições em relação a muçulmanos do Oriente Médio e ainda escapar de acusações de racismo. Segundo essa teoria, latinos, asiáticos e indígenas podem temer corpos negros desconhecidos, apoiar políticas de encarceramento em massa e ainda escapar de acusações de racismo. Segundo essa teoria, posso olhar para pessoas brancas como demônios e alienígenas e ainda escapar de acusações de racismo.

Quando paramos de negar a dualidade racista e antirracista, podemos fazer uma avaliação precisa de ideias e políticas raciais que apoiamos. Durante grande parte de minha vida, expressei ideias racistas e antirracistas, apoiei políticas racistas e antirracistas; fui antirracista em um momento, racista em muitos outros. Dizer que pessoas negras não podem ser racistas é dizer que todas as pessoas negras estão sendo antirracistas o tempo todo. Minha própria história me diz que isso não é verdade. A história concorda.

O REGISTRO DA HISTÓRIA do racismo negro começou em 1526, em *Della descrittione dell'Africa (Descrição da África),* de autoria de um mouro do Marrocos sequestrado depois de visitar a África subsaariana. Seus captores o apresentaram ao Papa Leão X, que o converteu ao cristianismo, o libertou e lhe deu um novo nome, Leo Africanus. A obra foi traduzida para vários idiomas europeus e se tornou a mais influente sobre ideias racistas antinegras do século XVI, quando os ingleses, franceses e holandeses mergulhavam fundo no comércio de escravos. "Negros... levam uma vida bestial, são totalmente destituídos do uso da razão, de destrezas da mente e de todas as artes", escreveu Africanus. "Eles se comportam como se tivessem vivido o tempo todo entre os animais selvagens da floresta." Africanus pode ter inventado suas viagens para a África subsaariana para obter favores da corte italiana.

O inglês Richard Ligon pode ter inventado as histórias de *A True and Exact History of the Island of Barbadoes* ["A História Verdadeira e Exata da Ilha de Barbados", em tradução livre] publicado em 1657. Liderados por Sambo, um grupo de escravos revelou um plano de rebelião. Eles recusaram as recompensas de seu dono. Um dono confuso lhes pergunta o porquê, Ligon conta. Foi "apenas um ato de justiça", responde Sambo, segundo Ligon. Seu dever. Eles são "suficientemente" recompensados "pelo Ato".

A escravidão era justificada na narrativa de Sambo, porque algumas pessoas negras acreditavam que deveriam ser escravizadas. O mesmo se aplica a Ukawsaw Gronniosaw, autor da primeira narrativa sobre escravizados, em 1772. Nascido na realeza nigeriana, Gronniosaw foi escravizado aos 15 anos por um mercador de marfim, que o vendeu a um capitão holandês. "Meu dono gostava muito de mim e eu o amava profundamente", e "me esforçava para convencê-lo, em todos os meus atos, de que meu único prazer era servi-lo bem". O navio chegou a Barbados. Um nova-iorquino comprou Gronniosaw e o levou para casa, onde passou a acreditar que era "um homem negro chamado Diabo, que vivia no inferno". Gronniosaw foi vendido novamente para um pastor, que o transformou de "um pobre pagão" em cristão escravizado. Aparentemente, ele estava feliz em escapar do Diabo Negro.

Donos de escravos apreciavam os pastores que pregavam o evangelho da escravatura negra eterna, originado da leitura da Bíblia, na qual todas as pessoas negras eram descendentes amaldiçoados de Cam.

Um carpinteiro negro livre de 51 anos teve que primeiro eliminar essas ideias racistas em 1818 quando começou a recrutar milhares de negros escravizados para se unir à sua revolta de escravizados em Charleston, Carolina do Sul. Denmark Vesey marcou a revolta para 14 de julho de 1822, o aniversário da derrubada da Bastilha durante a Revolução Francesa. O objetivo da revolta era acabar com a escravatura, como na bem-sucedida Revolução Haitiana que inspirou Vesey.

Mas a revolta tinha que ser mantida em segredo, mesmo de alguns escravizados. Não diga nada "àqueles homens que esperam receber velhos casacos de presente de seus donos", diziam os tenentes comandantes de Vesey aos recrutadores. "Eles vão nos trair." Um recrutador não lhe deu atenção e contou ao escravo doméstico Peter Prioleau, que imediatamente contou ao dono em maio. No final de junho de 1822, os donos de escravos tinham destruído o exército de Vesey, que estima-se conter 9 mil integrantes. Vesey, enforcado em 2 de julho de 1822, manteve uma atitude desafiadora até o fim.

A legislatura da Carolina do Norte emancipou Peter Prioleau no dia de Natal de 1822, e lhe concedeu uma pensão anual vitalícia. Em 1840, ele adquiriu sete escravos e viveu confortavelmente na comunidade clara livre de Charleston. Mesmo quando era escravizado, esse homem negro não quis se livrar de seu dono. Ele usou seu poder para arruinar uma das mais bem organizadas revoltas de escravos na história dos Estados Unidos. Usou seu poder para incorporar totalmente as características de seu dono, para se tornar igual a ele: com seus escravizados, ideias racistas e tudo o mais.

PETER PRIOLEAU PARECIA-SE COM William Hannibal Thomas, um homem negro do século XIX que queria ser aceito pelos brancos como um deles. Mas, à medida que as leis de Jim Crow se alastravam nos anos 1890, Thomas foi jogado cada vez mais fundo na negritude. Ele finalmente utilizou a tática do interesse próprio usado por racistas negros desde o início para garantir apoio dos brancos: ele atacou pessoas negras como inferiores. Quando *The American Negro* ["O Negro Americano", em tradução livre] foi publicado semanas antes de *Up from Slavery* ["Depois da Escravidão", em tradução livre], de Booker T. Washington, em 1901, o *New York Times* colocou Thomas "ao lado do Sr. Booker T. Washington, a maior autoridade norte-americana na questão do negro".

Os negros são um "tipo de ser humano intrinsecamente inferior", Thomas escreveu. A história do negro é o "registro de uma existência sem lei". Os negros são mentalmente retardados, selvagens imorais, "praticamente incapazes de discernir o certo do errado", escreveu Thomas. Noventa por cento das mulheres negras são "escravas do prazer físico". A "degradação social de nossas mulheres libertas não tem paralelo na civilização moderna". No final, a lista de Thomas "de características negativas dos negros parecia ilimitada", conforme concluiu seu biógrafo.

Thomas acreditava estar entre a minoria de pessoas claras que tinham superado sua herança biológica inferior. Contudo, esse "remanescente resgatado" foi mantido "afastado de seus irmãos brancos". Mostramos, Thomas argumentava para os brancos que a "redenção do negro é… possível e garantida por meio de uma profunda assimilação do pensamento e dos ideais da civilização norte-americana". Para acelerar essa "assimilação nacional", Thomas aconselhou restringir os direitos de voto de negros corruptos, policiamento intensivo de negros naturalmente criminosos e colocar todas as crianças negras sob a tutela de guardiões brancos.

Pessoas negras rotularam William Hannibal Thomas como o "Judas Negro". Críticos negros destruíram sua credibilidade e logo racistas brancos não puderam mais usá-lo e o jogaram fora como um papel usado, como racistas brancos têm feito com tantos racistas negros descartáveis ao longo dos anos. Thomas encontrou trabalho como zelador, antes de morrer na obscuridade em 1935.

Pessoas negras seriam traídas por criminosos negros repetidas vezes no século XX. Nos anos de 1960, esperava-se que a diversificação das forças policiais dos Estados Unidos aliviasse o tormento da brutalidade da polícia contra vítimas negras. Fruto de décadas de ativismo antirracista, uma nova leva de policiais negros deveria tratar melhor cidadãos negros do que seus colegas brancos. Porém, nos anos de 1960, logo surgiram denúncias de que os policiais negros eram tão agressivos quanto os brancos. Um relato dizia que "em alguns lugares, negros de baixa renda preferem policiais brancos por causa da conduta severa dos policiais negros". Um estudo de 1966 constatou que policiais negros tinham menor probabilidade de serem racistas que os brancos, mas uma minoria significativa expressava ideias racistas antinegros como: "Estou lhe dizendo que essas pessoas são selvagens. São muito sujas." Ou o policial negro que dizia: "Sempre houve empregos para negros, mas esses f*%@#%$ são burros demais para se mexer e estudar. Eles só querem uma saída fácil."

Pintar o racismo policial de branco sob o pretexto de que somente pessoas brancas podem ser racistas é ignorar o histórico de policiais não brancos de enquadrar e matar "os crioulos". É ignorar que o policial assassino de Shantel Davis, no Brooklyn, em 2012, era negro; que três dos seis policiais envolvidos na morte de Freddie Gray, em 2015, eram negros; que o policial assassino de Keigh Lamont Scott, em Charlotte, em 2016, era negro; e que um dos policiais assassinos de Stephon Clark, de Sacramento, em 2018, era negro. Como podem os policiais brancos envolvidos nas mortes de Terence Crutcher, Sandra Bland, Walter L. Scott, Michael Brown, Laquan McDonald e Decybthia Clements ser racistas, mas seus colegas negros serem antirracistas?

Para ser justo, um estudo com cerca de 8 mil policiais em 2017 deixa extremamente claro que policiais brancos têm probabilidade muito maior de ser racistas do que os negros hoje em dia. Quase todos (92%) os policiais brancos pesquisados concordaram com a ideia pós-racial de que "nosso país fez as mudanças necessárias para dar aos negros direitos iguais aos dos brancos". Apenas 6% de policiais brancos concordaram com a ideia antirracista de que "nosso país precisa continuar a fazer mudanças para dar aos negros direitos iguais aos dos brancos", comparados a 69% de policiais negros. Mas as disparidades diminuem com referência a encontros policiais mortais. Policiais negros (57%) têm apenas duas vezes mais probabilidade que policiais brancos (27%) de dizer que "as mortes de negros durante enfrentamentos com a polícia nos últimos anos são sinais de um problema maior".

162 • COMO SER ANTIRRACISTA

A nova leva de políticos, juízes, chefes de polícia e policiais negros nos anos 1960 e décadas subsequentes ajudou a criar um novo problema. O aumento dos níveis de crimes violentos tomou conta de vizinhanças carentes. Residentes negros bombardeavam seus políticos e combatentes do crime com seus temores racistas de criminosos *negros* em oposição a criminosos. Nem os residentes, nem os políticos, nem os combatentes do crime viam totalmente o problema da heroína e do crack como uma crise de saúde pública ou o problema de crimes violentos em vizinhanças pobres onde os negros viviam como uma consequência da pobreza. As pessoas negras pareciam estar mais preocupadas com outras pessoas negras matando-as em guerras de drogas ou roubos que ocorriam aos milhares todos os anos do que com o câncer, doenças cardíacas e respiratórias que as matavam às centenas de milhares a cada ano. Essas doenças não eram mencionadas, mas "Crimes de negros contra negros atingiram um nível crítico que ameaça nossa existência como pessoas", escreveu o editor da *Ebony*, John H. Johnson, em uma edição especialmente dedicada ao tema. O crime de negros contra negros do racismo internalizado tinha, de fato, atingido um nível crítico — esse novo foco na crise do "crime negro" ajudou a alimentar o crescimento do movimento a favor do encarceramento em massa que destruiria uma geração.

O aumento do encarceramento em massa foi parcialmente alimentado por pessoas negras que, mesmo quando adotavam ideias racistas, o faziam ostensivamente para tentar salvar a comunidade negra nos anos 1970. Porém os anos 1980 trouxeram uma forma mais premeditada de racismo, canalizada por meio de administradores negros que Ronald Reagan nomeou para seu gabinete. Sob a direção de Clarence Thomas de 1980 a 1986, a Comissão de Oportunidades de Emprego Iguais dobrou o número de casos de discriminação indeferidos por "ausência de causa". Samuel Pierce, secretário de Reagan para o Departamento de Habitação e Desenvolvimento Urbano (HUD), redirecionou bilhões de dólares em recursos federais alocados para habitações sociais para interesses corporativos e doadores republicanos. Sob vigilância de Pierce na primeira metade dos anos 1980, a quantidade de unidades de casas populares em vizinhanças não brancas caiu drasticamente. Pobres negros enfrentaram uma crise na habitação nos anos 1980 que Pierce agravou, mesmo tendo o poder de aliviá-la, abrindo caminho para futuros secretários da HUD como o indicado de Trump, Ben Carson. Esses eram homens que usavam o poder que lhes foi conferido — não importa o quanto fosse limitado ou condicional — de formas indiscutivelmente racistas.

ENQUANTO O EDITOR E EU NOS encarávamos, tive uma conversa acalorada — e uma conversão — em minha mente. Por fim, o silêncio foi quebrado e o editor me dispensou. Recebi um ultimato antes do final do dia: encerrar minha coluna sobre raça para o *Famuan* ou ser demitido de meu estágio no *Tallahassee Democrat*. Encerrei minha coluna absolutamente aborrecido, como que encerrando uma parte de mim.

E comecei a encerrar uma parte de mim — para melhor. Comecei a silenciar metade da guerra dentro de mim, o duelo entre o antirracismo e a assimilação a que W.E.B. Du Bois deu voz, e comecei a abraçar a luta pela consciência única do antirracismo. Escolhi uma segunda especialidade: estudos afro-americanos.

Fiz o primeiro curso de história negra no segundo semestre de 2003, o primeiro de quatro cursos de história africana e afro-americana que eu faria em três semestres com o professor da FAMU David Jackson. Suas aulas precisas, detalhadas, envolventes, mas de certa forma engraçadas, sistematicamente me levaram de volta à história pela primeira vez. Eu tinha imaginado a história como uma batalha: de um lado, o pessoal negro, do outro, uma turma com "aqueles crioulos" e o pessoal branco. Pela primeira vez, vi que era uma batalha entre racistas e antirracistas.

Terminar uma confusão começou outra: o que fazer com a minha vida. No último ano de graduação no final de 2004, constatei que o jornalismo esportivo não me motivava mais. Pelo menos não tanto quanto essa nova história emocionante que estava descobrindo. Acabei abandonando a cabine de imprensa por algo que os norte-americanos diziam ser uma cabine muito mais "perigosa".

CLASSE

RACISTA DE CLASSES: Aquele que racializa as classes, apoiando políticas de capitalismo racial contra essas classes de raças e as justifica com ideias racistas sobre essas classes de raças.

ANTICAPITALISTA ANTIRRACISTA: Aquele que se opõe ao capitalismo racial.

ENTUSIASMADO PARA COMEÇAR o curso de pós-graduação em estudos afro-americanos na Temple University, me mudei para o norte da Filadélfia no início de agosto de 2005. Hunting Park, para ser exato, a alguns passos de distância da Allegheny Avenue e do bairro de Allegheny West. Meu apartamento de um quarto no segundo andar tinha vista para a North Broad Street: pessoas brancas passando de carro, pessoas negras caminhando, latinos virando à direita na Allegheny. Nenhuma das pessoas do lado de fora do prédio, um cortiço pardacento ao lado de um posto de gasolina da Exxon, podia imaginar que a algumas janelas acima do andar térreo vazio estava o lar de uma verdadeira vida humana. Suas janelas cobertas pareciam os olhos fechados em um caixão.

Aparentemente, a morte também residia lá. Meus novos vizinhos negros ouviam há anos que Hunting Park e Allegheny West eram os bairros mais perigosos da Filadélfia — os mais pobres, com as maiores taxas de crimes violentos.

Desfiz minhas malas no "gueto", como as pessoas irreverentemente chamavam minha nova vizinhança. O gueto se expandiu no século XX enquanto engolia milhões de pessoas negras que migraram do sul para cidades do oeste e do norte como a Filadélfia. A fuga dos brancos os acompanhou. A combinação de programas de assistência social do governo — na forma de subsídios, construção de estradas e garantia de empréstimos —, com construtores muitas vezes racistas, criavam novos empreendimentos urbanos e suburbanos ricos para os brancos em fuga, ao mesmo tempo em que confinavam nativos e novos migrantes negros nos tais guetos, agora superpopulosos e destinados a extrair riqueza de seus residentes. Mas a palavra "gueto", ao se incorporar no vocabulário da classe média norte-americana, não fez surgir a série de políticas racistas que permitiram a fuga dos brancos e o abandono dos negros — em vez disso, "gueto" começou a descrever um comportamento negro não respeitável nas grandes avenidas do país.

"O gueto escuro é uma patologia institucionalizada; é uma patologia crônica que se autoperpetua; e é uma tentativa vã dos detentores do poder de confinar essa patologia para que não espalhe seu contágio para a 'comunidade em geral'", escreveu o psicólogo Kenneth Clark em seu livro de 1965, *Dark Ghetto* ["Gueto Escuro", em tradução livre]. "Patologia" significando um desvio da norma. Pobres negros no "gueto" são patológicos, anormais? Anormais comparados a quem? Que grupo é normal? As elites brancas? As elites negras? Os brancos pobres? Os latinos pobres? As elites asiáticas? O indígenas pobres?

Todos esses grupos — como o grupo de "negros pobres" — são classes de raças distintas, grupos raciais na intersecção de raça e classe. Pessoas pobres são uma classe, pessoas negras são uma raça. Pessoas negras pobres são uma classe-raça. Quando dizemos que pessoas pobres são preguiçosas, estamos expressando uma ideia elitista. Quando dizemos que pessoas negras são preguiçosas, estamos expressando uma ideia racista. Quando dizemos que pessoas negras pobres são mais preguiçosas do que brancos pobres, elites brancas e elites negras, estamos falando da intersecção de ideias elitistas e racistas — uma intersecção ideológica que forma o racismo de classe. Quando Dinesh D'Souza escreve: "o comportamento da classe inferior afro-americana... viola e escandaliza flagrantemente códigos básicos de responsabilidade, decência e civilidade", ele está manifestando um racismo de classe.

Quando uma política explora pessoas pobres, é elitista. Quando uma política explora pessoas negras, é racista. Quando uma política explora pessoas negras pobres, explora a intersecção das políticas elitistas e racistas — uma intersecção política de racismo de classe. Quando racializamos as classes, apoiamos políticas racistas contrárias a essas classes de raças e as justificamos com ideias racistas, estamos nos engajando em racismo de classe. Ser antirracista é igualar as classes-raças. Ser antirracista é buscar as origens das disparidades econômicas entre classes-raças iguais nas políticas, não nas pessoas.

O racismo de classe está tão disseminado entre os norte-americanos brancos — que menosprezam os brancos pobres como "lixo branco" — quanto nos Estados Unidos negro, onde racistas negros degradam negros pobres como "esses crioulos" que vivem no gueto. Construtos de "negros do gueto" (e "lixo branco") são as formas ideológicas mais óbvias de racismo de classe. Pessoas patológicas criaram o gueto patológico, dizem os segregacionistas. O gueto patológico criou as pessoas patológicas, dizem os assimilacionistas. Ser antirracista é dizer que condições políticas e econômicas nos bairros negros pobres são patológicas, e não as pessoas. Condições patológicas estão deixando moradores mais doentes e pobres enquanto lutam para sobreviver e prosperar, enquanto inventam e reinventam culturas e comportamentos que podem até ser diferentes, mas nunca inferiores aos dos moradores de bairros mais ricos. Mas, se as classes-raças de elite estão julgando as classes-raças pobres de acordo com suas normas culturais e comportamentais, então as classes-raças pobres parecerão inferiores. Quem quer que crie a norma cria a hierarquia e posiciona sua própria classe-raça no topo da hierarquia.

DARK GHETTO foi um estudo inovador sobre os negros pobres durante a guerra do presidente Johnson contra a pobreza nos anos de 1960, quando pesquisas sobre a pobreza estavam em ascensão, como o trabalho do antropólogo Oscar Lewis. Lewis declarou que filhos de pessoas empobrecidas, mais exatamente pessoas pobres não brancas, eram criados com comportamentos que evitava que escapassem à pobreza, perpetuando gerações de pobreza. Ele introduziu o termo "cultura da pobreza" em uma etnografia de 1959 de famílias mexicanas. Ao contrário de outros economistas, que exploravam o papel da política no "ciclo da pobreza" — exploração predatória se movendo em sintonia com renda e oportunidades insuficientes, que mantinham até mesmo pessoas mais trabalhadoras na pobreza e tornavam a pobreza algo caro — Lewis reproduziu a ideia elitista de que comportamentos pobres mantêm pobres as pessoas pobres. "Pessoas com uma cultura de pobreza", escreveu Lewis, "são pessoas que se encontram na marginalidade, que conhecem somente os próprios problemas, suas condições locais, o próprio bairro, seu próprio estilo de vida."

Racistas brancos ainda arrastam a cultura da pobreza. "Estamos diante do malogro da cultura no centro de nossas cidades, especialmente em relação a homens que não trabalham, e gerações de homens que nem mesmo pensam em trabalhar, e não aprendem o valor e a cultura do trabalho", disse Paul Ryan, deputado federal por Wisconsin, em 2015. "Assim, existe um problema real de cultura que precisamos solucionar."

Ao contrário de Lewis e Ryan, Kenneth Clark apresentou a mão oculta do racismo ativando a cultura da pobreza, ou o que ele chamou de "patologia". Na obra de Clark, ressurgiu o duelo de consciências da tese da opressão-inferioridade. Primeiro a escravidão, depois a segregação, e agora a pobreza e a vida no "gueto" tornaram as pessoas negras inferiores, segundo essa última atualização da tese. A pobreza tornou-se, talvez, a injustiça mais duradoura e comum que se insere na tese de opressão-inferioridade.

Segundo essa ideia, algo estava tornando pobres as pessoas pobres. E era a assistência social. A assistência social "transforma o indivíduo de um ser *espiritual* digno, esforçado, autossuficiente em uma criatura animal dependente e inconsciente dessa condição", escreveu Barry Goldwater, senador dos Estados Unidos, em *The Conscience of the Conservative* ["A Consciência dos Conservadores", em tradução livre], em 1960. Goldwater e seus descendentes ideológicos pouco ou nada falaram sobre pessoas ricas que dependem do auxílio financeiro das heranças, redução de impostos, contratos com o governo, acordos e resgates financeiros. Eles pouco ou nada falaram sobre a dependência da classe média branca do auxílio financeiro no New Deal[1], a GI Bill[2], subúrbios subsidiados e redes de relacionamento exclusivas para brancos. O auxílio financeiro para pessoas de classe média e alta ficaram fora do discurso sobre "doações", enquanto a assistência social para negros pobres se tornou o verdadeiro opressor na versão conservadora da tese de opressão-inferioridade. "A prova desse fracasso está à nossa volta", escreveu Kay Coles James, presidente da Heritage Foundation em 2018. "Ser negra e filha de um ex-beneficiário da assistência social me faz conhecedora do mal não intencional que o auxílio causou."

Kenneth Clark foi um cronista incansável das políticas racistas que criaram o "gueto escuro", mas ao mesmo tempo reforçou a hierarquia classe-raça. Ele posicionou os negros pobres como inferiores às elites negras como ele próprio, que também viveu um longo tempo "entre os muros do gueto", desesperadamente tentando "escapar daquele tormento insidioso". Clark considerava os negros pobres menos estáveis do que os brancos pobres. "Os brancos pobres e os moradores das favelas têm a vantagem... da crença de que podem progredir economicamente e escapar de sua situação", escreveu. "O negro se acredita intimamente confinado ao baixo status generalizado do gueto". Obama afirmou algo semelhante em seu discurso de campanha sobre raças em 2008. "De todos os que lutaram e brigaram para conseguir um pedaço do Sonho Americano, houve muitos que não o conseguiram — os que foram derrotados no final, de um jeito ou de outro, pela discriminação. Essa herança de derrota foi passada às futuras gerações — àqueles rapazes e cada vez mais jovens mulheres que vemos parados nas esquinas ou definhando em nossas prisões, sem esperança ou perspectivas para o futuro." Não há evidência desse esterótipo do negro pobre desesperançado,

---

[1] N. da T.: Programas implementados nos Estados Unidos pelo governo com o objetivo de recuperar e reformar a economia norte-americana, e assistir os prejudicados pela Grande Depressão.

[2] N. da T.: Lei que proporcionou vários benefícios para veteranos que voltavam da Segunda Guerra Mundial.

derrotado e desmotivado. Pesquisas recentes mostram, na verdade, que os negros pobres são mais otimistas sobre suas perspectivas do que os pobres brancos.

Durante décadas, brancos pobres racistas enriqueceram seu senso de identidade na esteira de ideias racistas, o que W.E.B. Du Bois famosamente chamou de o "salário público e psicológico" da branquitude. Posso não ser rico, mas pelo menos não sou negro. Enquanto isso, elites negras racistas elevaram seu senso de identidade na esteira das ideias racistas, o que podemos chamar de o salário do elitismo negro. Posso não ser branco, mas pelo menos não sou um desses crioulos.

As elites negras racistas encaram negros de baixa renda da mesma forma que pessoas não negras racistas encaravam pessoas negras. Nós pensamos que tínhamos mais do que altas rendas. Pensamos que éramos pessoas superiores. Nós nos víamos como o "Décimo Talentoso", como Du Bois chamou as elites negras das coberturas de seu racismo de classe, em 1903. "A raça negra, como todas as raças, será salva por seus homens excepcionais", previu Du Bois. "Houve alguma nação na terra justa de Deus civilizada de baixo para cima? Nunca; o que sempre houve e sempre haverá, filtrado pela cultura, será de cima para baixo."

Percorri um longo caminho até 2005. Assim como o Décimo Talentoso e o termo "gueto" no vocabulário racial dos Estados Unidos. Nos 40 anos desde *Dark Ghetto*, de Clark, o escuro casou-se com o gueto na capela da inferioridade e assumiu seu próprio nome — o gueto agora era definitivamente escuro, e chamá-lo de gueto escuro seria redundância. O gueto também se tornou uma espécie de adjetivo — cultura do gueto, pessoas do gueto — e um substantivo, carregado de ideias racistas, desencadeando todos os tipos de crimes negros contra negros nas comunidades negras pobres.

EM MINHA NOVA CASA na Filadélfia, eu não me incomodava com o que as pessoas pensavam sobre os negros pobres de meu bairro. Chame-o de gueto, se quiser. Fuja, se quiser. Eu queria fica ali. Viver os efeitos do racismo em primeira mão!

Via os negros pobres como produto do racismo, e não do capitalismo, principalmente por que pensava que conhecia o racismo, mas sabia que não conhecia o capitalismo. Mas é impossível conhecer o racismo sem entender sua interligação com o capitalismo. Como Martin Luther King disse em sua crítica ao capitalismo, em 1967: "Por fim, significa compreender que o problema do racismo, o problema da exploração econômica e o problema da guerra estão todos conectados. Esses são os três males que estão inter-relacionados."

O capitalismo surgiu durante o que os teóricos de sistemas mundiais chamam de "longo século XVI", um período que começa por volta de 1450 com as navegações de Portugal (e Espanha) pelo desconhecido Atlântico. O Infante Dom Henrique, de Portugal, deu origem a gêmeos siameses — capitalismo e racismo — quando iniciou o comércio transatlântico de escravizados africanos. Esses recém-nascidos encararam seus irmãos mais velhos — sexismo, imperialismo, etnocentrismo e homofobia — com um olhar terno de admiração. Os gêmeos siameses desenvolveram diferentes personalidades nas formações de novas classes e raças do mundo moderno. Como os principais clientes dos comerciantes de escravizados portugueses, primeiro em seu país natal e depois nas colônias das Américas, a Espanha adotou e criou seus filhos em meio aos genocídios de indígenas americanos, que lançaram os seminários e cemitérios que criaram as bases sobre as quais o império da Europa Ocidental no Atlântico se desenvolveu no século XVI. A Holanda, a França e a Inglaterra ignoraram umas às outras como tendo hegemonia sobre o comércio de escravizados, criando seus gêmeos siameses até sua vigorosa adolescência nos séculos XVII e XVIII. Os gêmeos siameses entraram na vida adulta com a escravidão de indígenas, negros, asiáticos e brancos, e trabalhos forçados nas Américas, que impulsionaram as revoluções industriais de Boston a Londres e permitiram o financiamento de impérios ainda maiores nos séculos XVIII e XIX. As guerras quente e fria no século XX pelos recursos e mercados, direitos e poderes enfraqueceram os gêmeos siameses — mas eles acabariam ficando mais fortes sob a orientação dos Estados Unidos, da União Europeia, da China e das nações-satélite ligadas a eles, colônias em tudo, exceto no nome. Os gêmeos siameses estão novamente lutando para se manter vivos e progredir como seus próprios filhos — desigualdade, guerra e mudanças climáticas — que ameaçam matá-los, e a todos nós.

No século XXI, a persistência das desigualdades raciais na pobreza, no desemprego e na riqueza mostra o trabalho de uma vida dos gêmeos siameses. A taxa de pobreza entre os negros em 2017 chegou a 20%, quase o triplo da taxa entre os brancos. A taxa de desemprego entre os negros tem sido pelo menos duas vezes maior do que a dos brancos durante os últimos 50 anos. A defasagem salarial entre negros e brancos é a maior em 40 anos. O patrimônio líquido de famílias brancas é cerca de 10 vezes maior do que o de famílias negras. Segundo uma previsão, espera-se que famílias brancas reúnam uma riqueza 86 vezes maior do que famílias negras até 2020 e 68 vezes maior do que famílias latinas. A disparidade só ficará pior se políticas de habitação racistas, políticas de tributação que beneficiam os ricos e o encarceramento em massa continuem inalteradas, segundo previsores. Até 2053, espera-se que a riqueza média de famílias negras atinja o ponto crítico de US$0, sendo que o mesmo ocorrerá com famílias latinas duas décadas depois.

As desigualdades causadas pelo racismo e pelo capitalismo não se restringem aos Estados Unidos. O crescimento capitalista sem precedentes da África nas últimas duas décadas enriqueceu investidores estrangeiros e um punhado de africanos, embora a quantidade de pessoas que vivem em extrema pobreza esteja aumentando na África subsaariana. Com a pobreza extrema caindo rapidamente em outras regiões, analistas preveem que cerca de 9 em 10 pessoas em condições de extrema pobreza viverão na África subsaariana até 2030. Na América Latina, pessoas de ascendência africana continuam desproporcionalmente pobres. A defasagem global entre as regiões mais ricas (e mais brancas) do mundo e as regiões mais pobres (e mais negras) do mundo triplicou desde os anos 1960 — ao mesmo tempo em que a classe média não branca global cresceu.

A mobilidade ascendente é mais alta entre os brancos e a descendente é mais alta entre os negros. E a igualdade inexiste na hierarquia de classes-raças nos Estados Unidos. No quintil de renda mais alta, a riqueza média dos brancos é de cerca de US$444.500, cerca de US$300 mil a mais do que para latinos e negros de renda mais alta. Famílias de negros de renda média têm menos riquezas do que famílias de renda média brancas, cujas residências são mais valorizadas. A pobreza entre brancos não é tão penosa quanto a entre negros. Negros pobres têm maior probabilidade de viver em bairros onde outras famílias são pobres, criando uma escassez de recursos e oportunidades. Sociólogos se referem a esse fato como "carga dupla". Negros pobres na área metropolitana de Chicago têm probabilidade dez vezes maior do que brancos pobres de morar em áreas de pobreza profunda. Com a densa pobreza de negros e a de brancos distribuída, a de negros é visível e cerca suas vítimas; a pobreza dos brancos se mistura.

Atribuir essas desigualdades somente ao capitalismo é tão pernicioso quando atribuí-las somente ao racismo. Acreditar que essas desigualdades serão eliminadas por meio da eliminação do capitalismo é tão pernicioso quanto acreditar que elas serão eliminadas por meio da eliminação do racismo. Reduzir o racismo em uma nação capitalista pode eliminar as desigualdades entre os pobres negros e brancos, latinos e asiáticos de renda média e brancos ricos e indígenas. Políticas antirracistas nos anos 1960 e 1970 reduziram essas desigualdades em alguns pontos. Contudo, políticas antirracistas por si só não podem eliminar as desigualdades entre asiáticos ricos e pobres ou brancos ricos e "lixo branco" — as desigualdades entre classes-raças. À medida que disparidades entre classes diminuíram nas últimas décadas, as desigualdades econômicas dentro das raças aumentaram, assim como as ideias racistas de classe que as justificam.

Políticas antirracistas não podem eliminar o racismo de classe sem políticas anticapitalistas. O anticapitalismo não pode eliminar o racismo de classe sem o antirracismo. Um exemplo claro é o persistente racismo afro-cubano enfrentado na Cuba socialista depois que os revolucionários eliminaram o capitalismo em 1959, conforme relatado pelo historiador Devyn Spence Benson. Os revolucionários exigiram que os afro--cubanos se assimilassem em uma Cuba pós-racial imaginada — "Não negros, cidadãos" — construída em normas sociais cubanas brancas e ideias racistas, depois que uma campanha de três anos contra o racismo terminou abruptamente em 1961.

Espaços socialistas e comunistas não são automaticamente antirracistas. Alguns socialistas e comunistas forçaram um programa segregacionista ou pós-racial a fim de não alienar trabalhadores brancos racistas. Por exemplo, delegados na reunião inaugural do Partido Socialista da América (SPA) em 1901 se recusaram a aderir a uma campanha antilinchamento. Líderes assimilacionistas de algumas organizações comunistas e socialistas pediram a pessoas não brancas para deixar suas identidades raciais e planos de batalha antirracista na porta, censurando uma "política de identidades". Talvez alguns desses socialistas e comunistas não conheçam seus escritos ideológicos sobre raças. "A descoberta do ouro e prata na América", escreveu Karl Marx certa vez, "a extirpação, a escravização e o sepultamento em minas da população aborígene, o começo da conquista e pilhagem das Índias Orientais, a transformação da África em um território de caça comercial de peles negras, sinalizou o promissor despertar da era da produção capitalista". Marx reconheceu o nascimento dos gêmeos siameses.

Nos anos de 1920, W.E.B. Du Bois começou a ler muito Karl Marx. Quando a Grande Depressão afetou os negros pobres mais do que os brancos pobres e ele viu no New Deal o mesmo velho acordo do racismo do governo para trabalhadores negros, Du Bois concebeu um anticapitalismo antirracista. O economista da Howard University, Abram Harris, imerso em um marxismo pós-racial que ignora a barreira racial de maneira tão obstinada quanto qualquer racista que diz não ver cor da pele, pediu a Du Bois que reconsiderasse sua intersecção de anticapitalismo e antirracismo. Mas a realidade do que os eruditos hoje chamam de capitalismo racial — o nome singular dos gêmeos siameses — fez Du Bois tomar uma decisão.

"O grau mais baixo e fatal de sofrimento" dos trabalhadores negros "não vem do capitalismo, mas dos colegas trabalhadores brancos", declarou Du Bois. "A mão de obra branca... priva o negro de seu direito de votar, nega-lhe educação, nega-lhe afiliação a sindicatos, expulsa-o de casas e bairros decentes e joga em cima dele os insultos públicos da flagrante discriminação de cor." Os Estados Unidos eram uma "aristocracia da classe trabalhadora" branca, afirmou Du Bois. "Em vez de uma divisão de classes horizontal, houve uma fissura vertical, uma separação completa de classes por raça, ultrapassando as camadas econômicas." A faca que fez o corte vertical? O racismo, afiado ao longo dos séculos. "Esse fato definitivo e incontroverso, que o importado comunismo ignorou, não seria questionado."

Mas Du Bois o questionou. Um anticapitalismo antirracista poderia selar as fissuras de classe horizontais e fissuras verticais de raça — e, o mais importante, suas intersecções — com políticas raciais e econômicas igualitárias. Em 1948, ele oficialmente abandonou a ideia de um Décimo Talentoso de vanguarda de negros de elite e clamou por um "Cento Orientador". Du Bois ajudou a criar uma nova leva de anticapitalistas antirracistas antes de serem enterrados ou levados à prisão pelo pavor vermelho dos anos 1950, antes de voltar à tona nos anos 1960. E novamente voltam à tona no século XXI na esteira da Grande Recessão, o movimento Occupy, o movimento Black Lives e as campanhas de socialistas democratas, reconhecendo que "existe uma ligação indissociável entre racismo e capitalismo", citando o estudioso de Princeton, Keeanga-Yamahtta Taylor. Eles estão vencendo eleições, correndo para organizações anticapitalistas e expondo os mitos do capitalismo.

Continuo usando o termo "anticapitalista" e não socialista ou comunista para incluir as pessoas que pública ou privadamente questionam ou detestam o capitalismo, mas não se identificam como socialistas ou comunistas. Uso "anticapitalista" porque defensores conservadores do capitalismo regularmente dizem que seus oponentes liberais e socialistas são contra o capitalismo. Eles dizem que esforços para proporcionar uma rede de proteção social para todas as pessoas são "anticapitalistas". Dizem que tentar impedir monopólios é "anticapitalista". Dizem que medidas para fortalecer sindicatos fracos e enfraquecer proprietários exploradores são "anticapitalistas". Dizem que planos para normalizar a participação do trabalhador e regulações que protegem os consumidores, trabalhadores e ambientes dos grandes negócios são "anticapitalistas". Dizem que leis que taxam os ricos mais que a classe média, redistribuindo riquezas surrupiadas e garantindo rendas básicas são "anticapitalistas". Dizem que guerras para acabar com a pobreza são "anticapitalistas". Dizem que campanhas para remover a motivação de lucro de setores essenciais para a vida como educação, saúde, utilidades, mídia de massa e encarceramento são "anticapitalistas".

Ao fazer isso, esses defensores conservadores estão definindo o capitalismo. Eles definem o capitalismo como a liberdade de explorar pessoas até sua ruína econômica; a liberdade de destruir sindicatos; a liberdade de explorar consumidores, trabalhadores e ambientes indefesos; a liberdade de valorizar os lucros do trimestre em detrimento das mudanças climáticas; a liberdade de prejudicar pequenos negócios e proteger corporações; a liberdade de competir; a liberdade de não pagar impostos; a liberdade de aumentar a carga tributária das classes média e baixa; a liberdade de mercantilizar tudo e todos; a liberdade de manter pobres os pobres e pessoas com renda média lutando para continuar a ter uma renda média, e fazer os ricos mais ricos. A história do capitalismo — um mundo de conflitos, classes, comércio de escravos, escravização, colonização, salários desanimadores e espoliação de terras, recursos e direitos — confirmam a definição conservadora de capitalismo.

Liberais que são "capitalistas ao extremo", como se identifica a senadora dos Estados Unidos Elizabeth Warren, apresentam uma definição diferente de capitalismo. "Acredito em mercados e nos benefícios que podem produzir quando funcionam", declarou Warren quando lhe perguntaram o que essa identidade significava para ela. "Adoro a concorrência que acompanha os mercados que têm regras equilibradas… O problema é quando as regras não são aplicadas, quando os mercados não atuam em igualdade de condições e toda essa riqueza é desviada para uma direção", causando fraudes e ladroagem. "Ladroagem não é capitalismo", disse Warren. Ela propôs uma série de regulações e reformas que seus oponentes conservadores classificam como "anticapitalistas". Eles dizem que outros países que adotam essas normas não são capitalistas. Warren deveria ser aplaudida por seus esforços de estabelecer e aplicar normas que acabam com o roubo e a desigualdade de condições para, espera-se, todas as raças-classes, não só a classe média branca. Mas, se Warren obtiver êxito, então o novo sistema econômico funcionará de forma fundamentalmente diferente do que já funcionou em toda a his-

CLASSE • 177

tória norte-americana. Ou o novo sistema econômico não será capitalista ou o velho sistema que ele substituir não era capitalista. Ambos não podem ser capitalistas.

Quando a senadora Warren e outros definem capitalismo dessa forma — como mercados, normas de mercado, concorrência e benefícios vencedores — estão distinguindo o capitalismo do roubo, racismo, sexismo e imperialismo. Se esse é o capitalismo deles, posso ver como eles podem continuar sendo capitalistas ao extremo. Entretanto, a história não confirma essa definição de capitalismo. Mercados, normas de mercado, concorrência e benefício obtidos a partir de êxitos existiam muito antes do surgimento do capitalismo no mundo moderno. O que o capitalismo introduziu nessa combinação foi o roubo global, condições racialmente desiguais, riqueza unidirecional que cresce de modo sem precedentes. Desde o início da capitalismo racial, quando os mercados operaram em condições de igualdade? Quando os trabalhadores puderam competir igualmente com os capitalistas? Quando pessoas negras puderam competir igualmente com as brancas? Quando nações africanas puderam competir igualmente com nações europeias? Quando as regras não beneficiaram as nações ricas e brancas em geral? A humanidade precisa de definições honestas de capitalismo e racismo com base na real história viva dos gêmeos siameses.

O 1% mais rico detém hoje cerca de 50% da riqueza do mundo; em 2008, no auge da Grande Recessão, detinha 42,5%. Os 3,5 bilhões de adultos mais pobres do mundo, compreendendo 70% da população do mundo em idade ativa, possuem 2,7% da riqueza global. A maioria desses adultos pobres mora em países não brancos que foram sujeitos a séculos de comércio de escravizados, colonização e apropriação de recursos, o que criou a riqueza moderna do Ocidente. A extração de riquezas continua hoje por meio de empresas estrangeiras que possuem ou controlam recursos naturais essenciais no sul global, tomados por meio da força com a ameaça de "sanções econômicas" ou concedidos por políticos "eleitos". O capitalismo racial torna países como a República Democrática do Congo um dos países mais ricos do mundo no subsolo e um dos países mais pobres do mundo acima do solo.

Amar o capitalismo significa acabar amando o racismo. Amar o racismo é acabar amando o capitalismo. Os gêmeos siameses são dois lados do mesmo corpo destrutivo. A ideia de que o capitalismo é meramente livres mercados, concorrência, livre comércio, oferta e demanda e propriedade privada dos meios de produção atuando em prol do lucro é tão fantasiosa e anti-histórica quanto a ideia da supremacia branca de que chamar algo de racista é a primeira forma de racismo. Definições populares de capitalismo, como ideias populares racistas, não vivem em uma realidade histórica ou material. O capitalismo é essencialmente racista; o racismo é essencialmente capitalista. Eles nasceram juntos das mesmas causas não naturais. Ou o capitalismo racial viverá em outra época de roubos e desigualdade gananciosa, especialmente se ativistas ingenuamente lutarem contra os gêmeos siameses separadamente, como se não fossem a mesma coisa.

MEUS PAIS FICARAM PREOCUPADOS. Eu me senti vivo quando mudei para esse bairro negro. Senti que precisava viver perto de pessoas negras a fim de estudar e estimular pessoas negras. Não quaisquer pessoas negras: pessoas negras pobres. Achei que negros pobres eram os representantes mais verdadeiros e autênticos do povo negro. Tornei a pobreza urbana uma porta de entrada para a casa supostamente assolada pelo crime e pela pobreza da autêntica negritude.

Para Lerone Bennett Jr., o velho editor-executivo da revista *Ebony*, minha identificação com a pobreza, tumultos, criminalidade, sexo e jogatina no mundo urbano como o mais autêntico mundo negro provavelmente o lembrou dos filmes de blaxploitation[3] do final dos anos 1960 e início dos 1970. O movimento Black Power da época, ao estilhaçar o padrão branco de ideias assimilacionistas, colocou pessoas negras criativas em uma missão para erigir os padrões negros, uma nova estética negra. Os filmes de blaxploitation chegaram na hora certa, com elencos negros, cenários urbanos, e heróis e heroínas negros: cafetões, gângsteres, prostitutas e estupradores.

---

[3] N. da T.: Movimento cinematográfico norte-americano surgido no início da década de 1970. A palavra é um portmanteau de *black* ("negro") e *exploitation* ("exploração").

Meus pais assistiram a *Shaft* (1971) e *Super Fly* (1972) quando lançados. Contudo, sua formação cristã, mesmo em uma forma liberal, os impediu de assistir *Sweet Sweetback's Baadasssss Song,* em 1971. O filme conta a história de um empregado de bordel brutalizado por policiais de Los Angeles, mas que então os espanca em retaliação, escapa de uma caçada policial em uma comunidade pobre, usa sua destreza sexual para garantir ajuda de mulheres e alcança a liberdade no México. "Fiz este filme para a estética negra", disse Melvin Van Peebles. "Críticos brancos não estão acostumados com isso. O filme é vida negra, sem condescendência."

Eu queria experimentar a vida negra, sem condescendência. Mudei para o lado norte de Filadélfia em 2005 levando sacolas conflitantes de negritude: "Negro é Beleza" e "Negro é Sofrimento", para usar a frase de Lerone Bennett Jr. em sua crítica para a *Ebony* do filme *Sweet Sweetback's Baadasssss Song.* Bennett detonou Van Peebles por sua ode cinemática ao "culto da pobreza" negra, por imaginar a pobreza como uma incubadora de sabedoria e alma", por "tolamente" identificar "a estética negra com barrigas vazias e prostitutas de grandes traseiros... Romantizar as lágrimas e a agonia das pessoas", escreveu Bennet, "é mostrá-las como seres humanos inferiores".

Achei que estava sendo tão verdadeiro, tão negro, ao escolher esse apartamento naquele bairro. Na verdade, eu estava sendo racista, vendo negros como seres humanos inferiores. Enquanto outros tinham fugido de negros pobres por causa de um medo racista de sua perigosa inferioridade, eu fugia de encontro aos negros pobres na certeza racista da superioridade conferida por seu perigo, sua autenticidade superior. Eu era o gentrificador negro, uma criatura distinta do gentrificador branco. Se o gentrificador branco muda para o bairro pobre negro para ser um construtor, o gentrificador negro é aquele que volta para o bairro negro pobre para ser construído.

Ser antirracista não é reconhecer negros pobres, tampouco negros da elite, como os verdadeiros representantes do povo negro. Mas na época eu acreditava que a cultura elevava, que as elites negras, em todo seu materialismo, individualismo e assimilacionismo, precisavam chegar ao "fundo" para ser civilizadas. Eu entendia os negros pobres como simultaneamente o fundo e a base da negritude. Queria que sua autenticidade me atingisse, um homem negro mimado — nos dois sentidos — de renda média. O rap feito por pessoas do "fundo" não era mais suficiente para me manter preso na autenticidade.

Eu concordava totalmente com *Black Bourgeoisie* ["Burguesia Negra", em tradução livre] de E. Franklin Frazier, publicado em 1957. Ao situar as elites brancas como a norma, Frazier chama as elites negras de inferiores: como traidores raciais mais rápidos, consumidores mais conspícuos, politicamente mais corruptos, mais exploradores, mais irracionais por admirarem exatamente as pessoas que os oprimiam. Esse racismo de classe invertido sobre as elites negras rapidamente se tornou uma crença religiosa, juntando-se à crença sobre as massas negras sendo mais patológicas. No best-seller *Beyond the Melting Pot* ["Além do Caldeirão de Culturas", em tradução livre], escrito com Daniel Patrick Moynihan, em 1963, o sociólogo Nathan Glazer argumentou que, ao contrário de outras classes médias, "a classe média negra contribui muito pouco... para a solução dos programas sociais para negros". Sem quaisquer dados de apoio, Glazer posicionou a burguesia negra como inferior, na escala da responsabilidade social, em relação a outras burguesias. Naturalmente, essas ideias racistas estavam eradas — uma década antes, Martin Luther King Jr. e uma geração de jovens negros da elite da burguesia negra começaram a épica luta pelos direitos civis, pela justiça econômica e pela dessegregação. Minha geração de jovens negros de elite lançou-se em nossa própria luta — para os estudos negros, o espaço negro.

ESPAÇO

RACISMO DE ESPAÇO: Um conjunto poderoso de políticas racistas que leva à desigualdade de recursos entre espaços racializados ou à eliminação de certos espaços racializados, substanciado por ideias racistas sobre espaços racializados.

ANTIRRACISMO DE ESPAÇO: Um conjunto de políticas antirracistas poderosas que leva à igualdade racial entre espaços racializados integrados e protegidos, substanciado por ideias antirracistas sobre espaços racializados.

CHAMÁVAMOS NOSSO espaço de estudos afro-americanos de espaço negro — afinal, ele foi gerido principalmente por corpos negros, pensamentos negros, culturas negras e histórias negras. Naturalmente, os espaços na Temple University geridos principalmente por corpos brancos, pensamentos brancos, culturas brancas e histórias brancas não eram rotulados de brancos. Eles escondiam a branquitude de seus espaços atrás do véu da cegueira de cores da pele.

A pessoa mais proeminente em nosso espaço negro na Temple transpassava esse véu implícito desde 1970, quando imprimiu o primeiro *Jornal de Estudos Negros*. Molefi Kete Asante, que, em 1908, publicaria a obra de referência *Afrocentricity* ["Afrocentricidade", em tradução livre], criticando ideias assimilacionistas e convocando pessoas negras afrocêntricas. Segundo ele, havia muitas maneiras de ver o mundo. Contudo, um grande número de pessoas negras "observava" o mundo a partir de um "centro" europeu, que foi considerado como o único ponto de onde ver o mundo — por meio de culturas europeias disfarçadas de culturas do mundo, de religiões europeias disfarçadas de religiões do mundo, de história europeia disfarçada de história do mundo. A rejeição do particularismo europeu como universal é o primeiro estágio de nossa futura luta intelectual", escreveu o professor Asante. Em 1987, ele criou o primeiro programa de doutorado em estudos afro-americanos do país na Temple para travar essa luta, o programa em que ingressei 20 anos depois

O braço direito de Asante em nosso departamento era a professora Ama Mazama. Originária de Guadalupe e com doutorado em linguística pela Sorbonne, em Paris, a professora Mazama provavelmente era mais conhecida fora dos Estados Unidos. Sem se incomodar, ela gostou de vir para os Estados Unidos falar de sua pesquisa sobre o paradigma afrocêntrico, a religião africana, a cultura e as línguas caribenhas, e o ensino domiciliar afro-americano. Ela gostava das tradições africanas do fundo da alma. E a mesma alma detestava ver pessoas africanas cultuando tradições europeias. "Pretos", dizia ela, aborrecida.

A professora Mazama falava com a mesma suavidade da túnica africana que cobria seu corpo pequeno. Eu me lembro de ela debater publicamente com um animado Maulana Karenga, fundador do Kwanzaa[1], com a mesma tranquilidade com que falava com seus filhos que teriam aulas em casa mais tarde. Ela me ensinou que o poder da declamação está no poder da palavra proferida.

Ela fazia críticas do mesmo modo como as recebia: serenamente. Recebia as divergências ideológicas com pessoas queridas quase com prazer. Não concordávamos em tudo, mas partilhávamos um grande amor pelo povo africano e pelo enfrentamento acadêmico. Mazama era intelectualmente mais confiante, destemida e clara do que qualquer outra pessoa que conheci. Eu lhe pedi para ser minha orientadora de tese e

---

[1] Kwanzaa é um feriado pan-africanista inspirado nas tradições africanas, que acontece anualmente de 26 de dezembro a 1º de janeiro e tem como objetivo congregar pessoas negras na valorização da comunidade, das crianças e da vida.

ela aceitou. Desejei que pelo menos algumas de suas qualidades intelectuais passassem para mim.

Em meu primeiro curso com Mazama, ela falou sobre a afirmação de Asante de que a objetividade era, de fato, uma "subjetividade coletiva". Concluiu: "É impossível ser objetivo."

Era o tipo de ideia simples que mudou minha visão do mundo imediatamente. Fazia todo o sentido para mim, enquanto eu lembrava as escolhas subjetivas que tinha feito como aspirante a jornalista e acadêmico. Todavia, se a objetividade estava morta, eu precisava de um substituto. Levantei a mão como um aluno de ensino fundamental.

"Sim?"

"Se não pudermos ser objetivos, o que devemos tentar fazer?" Ela me olhou enquanto pensava no que dizer. Uma mulher de poucas palavras, não demorou muito.

"Simplesmente diga a verdade. É isso que devemos tentar fazer. Dizer a verdade."

ESTUDOS AFRO-AMERICANOS ocupavam parte do oitavo andar do Gladfelter Hall na Temple University, que estoicamente fitava seu imponente edifício gêmeo, Anderson Hall. Os dois arranha-céus cheios de professores de renda média e alunos brancos se elevava sobre os quarteirões da zona norte de Filadélfia pontilhados de pessoas negras de baixa renda. Os seguranças mal pagos da Temple pediam a todos que entravam no Gladfelter Hall ou outro prédio do campus que mostrassem seus crachás da universidade para evitar que esses dois mundos se encontrassem. Brancos racistas viam perigo no "gueto" que andava pelo campus. Eles se preocupavam em defender seu espaço branco dentro do espaço negro na zona norte de Filadélfia. Mas não conseguiam entender por que nos preocupávamos em proteger nosso espaço negro dentro do espaço branco na Temple. Eles rotularam os estudos negros de "gueto", como meu bairro na zona norte de Filadélfia, mas insistiram que era um gueto criado por nós.

O caráter que definia o "gueto escuro" do Harlem, onde Kenneth Clark morou e estudou no início dos anos 1960, e da zona norte da Filadélfia, onde eu morei e vivi quatro décadas depois, era a "doença insidiosa", segundo Clark, a "delinquência juvenil" e a "violência disseminada" — características que existem em diferentes formas em todos os espaços racializados. A ideia de um bairro negro perigoso é o conceito racista mais nocivo. E é poderosamente enganadora. Por exemplo, pessoas se desviam e estigmatizam bairros negros como ruas tomadas pelo crime onde se pode ter a carteira roubada. Mas desejam mudar para bairros sofisticados brancos, onde vivem criminosos brancos do colarinho branco e "banqsters", como Thom Hartmann os chama, que podem roubar todas as suas economias. Os norte-americanos perderam trilhões durante a Grande Recessão, que foi causada, em grande parte, por crimes financeiros de uma enormidade assustadora. Estima-se que as perdas provocadas por crimes de colarinho branco estejam entre US$300 e US$600 bilhões por ano, segundo o FBI. Em comparação, perto do auge do crime violento em 1995, o FBI informou que os custos combinados de roubos e assaltos foi de US$4 bilhões.

Norte-americanos racistas estigmatizam bairros negros inteiros como locais de homicídios e violência mortal, mas não associam da mesma forma vizinhanças brancas ao desproporcional número de homens brancos que se envolvem em tiroteios em massa. E eles nem mesmo veem a violência diária que ocorre nas estradas que levam a maioria dos brancos moradores de subúrbios a suas casas. Em 1986, durante a violenta epidemia de crack, morreram 3.380 mais norte-americanos em acidentes de trânsito relacionados ao álcool do que por homicídios. Isso não quer dizer que espaços brancos ou espaços negros são mais ou menos violentos — não tem a ver com criar uma hierarquia. A questão é que, quando nos libertamos do racismo de espaço que desracializa, normaliza e eleva espaços de elite brancos, enquanto faz o contrário aos espaços negros, encontraremos o bem e o mal, violência e não violência, em todos os espaços, não importa se pobres ou ricos, negros ou não negros. Não importa o efeito exercido pelos gêmeos siameses.

Assim como o poder racista racializa as pessoas, racializa o espaço. O gueto. O centro da cidade. O terceiro mundo. Um espaço é racializado quando um grupo racial domina o espaço ou forma uma clara maioria nesse espaço. Um espaço negro, por exemplo, é um espaço publicamente controlado por pessoas negras ou um espaço onde uma maioria de pessoas negras se encontra. Políticas de racismo de espaço usam um excesso de recursos em espaços brancos e recursos escassos em espaços não brancos. Ideias de racismo de espaço justificam a desigualdade de recursos por meio da criação de uma hierarquia racial de espaço, elevando espaços brancos ao céu e reduzindo os espaços não brancos ao inferno. "Temos uma situação em que nos centros de nossas cidades, afro-americanos, hispânicos, estão morando no inferno, porque é muito perigoso", disse o candidato Donald Trump durante um debate presidencial em 2016. Em uma reunião no Salão Oval em 2018 sobre imigrantes negros e latinos, o presidente Trump perguntou: "Por que deixamos todas essas pessoas de países nojentos virem para cá?"

DEPOIS DE SAIR DO ELEVADOR no oitavo andar de Gladfelter, ninguém podia deixar de ver a sala de aula envidraçada conhecida como o aquário. Dentro das paredes de vidro muitas vezes se sentavam, em círculo, um grupo variado de "peixes" geralmente negros — muitos dos quais tinham nadado para Filadélfia vindos de faculdades e universidades historicamente negras e ainda estavam encharcados de orgulho estudantil. Um dia, antes da aula, um ex-aluno da Jackson State teve a audácia de anunciar a Sonic Bloom como a melhor fanfarra do país. Ele olhou para mim. Comecei a rir, uma risada profunda, comprida e retumbante que disse tudo o que eu precisava dizer. Quase todos nós estávamos nos gabando das bandas de nossas escolas, feitos acadêmicos, histórias e ex-alunos. Até Ali, da Fisk University. "Há mais doutores", declarou Ali certo dia, "andando por aí que frequentaram a Fisk do que de qualquer outra universidade ou faculdade historicamente negra". Todos sabíamos que a Fisk fora renomada, mas atualmente pequenas universidades ou faculdades historicamente negras (HBCU, na sigla em inglês) particulares como ela estavam perdendo alunos, receita, doações e respeito.

"Estamos em 2006, não em 1906", disparou alguém. "Todos os doutores da Fisk poderiam facilmente caber neste aquário", gritou outra pessoa. "Quantos estudantes vocês têm agora, 200?"

Piadas à parte, eu respeitava o orgulho de Ali pela Fisk e de todos meus colegas pelas HBCUs, não importa o quanto eles pareciam estranhos. Eu não respeitava os que detestavam suas HBCUs. E ninguém detestava sua HBCU mais do que a outra única aluna da FAMU em nosso programa de pós-graduação.

Sempre que eu citava exemplos de excelência negra da FAMU, Nashay os desmerecia. Ela se queixava da incompetência que espreitava o campus da FAMU do mesmo modo como os alunos da Temple se queixavam dos perigos que espreitavam fora de seu campus. Certo dia, enquanto esperávamos a aula no aquário, dei um basta. "Por que você sempre fala mal da FAMU?"

"Não ligue para isso."

Insisti. Ela resistiu. Finalmente, ela falou.

"A FAMU fez confusão com meu histórico escolar."

"O quê?", perguntei, confuso.

"Pedi que me mandassem o histórico e eles erraram. Como se pode ter pessoas incompetentes trabalhando no departamento de históricos escolares?"

Ela se calou. A aula começou, mas não esqueci o assunto. Como ela podia usar um único erro terrível de uma pessoa em um escritório para condenar toda a universidade — minha universidade — como sendo terrível? Mas eu mesmo já tinha falado e ouvido tudo isso. Ouvi e culpei os administradores das HBCUs pela escassez de recursos. Ouvi estudantes negros e professores em faculdades e universidades historicamente brancas (HWCUs, na sigla em inglês) dizer que eles nunca poderiam frequentar uma HBCU, aqueles guetos mal administrados. Ouvi professores e funcionários de HBCUs falarem sobre escapar dos guetos escuros e trabalhar para HWCUs.

Ouvi meu tio dizer, como uma ex-aluna da Dartmouth, Aisha Tyler, que as HBCUs não representam "o mundo real". O argumento: estudantes negros são mais bem atendidos aprendendo a funcionar em uma nação de maioria branca ao frequentar uma universidade de maioria branca. A realidade: uma grande porcentagem — talvez a maioria — de norte-americanos negros mora em bairros de maioria negra, trabalha em empresas de maioria negra, frequenta igrejas de maioria negra e manda seus filhos para escolas de maioria negra. Quando as pessoas afirmam que os espaços negros não representam a realidade, elas estão falando a partir da visão de mundo de pessoas brancas em relação a pessoas negras na minoria. Estão conceituando o mundo real norte-americano como branco. Ser antirracista é reconhecer que não existe um "mundo real", apenas mundos reais e múltiplas visões de mundo.

Ouvi pessoas dizerem: "Até mesmo as melhores faculdades e universidades negras não se aproximam dos padrões de qualidade de instituições respeitáveis", como o economista Thomas Sowell escreveu em 1974. A "descrição de Sowell continua precisa", escreveu Jason Riley no *Wall Street Journal* em 28 de setembro de 2010. As HBCUs seletivas ficam para trás em relação a "instituições de ensino estaduais respeitáveis como a universidade do Texas, em Austin, sem falar de Stanford ou Yale".

Riley empunhou a conhecida arma que protege o racismo de espaço e ameaça os espaços negros: comparar de modo injusto espaços negros a espaços brancos significativamente mais ricos. As doações para a HBCU mais rica, Howard, foram cinco vezes menores do que as para a Universidade do Texas em Austin, em 2016, isso sem falar do fato de ser 36 vezes menor que as doações de uma Stanford ou Yale. A disparidade da riqueza racial produz a disparidade de doações. Em HBCUs públicas, a disparidade de doações se estende às disparidades em financiamentos estatais, visto que políticas racistas direcionam mais recursos às HWCUs, como os atuais modelos estaduais "baseados em desempenho".

Recursos definem o espaço — recursos que são divididos pelos gêmeos siameses. As pessoas criam espaço a partir de recursos. Comparar espaços entre raças-classes é como reunir lutadores de diferentes categorias de peso, o que esportes de combate consideram desleal. Bairros negros pobres devem ser comparados a bairros brancos igualmente pobres, não a bairros brancos consideravelmente mais ricos. Pequenas empresas negras devem ser comparadas a empresas brancas igualmente pequenas, não a corporações brancas ricas. De fato, quando pesquisadores compararam HBCUs a HWCUs com meios e estrutura semelhantes, as HBCUs costumam apresentar índices mais altos de graduação de negros. Isso sem mencionar que graduados negros em HBCUs têm, em média, mais probabilidade de seus colegas negros em HWCUs de prosperar financeira, social e fisicamente.

NASHAY ME OBRIGOU a enfrentar meu próprio racismo de espaço, mas eu soube que a história dela era mais complicada.

Um agente de financiamento estudantil roubara milhares de dólares dela quando aluna de um curso de graduação em uma universidade branca, mas ela ainda tinha essa instituição em alta conta. Um erro com o histórico escolar, e ela condenou sua universidade negra. Que hipocrisia. Nessa época, eu não consegui ficar zangado com ela sem ficar ainda mais zangado comigo. Quantas vezes eu tinha individualizado o erro em espaços brancos, culpando o indivíduo e não o espaço? Quantas vezes eu tinha generalizado o erro no espaço negro — na igreja negra ou em uma reunião negra — e culpado o espaço negro em vez de o indivíduo? Quantas vezes eu tinha tido uma experiência ruim em uma empresa negra e me afastei queixando-me não dos indivíduos, mas dos negócios negros como um todo?

Os bancos continuam tendo duas vezes mais de chance de aprovar empréstimos a empresários brancos do que a empresários negros. Clientes evitam empresas negras como se elas fossem o "gueto", como se "o gelo do homem branco fosse mais frio", como antirracistas têm brincado há anos. Eu sabia disso na época. Mas meu duelo de consciências ainda me fazia pensar como o jovem escritor negro que escreveu *Blavity*, em 2017: "Em termos intelectuais, sei que às pessoas negras têm sido negado o mesmo acesso a capital, treinamento e espaço físico. Mas esse tratamento desigual justifica o mau atendimento?" O bom atendimento, assim como qualquer outro produto, não custa mais dinheiro? Como podemos reconhecer as nuvens do racismo sobre os espaços negros e ficar assustados quando chove em nossas cabeças?

Eu acreditava que o negro é maravilhoso, mas espaços negros, não? Devo quase tudo que sou ao espaço negro. Bairros negros. Igreja negra. Estudos negros. Eu era como uma planta que menosprezava o solo que a nutriu.

A HISTÓRIA DO RACISMO de espaço é longa. É uma história norte-americana que começa com a solução de Thomas Jefferson para o "problema do negro". Civilize e emancipe o negro. Mande o negro para a África "para levar de volta ao seu país de origem as sementes da civilização", como propôs Jefferson em uma carta em 1811. Mas o negro geralmente não queria voltar e resgatar a África "da ignorância e do barbarismo". Não queremos ir para as "regiões selvagens da África", negros livres da Filadélfia resolveram em 1817. Enquanto isso, donos de escravizados condenavam as regiões selvagens dos negros livres. Um escritor de uma publicação do sul, *De Bow's Review,* buscou pelo mundo, por meio de uma série de artigos em 1859 e 1860, uma comunidade "moral, feliz voluntariamente esforçada de negros livres", mas concluiu que "não existe tal comunidade na face da Terra".

Em 12 de janeiro de 1865, em meio à Guerra Civil, o general William T. Sherman e o secretário de guerra dos Estados Unidos, Edwin M. Stanton, encontraram-se com 20 líderes negros em Savannah, Geórgia. Depois que seu porta-voz, Garrison Frazier, disse que precisavam de terras para ser livres e "colher os frutos de nosso trabalho, e cuidar de nós mesmos", Stanton perguntou se eles "prefeririam viver... espalhados entre os brancos ou em colônias entre os seus?".

"Viver entre os nossos", respondeu Frazier, "pois há preconceito no sul contra nós, que levará anos a ser superado".

Quatro dias depois, o general Sherman emitiu a Ordem de Campo Especial nº 15 para punir proprietários de terras Confederados e livrar seus acampamentos militares dos fugitivos. Pessoas negras receberam uma mula do exército e "não mais que 40 acres" nas planícies costeiras da Carolina do Sul e da Geórgia. "O gerenciamento único e exclusivo das obrigações ficará a cargo das pessoas libertas", ordenou Sherman.

Horace Greeley, o mais proeminente editor de jornal da época, achou que a ordem de Sherman privou os negros "da vantagem de professores e vizinhos brancos, que poderiam levá-los a compreender e apreciar uma civilização superior da qual tinham sido privados até agora como escravizados". Negros livres do sul "como seus pares do norte" serão "auxiliados pelo contato com a civilização branca", escreveu Greeley em seu *New-York Tribune* em 30 de janeiro de 1865.

As pessoas negras rejeitavam a estratégia integracionista. Em junho de 1865, cerca de 40 mil negros tinham se fixado em 400 mil acres de terra antes que proprietários confederados, ajudados pela nova administração Johnson, começarem a recuperar "suas" terras.

A estratégia integracionista — a colocação de corpos brancos e não brancos nos mesmos espaços — tinha a intenção de remover o barbarismo das pessoas não brancas e o racismo das pessoas brancas. A estratégia integracionista espera que corpos negros se curem com a proximidade dos brancos que ainda não pararam de lutar contra eles. Depois de suportar a violência da escravatura, Frazier e seus irmãos estavam cansados. Eles queriam se separar, não dos brancos, mas do racismo branco. A separação nem sempre é segregação. O desejo antirracista de se separar dos racistas é diferente do desejo segregacionista de se separar do negros "inferiores".

Sempre que pessoas negras se reúnem entre si voluntariamente, integracionistas não veem espaços de solidariedade negra criados para separar pessoas negras do racismo. Eles veem espaços de ódio branco. Eles não veem espaços de solidariedade cultural, de solidariedade contra o racismo. Eles veem espaços de segregação contra pessoas brancas. Integracionistas não veem esses espaços como o movimento de pessoas negras em prol de pessoas negras. Integracionistas pensam neles como um movimento para se afastar de pessoas brancas. Então, eles equiparam esse movimento com o segregacionismo branco para se afastar das pessoas negras. Os integracionistas equiparam os espaços para a sobrevivência dos corpos negros com espaços para sobrevivência da supremacia branca.

Quando integracionistas usam a segregação e a separação de modo intercambiável, eles estão usando o vocabulário de Jim Crow. Segregacionistas confundiram as linhas divisórias entre segregação e separação ao projetar suas políticas como posicionadas "na plataforma de acomodações iguais para cada raça, mas separadas", para citar o editor do jornal de Atlanta, Henry W. Grady, em 1885. A Suprema Corte do Estados Unidos sancionou esse véu explícito na decisão do caso *Plessy versus Ferguson*, em 1896. Separado, mas igual abrangia as políticas segregacionistas que desviaram recursos para espaços exclusivamente brancos. Em 1930, o estado segregacionista do Alabama gastou US$37 para cada estudante branco, comparados a US$7 para cada estudante negro; a Geórgia, US$32 a US$7; e a Carolina do Sul, US$53 a US$5. O ensino médio não estava disponível para meus avós maternos na Geórgia nessa época.

"Igual", considerado o alvo fácil da resolução "separado, mas igual", acabou sendo um terrível inimigo para ativistas de direitos civis — era praticamente impossível conseguir recursos iguais para instituições negras. O Fundo de Defesa Legal da ANPPC mudou a tática para retirar "separado". Advogados retomaram o antigo pressuposto "integracionista de que a separação obrigatória das duas raças marca a raça negra com um sinal de inferioridade", o que o juiz associado Henry Billings Brown chamou de "falácia" em sua decisão no caso *Plessy versus Ferguson*.

No histórico caso *Brown versus Conselho de Educação* de 1954, o advogado da ANPPC, Thurgood Marshall, tentou provar a premissa usando a nova ciência social integracionista. Marshall pediu aos psicólogos Kenneth e Mamie Clark que repetissem seus famosos testes das bonecas para o caso. Diante de bonecas com diferentes cores de pele, a maioria das crianças negras preferia bonecas brancas, o que os Clarks viram como prova do negativo dano psicológico da segregação. Cientistas sociais brancos argumentaram que o dano poderia ser permanente. A Suprema Corte dos Estados Unidos concordou unanimemente. "Separar (crianças não brancas) de outras da mesma idade e qualificações somente por causa da raça gera uma sensação de inferioridade em relação ao seu status na comunidade, que pode afetar seus corações e mentes de um jeito que dificilmente será desfeito", escreveu o chefe de justiça Earl Warren.

O juiz Warren não considerou que as escolas brancas estivessem exercendo um efeito prejudicial nas crianças brancas. Ele escreveu que "a segregação de crianças brancas e não brancas em escolas públicas exerce um efeito prejudicial nas crianças não brancas". Retarda "sua educação e desenvolvimento mental", explicou Warren. "Nós concluímos que, no campo da educação pública, não há lugar para a doutrina do 'separado, mas igual'. Instalações educacionais separadas são inerentemente desiguais."

O que de fato tornou as escolas desiguais foram os recursos extraordinariamente desiguais oferecidas a elas, não o simples fato da separação racial. A decisão dos juízes da Suprema Corte nos casos *Plessy* e *Brown* reconheceu a mentira segregacionista de que as "escolas negras e brancas envolvidas se nivelaram", para citar o juiz Warren. Em 1973, quando as desigualdades de recursos entre escolas públicas ficaram óbvias demais para serem negadas, a Suprema Corte determinou, no caso *Distrito Escolar Independente de San Antonio versus Rodriguez,* que alocações de imposto predial que geram desigualdades nas escolas públicas não violam a cláusula de proteção igual da lei da Constituição dos EUA.

. . .

O PARECER DA SUPREMA CORTE EM 1973 concretizou a única solução decorrente da decisão do caso *Brown* em 1954: transportar corpos negros em ônibus de espaços negros prejudiciais para espaços brancos dignos. Como "existem escolas negras e instruções e instrutores preparados, então não há nada diferente, exceto pela presença de pessoas brancas", escreveu uma indignada Zora Neale Hurston no *Orlando Sentinel* em 1955. Particularmente, Martin Luther King Jr. também discordou. "Defendo a integração em ônibus e em todas as áreas de acomodação e deslocamento públicos... acho que a integração em nossas escolas públicas é diferente", disse King a dois professores negros em Montgomey, Alabama, em 1959. "Pessoas brancas encaram as pessoas negras como inferiores... Pessoas com uma visão tão limitada da raça negra não podem ter carta branca e ser incumbidas da integridade e desenvolvimento intelectual de nossos meninos e meninas."

King teve um pesadelo que acabou se tornando realidade. Estudantes não brancos ocupam a maioria das carteiras das salas de aula na escolas públicas atualmente, mas são ensinados por um corpo docente de 80% de pessoas brancas que geralmente têm, mesmo que inconscientemente, baixas expectativas em relação a alunos não brancos. Quando professores negros e brancos olham para o mesmo aluno negro, professores brancos têm 40% menos probabilidade de acreditar que ele terminará o ensino médio. Estudantes negros de baixa renda que têm pelo menos um professor negro no ensino fundamental têm 29% menos probabilidade de abandonar a escola, 39% menos probabilidade no caso de meninos de renda muito baixa.

O pesadelo de King é produto do duelo de decisões do caso *Brown*. O tribunal acertadamente minou a legitimidade dos espaços segregados brancos que acumulam recursos públicos, excluem todos os não brancos e são totalmente dominados por pessoas e culturas brancas. Mas o tribunal também reforçou a legitimidade de espaços brancos que reúnem recursos públicos, que incluem alguns não brancos e que são, em geral, se não totalmente, dominados por pessoas e culturas brancas. Maiorias brancas, poder branco e cultura branca dominam o segregado e o integrado, tornando ambos espaços brancos. Contudo, o véu implícito alega que não existem espaços brancos integrados ou até mesmo espaços negros integrados que sejam carentes de recursos, incluindo alguns não negros, e que sejam em geral, embora não totalmente, dominados por pessoas e culturas negras. O tribunal julgou espaços negros, segregados ou integrados, inerentemente desiguais e inferiores.

Depois do caso *Brown,* o espaço integrado branco passou a definir a espaço ideal integrado em que corpos não brancos inferiores poderiam ser desenvolvidos. O espaço negro integrado tornou-se um espaço segregado de fato, onde corpos inferiores negros foram deixados para trás. A integração tornou-se "uma via de mão única", observou um jovem advogado de Chicago em 1995. "A minoria assimilou a cultura dominante, e não o contrário", escreveu Barack Obama. "Somente a cultura branca poderia ser neutra e objetiva. Somente a cultura branca poderia ser não racial". A integração (à branquitude) tornou-se progresso racial.

"A EXPERIÊNCIA DE UMA educação integrada fez toda a diferença na vida das crianças negras", escreveu o professor de Berkeley, Califórnia, David L. Kirp no *New York Times* em 2016, ao falar sobre o novo ponto baixo na história da montanha-russa da integração. A porcentagem de estudantes negros do sul que frequentava escolas brancas integradas saltou de zero em 1954 para 23% em 2011. A "defasagem de desempenho acadêmico" seguiu uma montanha-russa semelhante, reduzindo-se com a integração de escolas brancas, antes de voltar a aumentar, provando que "alunos afro-americanos que frequentavam escolas integradas mostraram melhores resultados acadêmicos que os deixados para trás em escolas segregadas", argumentou Kirp. Testes padronizados "provaram" que alunos brancos e espaços brancos eram mais inteligentes. Mas e se a diferença na classificação somente diminuiu porque, à medida que mais alunos negros integraram as escolas brancas, mais alunos receberam a mesma educação e preparação para os testes?

Integracionistas se ressentiram do aumento no que eles chamam de escolas segregadas. "Como muitos brancos que cresceram nos anos 1960 e 1970, sempre pensei que a integração fosse a principal meta de melhores relações raciais", escreveu Tamar Jacoby, membro do Manhattan Institute, em 1998. "A palavra tinha um quê de magia", mas agora "poucos de nós falamos sobre ela". Não estamos buscando o "sonho incapaz de distinguir tom de pele" de Martin Luther King de "uma nação mais ou menos neutra em termos de raças".

A transformação integracionista de King como impossibilitada de distinguir tons de pele e racialmente neutra apaga o verdadeiro King. Ele não viveu para integrar pessoas e espaços e negros ao esquecimento branco. Se tivesse, então por que construiu apartamentos de baixa renda em Atlanta "usando apenas operários, arquitetos, advogados e instituições negros", como anunciou com orgulho em 1967? Por que ele insistiu com as pessoas negras que parassem de "ter vergonha de ser negras", de investir em seus próprios espaços? A criança de um bairro, uma igreja, uma faculdade ou organização negros viveu para garantir acesso igual a acomodações públicas e recursos iguais para todos os espaços racializados, uma estratégia antirracista com tanta possibilidade de salvar a cultura quanto sua não violência salvava corpos.

Com o linchamento de corpos negros, os segregacionistas são, no final, mais perigosos para os *corpos* negros do que os integracionistas. Com o linchamento das culturas negras, os integracionistas são, no fim, mais perigosos para os corpos *negros* do que os segregacionistas. Pense na conclusão lógica da estratégia integracionista: cada raça sendo representada em cada espaço dos Estados Unidos segundo sua porcentagem na população nacional. Uma pessoa negra (12,7%) só veria outra depois de ver cerca de 8 não negros. Um latino (17,8%) só veria outro depois de ver cerca de 7 não latinos. Um asiático (4,8%) só veria outro depois de ver 19 não asiáticos. Um indígena (0,9%) veria outro só depois de ver 99 não indígenas. Norte-americanos brancos (61,3) sempre veriam mais brancos à sua volta do que não brancos. Eles ganhariam tudo, da expansão de espaços integrados brancos à gentrificação branca de todas as instituições, associações e vizinhanças não brancas. Não haveria mais ventres para gerar culturas não brancas. Somente ventres de espaços brancos de assimilação. Todos nos tornaríamos "apenas homens brancos" com "peles" diferentes, para citar o historiador Kenneth Stampp, em 1956.

Os norte-americanos têm visto a conclusão lógica da estratégia segregacionista, da escravidão a Jim Crow ao encarceramento em massa e muros nas fronteiras. A conclusão lógica da estratégia antirracista é acesso aberto e igual a todas as acomodações públicas, acesso aberto a todos os espaços brancos integrados, espaços do Oriente Médio integrados, espaços negros integrados, espaços latinos integrados e espaços asiáticos integrados que recebem recursos iguais apesar de culturalmente diferentes. Todos esses espaços se unem a espaços cívicos do poder político, econômico e cultural, das Câmaras de Representantes aos conselhos das escolas aos conselhos editoriais dos jornais onde nenhuma raça predomina, onde o poder antirracista predomina. Isso é diversidade, algo que os integracionistas valorizam apenas no nome.

A estratégia antirracista funde dessegregação com uma forma de integração e solidariedade racial. Dessegregação: eliminar todas as barreiras a todos os espaços racializados. Ser antirracista é apoiar a integração voluntária de corpos atraídos pela diferença cultural e a humanidade partilhada. Integração: recursos, e não corpos. Ser antirracista é defender a igualdade de recursos pela contestação de políticas racistas que produzem desigualdade de recursos. Solidariedade racial: identificar, apoiar e proteger abertamente espaços raciais integrados. Ser antirracista é equiparar e alimentar a diferença entre grupos raciais.

Contudo, a estratégia antirracista vai além da concepção integracionista que alega que espaços negros nunca podem ser iguais aos espaços brancos, que acredita que os espaços negros exercem um "efeito prejudicial sobre pessoas negras, citando o juiz chefe Warren no caso *Brown*. Meu espaço de estudos negros deveria exercer um efeito prejudicial em mim. Foi exatamente o oposto. Meus professores certificaram-se disso, como dois alunos negros, respondendo perguntas que eu nunca imaginei fazer.

GÊNERO

RACISMO DE GÊNERO: Um conjunto poderoso de políticas racistas que leva à desigualdade entre raças-gêneros substanciada por ideias racistas sobre raças-gêneros.

ANTIRRACISMO DE GÊNERO: Um conjunto poderoso de políticas antirracistas que leva à igualdade entre raças-gêneros substanciada por ideias antirracistas sobre raças-gêneros.

NINGUÉM IGNOROU a imensa capacidade de seu intelecto, que era até imediatamente mais evidente que sua figura alta e robusta e sua maquiagem marcante. Ninguém ignorava Kaila. Ela não ocultava nenhum aspecto de si mesma quando a conheci na Temple. Não tinha autocensura. Não escondia no armário seu feminismo lésbico em um espaço negro que poderia antagonizar o lesbianismo e o feminismo. Não havia ambiguidade que levasse a interpretações errôneas. Totalmente Joan Morgan, sem dar a mínima a nada. Totalmente poetisa guerreira ligada a tudo como sua ídola, Audre Lorde. Kaila era ela mesma, inteira, e seu intelecto Laila Ali queria que o mundo desse voz aos problemas com o que viam.

Kaila não tinha problema em lhe falar sobre você. Suas lendárias imitações de estudantes e professores de estudos afro-americanos eram tão engraçadas quanto fiéis. Eu sempre quis que ela me imitasse, mas tinha medo e insegurança em saber o que ela via.

Kaila dividia as atenções com Yaba, cujas gargalhadas retumbantes e sonoras muitas vezes enchiam a sala. Suas trocas de piadas eram tão dolorosas para as vítimas quanto as partidas de Venus e Serena Williams para as bolas de tênis. Quando eu me sentava para uma longa conversa — ou, melhor, para ouvir e aprender — minha boca parecia sempre estar aberta, rindo de suas piadas ou admirando sua perspicácia. Elas ocupavam a corte real dos alunos de pós-graduação em estudos afro-americanos. Todos as temiam, respeitavam ou combatiam. Eu as temia e respeitava, receoso e admirado demais para combatê-las.

A negritude irreprimível de Yaba dominava nosso espaço "mais negro que o seu". Mais negro que o seu, não por causa de seus traços ganeses, seu ar despretensioso de quem vive em Nova Orleans ou suas combinações de trajes africanos e moda afro-americana. Não porque ela dançava tão à vontade ao som das culturas caribenhas quando ao da sua própria. Ela parecia ter um conhecimento enciclopédico sobre pessoas negras: a pessoa mais etnicamente antirracista em meu novo mundo. Tão atualizada sobre a cultura popular negra norte-americana quanto as políticas africanas, tão equipada para debater as complexidades da ascensão de Beyoncé como a terceira ascensão do feminismo negro, tão à vontade explicando as origens do crioulo haitiano quanto os conflitos entre os Iorubás e Igbos, da Nigéria, eu sempre me sentia muito ignorante perto dela.

CHEGUEI À TEMPLE como racista, sexista e homofóbico. Não exatamente alguém que essas duas mulheres considerariam como amigo. Mas elas viram em mim o potencial que eu não via.

Minhas ideias sobre gênero e sexualidade refletiam as dos meus pais. Eles não me criaram para não ser homofóbico. Raramente falavam sobre gays e lésbicas. Mas muitas vezes as ideias não precisam ser comunicadas. Seu silêncio negava a existência da homossexualidade tão completamente quanto integracionistas negavam a realidade dos espaços brancos integrados.

Sobre gênero, a percepção de meu pai sobre a força masculina não se originou da fragilidade percebida das mulheres. Talvez porque minha mãe não deixava dúvidas sobre a sua força. Ela levantava pesos desde quando me conheço por gente. Ela levava sacolas pesadas para dentro de casa, fazendo com que os três homenzarrões com que vivia soubessem que mesmo baixinha e franzina não era molenga. Papai sempre foi mais emotivo e afetuoso do que minha mãe. Meu pai consolava meu irmão e a mim quando nos machucávamos. Minha mãe nos mandava aguentar firme como aquela vez em que entrei chorando por ter quebrado o pulso. Ela mandou que eu voltasse lá e terminasse o jogo de basquete.

Muitas vezes, meu pai brincava na igreja sobre minha mãe ser a diretora financeira da família. Enquanto outros patriarcalistas riam, meu pai ficava sério. Ela era. Em outras épocas, as ideias sexistas de meu pai exigiram que ele fosse o líder e as ideias sexistas de minha mãe que ela se submetesse. Ela o chamava do chefe da casa. Ele aceitava o título.

Meus pais não foram rígidos em me educar como um patriarcalista negro. Eu me tornei um patriarcalista negro porque meus pais e o mundo à minha volta não foram rígidos em me criar como um feminista negro. Nem meus pais nem eu fomos criados em uma época que nos faria ensinar o feminismo negro para um garoto negro, se é que houve uma época assim. Parecia haver uma guerra de baixa intensidade travada entre os gêneros, talvez mais claramente articulada em nossa cultura popular. Nasci no ano de lançamento de *A Cor Púrpura*, de Alice Walker, uma obra inspiradora sobre a arte feminista negra, mas que muitos críticos negros viram como um ataque à masculinidade negra. Entrei na adolescência no ano em que as mulheres negras corriam às salas de exibição para uma excursão catártica sobre os maus-tratos masculinos em *Falando de Amor*. Mas o conflito mais profundo tinha raízes mais profundas, talvez germinando em meados de 1965, quando a mídia teve acesso a "A Família Negra: Um Caso de Ação Nacional", um relatório do governo escrito pelo secretário-assistente do Departamento de Trabalho, Daniel Patrick Moynihan.

Quase 1/4 de famílias negras eram chefiadas por mulheres, o dobro do índice de famílias brancas, advertiu Moynihan, enquanto a mídia entrava em alvoroço com a família negra "destruída". "A comunidade negra foi obrigada a adotar uma estrutura matriarcal que... impõe uma carga impressionante ao homem negro", produzindo um "emaranhado de patologias", declarou Moynihan. Ele pediu uma ação nacional para empregar e empoderar os homens negros, fragilizados pela discriminação e pelas mulheres negras matriarcais. "Manter o negro 'em seu lugar' pode ser traduzido como manter o negro do sexo masculino em seu lugar: a mulher não era uma ameaça para ninguém", escreveu.

"As reverberações" do relatório de Moynihan "foram desastrosas", escreveu certa vez a historiadora Deborah Gray White. Patriarcalistas racistas, de cientistas sociais brancos a maridos negros, exigiram a submissão das mulheres negras para elevar a raça. Um comando na revista *Ebony* tornou-se popular: a "meta imediata da mulher negra atual deve ser estabelecer uma sólida unidade familiar em que o pai é a pessoa dominante". Uma década mais tarde, patriarcalistas negros e cientistas sociais brancos ainda alimentavam a ideia de que homens negros estavam em pior situação que as mulheres negras. O racismo tinha focado "ampla" e "claramente" o homem negro, argumentou o sociólogo Charles Herbert Stember, em seu livro de 1975, *Sexual Racism: The Emotional Barrier to an Integrated Society* ["Racismo Sexual: A Barreira Emocional para uma Sociedade Integrada", em tradução livre]. Um país de espaços integrados (brancos) não fora conquistado porque no cerne do racismo estava a "rejeição sexual da minoria racial, a tentativa consciente por parte da maioria de evitar coabitação inter-racial", escreveu ele. O ciúme sexual do homem branco em relação ao homem negro era o ponto essencial.

Para um grande número de homens negros, o movimento Black Power, que nasceu depois do relatório de Moynihan, se tornou uma luta contra homens brancos pelo poder negro sobre mulheres negras. Meu pai testemunhou essa luta de poder, depois de ser criado por uma mãe solo negra que nunca chamou a ele ou ao irmão de chefe da família, como outras mães solo faziam. Um dia em 1969, meu pai tinha cantado em uma igreja improvisada em uma sala comercial. Ele saiu para tomar ar e viu um Pantera Negra atacando sua namorada. Em outro dia, no verão de 1971, papai e uma namorada antes de minha mãe se aventuraram até o Templo da Nação do Islã no Harlem. A Nação despertara o interesse de meu pai. Eles jantaram com um dos pastores. A namorada de meu pai disse algo. O ministro deu-lhe um tapa e disparou: "Mulheres não devem falar na presença dos homens." Meu pai saltou da cadeira e teve que ser contido e levado à força para fora do templo.

Apesar de tudo, meus pais não puderam evitar se unir à força inter--racial que vigiava a sexualidade das jovens mães negras. Eles eram dois dos milhões de liberais e conservadores chocados com a crescente porcentagem de crianças negras que nascia em lares de mães solos nos anos de 1970 e de 1980 — mesmo chocado, meu pai se saiu bem. O pânico em relação aos números informados de lares com mães solos se baseou em uma série de premissas falhas ou não testadas: que ter dois pais ruins era melhor do que um bom, que a presença de um pai negro abusivo é melhor para a criança do que sua ausência, que ter uma segunda renda para a criança supera outros fatores, que todas as mães solos eram negras, que nenhum desses pais ausentes estava na prisão ou no túmulo, que mães negras nunca escondiam a presença de pais negros na casa para manter o auxílio da assistência social para a criança.

Em tempo para as eleições intermediárias em 1994, o cientista político Charles Murray se certificou de que a quantidade de crianças negras nascidas em famílias monoparentais "agora atingiu 68%". Murray culpou o "sistema de assistência social". Meus pais e outros liberais culpavam a irresponsabilidade sexual, a desconsideração vergonhosa pelas oportunidades surgidas do ativismo dos anos de 1960, transformando a pobreza em uma patologia e uma desconexão com a abstinência pré-marital de Cristo. Eles estavam todos errados, em vários níveis. A crescente porcentagem de bebês negros nascidos em famílias monoparentais não se devia a mulheres solteiras tendo mais filhos, mas a mulheres negras casadas tendo menos filhos no transcorrer do século XX. Minha mãe pôde ver essa redução em sua família. A avó paterna casada de minha mãe teve 16 filhos nos anos de 1910 e 1920. A mãe casada de minha mãe teve seis filhos nos anos de 1940 e 1950 Minha mãe teve dois filhos no início dos anos de 1980 — assim como suas três irmãs casadas.

Meus pais e inúmeros norte-americanos estavam desconectados da realidade racial e passaram a demonizar essa classe de mães solos. Apenas feministas como Dorothy Roberts e Angela Davis as defendiam.

EM OUTRAS QUESTÕES, minha mãe adotava uma defesa feminista. No início de agosto de 1976, na terça-feira antes do sábado em que meus pais deveriam se casar. Repassando a cerimônia, o pastor Wilfred Quinby recitou os votos cristãos do casamento para meus pais. "Maridos, amem suas esposas, e esposas, obedeçam a seus maridos."

"Eu não vou obedecê-lo!", exclamou minha mãe. "O quê!" O pastor Quinby respondeu, chocado, virando-se para olhar meu pai. "O quê?", fez meu pai, virando-se para olhar minha mãe.

"O único homem a quem obedeci foi meu pai, quando eu era criança", ela quase gritou, encarando o meu atordoado pai. "Você não é meu pai, e eu não sou uma criança!"

O tempo estava passando. Meu pai deveria recitar versos da Bíblia sobre a submissão feminina e lutar pela ideia sexista? Sair rastejando e procurar outra mulher que fosse submissa? Meu pai fez uma escolha diferente: a única que poderia fazer seu casamento durar mais de quatro décadas. Lentamente, ele fechou a boca, devolveu os olhos às órbitas e ofereceu uma solução justa.

"Que tal: vocês estão dispostos a obedecer um ao outro?", perguntou.

Minha mãe assentiu. Ela gostou do som de "um ao outro", integrando o conceito cristão de submissão com a equidade feminista. Meus pais escreveram seus votos de matrimônio. O pastor Quinby os casou.

MEU PAI NÃO DEVERIA TER ficado surpreso com a resistência de minha mãe. Já fazia algum tempo, ela estava repensando o sexismo cristão. Depois do casamento, minha mãe participou de "conferências de conscientização" para mulheres cristãs no Queens. O que Kimberly Springer chama de "movimento feminista negro" tinha finalmente atravessado as barreiras sexistas das igrejas cristãs. Feministas negras rejeitaram o conceito patriarcal negro prevalente de que o papel principal das mulheres negras era se submeter aos seus maridos e produzir mais bebês negros para a "nação negra". Por meio de grupos como a Aliança de Mulheres Negras (1970) e a Organização Feminista Negra Nacional (1973), por meio de reuniões políticas de mulheres negras em grupos de poder negro e de liberação de mulheres, feministas negras lutaram contra o sexismo em espaços negros e racismo nos espaços das mulheres. Elas desenvolveram seus próprios espaços e uma consciência feminista negra para a liberação de mulheres negras, para a liberação da humanidade.

Ativistas homossexuais negros também têm sido marginalizados depois de lançar o movimento de liberação gay por meio da rebelião Stonewall, em Manhattan, em 1969. Enfrentando a homofobia em espaços negros e o racismo em espaços homossexuais, os homossexuais antirracistas criaram seus próprios espaços. Talvez o espaço homossexual mais antirracista da época tenha sido também o espaço feminista mais antirracista da época. No verão de 1974, um grupo de mulheres negras de Boston separou-se da Organização Feminista Negra Nacional para formar o Coletivo Combahee River, que recebeu esse nome por causa da ação liderada por Harriet Tubman para libertar 750 negros escravizados às margens do rio Combahee. Eles reviveram as políticas não adulteradas da general Tubman. Em 1977, eles partilharam suas opiniões, em uma declaração elaborada por Barbara Smith, Demita Frazier e Beverly Smith. A Declaração do Coletivo Combahee River incorporou a liberação dos homossexuais, o feminismo e antirracismo, talvez como nenhuma outra declaração na história norte-americana. Elas não queriam que mulheres negras fossem vistas como inferiores ou superiores a nenhum outro grupo. "Ser reconhecidas como seres humanos, igualmente humanas, é suficiente.

"Inicialmente, nossas políticas se originaram da crença partilhada de que mulheres negras são inerentemente importantes", escreveram. "Nenhum outro movimento ostensivamente progressista considerou nossa opressão específica como prioritária... Compreendemos que as únicas pessoas que se importam o suficiente conosco para trabalhar consistentemente por nossa liberação somos nós." Maria Stewart, a primeira feminista dos Estados Unidos conhecida por discursar em público para uma plateia mista, considerou e priorizou a opressão das mulheres negras em seus discursos ousados no início dos anos de 1830 em Boston. Assim como Sjourner Truth e Frances Harper, antes e depois da Guerra Civil. Assim como Ida B. Wells e Anna Julia Cooper, no início dos anos 1900. Assim como Frances Beal, que audaciosamente proclamou em 1968 que "as mulheres negras dos Estados Unidos podem justificadamente ser descritas como 'escravas de um escravo', vítimas do "duplo perigo" do racismo e do sexismo. Esse documento sobre as posições se juntou a uma antologia de peças em 1970 por mulheres como Nikki Giovanni, Audre Lorde e uma jovem prodígio do Mississippi chamada Alice Walker. A editora Toni Cade Bambara, uma acadêmica de literatura da Rutgers, garantiu que *The Black Woman* ["A Mulher Negra", em tradução livre] refletisse melhor "as preocupações da mulher contemporânea negra deste país", incluindo "mostrar a verdade sobre a matriarca e perversa negra vadia".

Mas 1991 — o ano em que Anita Hill acusou o indicado à Suprema Corte dos EUA, Clarence Thomas, de assédio sexual — provou ser o ano crucial para estudiosas feministas negras. Elas construíram uma terminologia que deu nome à opressão específica enfrentada pelas mulheres negras, que feministas negras de Maria Stewart, Anna Lulia Cooper a Angela Davis vinham identificando há mais de um século. Nos bastidores do que Thomas surpreendentemente chamou de "linchamento high-tech" e a defesa de linha de frente das feministas negras de Hill, a erudita afro-holandesa Philomena Essed trabalhou em um projeto que ajudaria a definir o que estava acontecendo. Ela publicou suas reflexões sobre as entrevistas detalhadas que realizou com mulheres negras nos Estados Unidos e na Holanda em *Undestanding Everyday Racism* ["Entendendo o Racismo do Dia a Dia", em tradução livre]. "Ao discutir as experiências das mulheres negras, trata-se de sexismo ou racismo?", perguntou Essed. "Esses dois conceitos se entrelaçam intimamente e em certas circunstâncias se combinam em um fenômeno híbrido. Assim, é útil falar de *racismo de gênero*."

Em 1991, a crítica teórica de raças da UCLA, Kimberlé Williams Crenshaw, explorou ainda mais essa noção de "interseccionalidade". Naquele ano, ela publicou "Mapeando as Margens: Interseccionalidade, Políticas de Identidade e Violência Contra Mulheres Não Brancas" no *Stanford Law Review*, com base em seu discurso na Terceira Conferência de Mulheres Não Brancas e a Lei, em 1990. "Os esforços feministas para politizar experiências de mulheres e os esforços antirracistas para politizar as experiências de pessoas não brancas frequentemente continuaram como se as questões e as experiências que cada uma detalha ocorressem em terrenos mutuamente excludentes", teorizou Crenshaw. "Embora o racismo e o sexismo facilmente se interseccionem nas vidas de pessoas reais, eles raramente o fazem em práticas feministas e antirracistas."

O poder racista (e sexista) distingue raças-gêneros e grupos raciais (ou de gênero) na intersecção de raça e gênero. As mulheres são um gênero. Pessoas negras são uma raça. Quando identificamos mulheres negras, estamos identificando uma raça-gênero. Uma política sexista produz desigualdades entre mulheres e homens. Uma política racista produz desigualdades entre grupos raciais. Quando uma política produz desigualdades entre raças-gêneros, é racismo de gênero.

Ser antirracista é rejeitar não só a hierarquia de raças, mas a de raças-gêneros. Ser feminista é rejeitar não só a hierarquia de gêneros, mas a de raças-gêneros. Ser um verdadeiro antirracista é ser feminista. Ser uma verdadeira feminista é ser antirracista. Ser antirracista (e feminista) é equiparar as diferentes raças-gêneros, é encontrar as raízes das desigualdades entre raças-gêneros iguais nas políticas de racismo de gênero.

O racismo de gênero provocou o crescente número de esterilizações involuntárias de mulheres negras por médicos eugenistas — 200 mil casos em 1970, subindo a 700 mil em 1980. O racismo de gênero produz a situação atual de mulheres negras com alguma instrução superior ganhando menos que mulheres brancas com apenas o ensino médio; mulheres negras tendo que buscar instrução especializada para ganhar mais que mulheres brancas apenas com diplomas de graduação; e a riqueza média de mulheres brancas solteiras ser de US$ 42 mil comparados a US$100 para mulheres negras solteiras. Mulheres indígenas e negras experimentam níveis de pobreza mais elevados que qualquer outro grupo de raça-gênero. Mulheres negras e latinas ainda ganham menos, enquanto homens brancos e asiáticos têm salários maiores. Mulheres negras têm probabilidade três a quatro vezes maior de morrer de causas relativas à gravidez do que mulheres brancas. Uma mulher negra com pós-graduação tem maior probabilidade de perder o bebê do que uma mulher branca com ensino médio incompleto. Mulheres negras continuam tendo probabilidade duas vezes maior de ser encarceradas do que mulheres brancas.

O racismo de gênero impacta mulheres brancas e grupos de homens não brancos, quer eles o percebam ou não. A resistência de mulheres brancas ao feminismo negro e à teoria interseccional tem sido autodestrutiva, evitando que as resistentes compreendam sua própria opressão. Em alguns casos, a intersecção de racismo e sexismo oprime as mulheres brancas. Por exemplo, noções sexistas de "mulheres reais" como fracas e noções racistas de mulheres brancas como a mulher idealizada se interseccionam para produzir a noção racista de gênero de que o máximo da feminilidade é a mulher branca frágil. Esse é o racismo de gênero que fez com que milhões de homens e mulheres detestassem a mulher branca forte candidata à presidência de 2016, Hillary Clinton. Ou, para dar outro exemplo, o oposto de racismo de gênero da mulher negra não virtuosa hiperssexualizada é a mulher branca virtuosa assexual, um constructo racial que limitou e controlou a sexualidade da mulher branca (enquanto manifestamente mancha a sexualidade de mulher negra como não estuprável). O interesse do homem branco em linchar estupradores negros de mulheres brancas se deve tanto ao desejo de controlar a sexualidade das mulheres brancas quanto a sexualidade dos homens negros. Patriarcalistas brancos racistas estavam recriando a era da escravatura, tornando ilícito que mulheres brancas coabitassem com homens negros ao mesmo tempo em que homens racistas brancos (e negros) estupravam mulheres negras. A era da escravidão permanece, em meio a gritos vãos de orgulho da raça sufocados pelos gritos das sexualmente atacadas. O racismo de gênero fundamenta o pensamento de que, quando alguém defende agressores brancos como Trump e Brett Kavacaugh, está defendendo as pessoas brancas; quando alguém defende agressores negros como Bill Cosby e R. Kelly, está defendendo pessoas negras.

A resistência masculina ao feminismo negro e à teoria da interseccionalidade tem sido igualmente autodestrutiva, evitando que os que resistem compreendam sua opressão específica. Em alguns casos, a intersecção entre racismo e sexismo oprime homens não brancos. Homens negros reforçam o conceito da opressão reforçando certas ideias sexistas. Por exemplo, noções sexistas de "homem real" como forte e noções racistas de homens negros como não realmente homens se interseccionam e produzem o racismo de gênero do homem negro fraco, inferior ao máximo da masculinidade, o homem branco forte.

Noções sexistas de homens como naturalmente mais perigosos do que as mulheres (visto que as mulheres são consideradas naturalmente frágeis, necessitando de proteção) e noções racistas de pessoas negras como mais perigosas do que pessoas brancas se interseccionam e produzem o racismo de gênero do hiperperigoso homem negro, mais perigoso do que o homem branco, a mulher negra e (o ápice da fragilidade inocente) a mulher branca. Nenhuma defesa é mais sólida do que as frágeis lágrimas da inocente feminilidade branca. Nenhuma acusação é mais sólida do que o caso da inerentemente culpada masculinidade negra. Essas ideias de racismo de gênero transformam todos os inocentes negros em criminosos e todas as criminosas brancas como Casey Anthony, mulher branca da Flórida que o júri absolveu, contra todas as provas, de matar sua filha de três anos. Mulheres brancas se saem bem e homens negros passam anos em prisões por condenações injustas. Depois que as prisões de homens negros caíram 24% entre 2000 e 2015, eles ainda tinham probabilidade 6 vezes maior do que homens brancos, 25 vezes maior que mulheres negras e 50 vezes maior que mulheres brancas de serem encarcerados. Homens negros criados no topo da faixa de 1% de milionários têm tanta probabilidade de serem encarcerados quanto homens brancos criados em famílias com renda de US$ 36 mil.

"DISCURSOS FEMINISTAS E antirracistas contemporâneos deixaram de considerar identidades interseccionais, como mulheres não brancas", escreveu Kimberlé Crenshaw em 1991. Todos os grupos raciais são uma coleção de identidades interseccionais diferenciadas por gênero, sexualidade, classe, etnia, cor de pele, nacionalidade e cultura, entre uma série de outros identificadores. Mulheres negras foram as primeiras a reconhecer sua identidade interseccionada. Feministas negras foram as primeiras a teorizar a intersecção de duas formas de intolerância; sexismo e racismo. A teoria da interseccionalidade hoje confere a toda a humanidade a capacidade de compreender a opressão interseccional de suas identidades, de latinos pobres a homens negros, a mulheres brancas, a indígenas lésbicas, a transgêneros asiáticos. A teoria para mulheres negras é uma teoria para a humanidade. Não é de surpreender que feministas negras tenham dito desde o início que, quando a humanidade encarar a liberdade das mulheres negras com seriedade, a humanidade se tornará séria sobre a própria liberdade.

Identidades negras interseccionais estão sujeitas ao que Crenshaw descreveu como a intersecção do racismo e outras formas de intolerância, como o etnocentrismo, colorismo, sexismo, homofobia e transfobia. Minha jornada para ser antirracista primeiro reconheceu a interseccionalidade do meu racismo étnico e então meu racismo corporal, e depois meu racismo cultural, e depois meu racismo de cor, e então meu racismo de classe, e, quando entrei no curso de pós-graduação, meu racismo de gênero e meu racismo homossexual.

SEXUALIDADE

RACISMO QUEER: Um conjunto poderoso de políticas racistas que leva à desigualdade entre raça-sexualidade, substanciada por ideias racistas sobre raça-sexualidade.

ANTIRRACISMO QUEER: Um conjunto poderoso de políticas antirracistas que leva à igualdade entre raça-sexualidade, substanciada por ideias antirracistas sobre raça-sexualidade.

O PODER RACISTA (E HOMOFÓBICO) distingue grupos de raça-sexualidade, raciais (ou sexuais) na intersecção da raça e sexualidade. Homossexuais são uma sexualidade. Latinos são uma raça. Homossexuais latinos são raça-sexualidade. Uma política homofóbica produz desigualdades entre heterossexuais e homossexuais. Uma política racista produz desigualdades entre grupos raciais. O racismo queer produz desigualdades entre raças-sexualidades. Ele gera uma situação em que 32% das crianças criadas por casais negros de pessoas do mesmo sexo vivem na pobreza, comparadas a 14% de crianças criadas por casais brancos de pessoas do mesmo sexo, 13% de crianças criadas por negros heterossexuais e 7% de crianças criadas por brancos heterossexuais. Para crianças criadas por casais de mulheres que vivem na pobreza, a disparidade é igualmente ampla. Essas crianças de casais homossexuais negros têm maior probabilidade de viver na pobreza, porque seus pais têm mais probabilidade de serem pobres do que casais negros e brancos heterossexuais.

A homofobia não pode ser separada do racismo. Eles têm sido interseccionados há séculos. O médico inglês Havelock Ellis é conhecido por popularizar o termo "homossexual". Em seu primeiro tratado médico sobre homossexualidade, *Studies in the Psychology of Sex* (1897) ["Estudos sobre a Psicologia do Sexo", em tradução livre], ele escreveu sobre "a questão do sexo — com as questões raciais que repousam nela". Ele considerou a homossexualidade uma anormalidade fisiológica congênita, o mesmo que pensava sobre a criminalidade na época. Ellis adorava o pai da criminologia, o médico italiano Cesare Lombroso, que alegava que os criminosos não são criados, mas nascem, e que pessoas não brancas são criminosas por natureza. Em 1890, Ellis publicou um popular resumo dos escritos de Lombroso.

Ellis passou vários anos defendendo a não criminalização da homossexualidade branca. Seguindo estudiosos racistas, Ellis usou a anatomia comparativa de corpos femininos para evidenciar as diferenças biológicas entre as sexualidades. "No que se refere aos órgãos sexuais, parece possível", escreveu Ellis, "falar mais definitivamente de mulheres invertidas do que homens invertidos". Na época, médicos racistas compararam o clitóris "unido" das "mulheres ariano-americanas" que "ocorre em civilizações superiores" e o clitóris "livre" "em negras" que ocorre em "animais altamente domesticados". Médicos homofóbicos supuseram que lésbicas "invertidas" "terão um clitóris anormalmente proeminente em praticamente todas as circunstâncias", escreveu o médico prisional da cidade de Nova York, Perry M. Lichtenstein. Ideias racistas que sugerem que pessoas negras são mais hipersexuais do que pessoas brancas e ideias homofóbicas que sugerem que homossexuais são mais hipersexuais do que heterossexuais se interseccionam para produzir o racismo homossexual de raça-sexualidade mais hipersexual, o negro homossexual. Sua marca biológica imaginada: o clitóris anormalmente proeminente que "ocorre especialmente em mulheres não brancas", acrescentou Lichtenstein.

WECKEA FOI MEU melhor amigo na Temple. Nós dois tínhamos a pele marrom, usávamos dreads e tínhamos saído de orgulhosas HBCUs. Eu geralmente fazia amizade com pessoas descontraídas e calmas como ele.

Ele geralmente fazia amizade com pessoas ousadas e tolas como eu. Ambos éramos curiosos por natureza, mas Weckea era a pessoa mais inquisitiva que conheci. Ele queria saber tudo, e quase conseguia. E a única coisa que ele parecia gostar tanto quanto uma boa ideia era uma boa risada. Ele era alguns anos mais velho do que eu, e não demorou para que eu admirasse seu intelecto, no jeito que eu admirava Kaila e Yaba.

Chegamos à Temple no mesmo grupo — Weckea, eu e outra estudante, Raena. Estávamos sempre juntos.

Em um raro dia em que Raena e eu almoçávamos juntos sem Weckea, estávamos sentados ao ar livre, perto do campus, provavelmente apreciando a agradável chegada da primavera, acredito que em 2006. Ambos estávamos prestes a comer. Mas primeiro as fofocas, conversa fiada, e então, do nada: "Você sabe que o Weckea é gay, certo?" Ela mal me olhou enquanto falava. Seus olhos estavam fixos na comida que devorava.

"Não, eu não sabia," respondi, com a voz incerta.

"Bem, tudo bem se ele não lhe contou, certo?"

"Certo." Desviei o olhar. Carros buzinavam. Pessoas passeavam. Uma ambulância estava se aproximando. Era para mim?

Olhei para Raena, cabeça baixa, comendo. Imaginando por que ela tinha me contado isso. Não vi um rosto amistoso de preocupação enquanto me remexia na cadeira. Vi um vazio, se não um ar de satisfação. Estaria ela tentando terminar minha amizade com Weckea?

Nenhum de nós tinha muito a dizer depois disso. Ela cumpriu sua missão. A homossexualidade de Weckea fazia sentido, agora que pensava no assunto. Ele nunca tinha falado sobre namorar alguma garota. Quando lhe perguntei, ele mudou de assunto. Eu atribuí o fato ao seu forte senso de privacidade. Ele descrevia mulheres como bonitas ou nem tanto, mas nunca de uma forma sexual, o que atribuí ao seu conservadorismo. Ele não era tão conservador, afinal.

Eu pensava em homens negros gays tendo sexo sem proteção o tempo todo. Mas Weckea não parecia louco por sexo ou descuidado. Pensei nessa hipersexualidade e descuido que fazia com que tantos homens negros gays contraíssem HIV. Pensei errado. Homens negros gays têm menor probabilidade de fazer sexo sem proteção do que homens brancos gays. Eles têm menos probabilidade de usar drogas como *poppers* ou cristal durante o sexo, o que aumenta o risco de contrair HIV.

Eu já tinha conhecido outros homens negros gays no FACES, um grupo de modelos ao qual me juntei na FAMU. Mas os homens negros gays no grupo (ou, melhor ainda, os que eu imaginei serem gays) tinham o que pensei ser um quê feminino: o jeito de andar, a constituição física, como se esforçavam para me cumprimentar tocando as mãos. Eles acionavam o meu gaydar. Tudo no grupo de modelos acionava o gaydar dos meus amigos. Meu trabalho de modelo terminou sendo a única coisa sobre que meus amigos zoavam mais do que meus olhos alaranjados. Mas eles achavam que olhos alaranjados também eram "gay".

Supus que homens negros gays exibissem feminilidade. Não sabia que alguns homens gays, como Weckea, exibiam masculinidade e realmente preferem homens que exibem feminilidade como parceiros. Não sabia (e feministas como Kaila e Yaba estavam me ensinando) sobre o gênero ser uma performance autêntica; que o jeito como homens e mulheres costumam agir não está ligado à sua biologia; e que homens podem autenticamente desempenhar feminilidade com tanta eficiência quanto mulheres podem autenticamente desempenhar masculinidade. Autenticamente, querendo dizer que eles não estão atuando, como a noção transfóbica supõe. Eles estão sendo quem são, desafiando as convenções de gênero da sociedade. Aprendi isso, de uma vez por todas, por meio de outra boa amizade em Temple, com uma lésbica bofinho negra do Texas. Eu conversava com Monica sobre mulheres de um jeito que não podia fazer com Weckea. Nós sentíamos atração pelas mesmas mulheres. Quando passamos a brincar e contar nossas experiências românticas, minhas conversas com Monica não pareciam muito diferentes das conversas com meus amigos heterossexuais da FAMU.

MEUS PENSAMENTOS FICARAM introspectivos. Por que Weckea não me contou? Por que ele não se sentia à vontade em partilhar sua sexualidade comigo? Talvez ele pressentisse minha homofobia — na verdade, ele provavelmente a percebeu em minha retórica. Ele ouvia com atenção. Parecia nunca esquecer nada.

Em anos subsequentes, Weckea se orgulhava em exibir seu "gaydar", apontando as pessoas dentro do armário ou enrustidas na Temple. Mas Weckea era igualmente competente para identificar homofobia e tomar as devidas precauções. Devia estar se protegendo — e à nossa nova amizade — da minha homofobia. Agora eu tinha uma escolha: minha homofobia ou meu melhor amigo. Não poderia ter os dois por muito tempo. Escolhi Weckea e o início de nossa longa amizade. Escolhi o início do resto de minha permanente luta contra a homofobia originada em minha criação, a permanente luta de ser um antirracista queer.

O antirracismo queer iguala todas as raças-sexualidades, lutando para eliminar as desigualdades entre as raças-sexualidades. Não podemos ser antirracistas se formos homofóbicos ou transfóbicos. Devemos continuar a "afirmar que todas as vidas negras importam", como o cofundador do movimento Black Live Matters, Opal Tometti, disse certa vez. Todas as vidas negras incluem as pobres mulheres negras transgênero, talvez as mais violadas e oprimidas de todos os grupos interseccionais. A expectativa média de vida de uma mulher negra transgênero nos Estados Unidos é de 35 anos. A violência racial que enfrentam, a transfobia que enfrentam enquanto tentam viver livremente é inimaginável. Comecei a aprender sobre sua luta de liberdade a partir de histórias pessoais da ativista transgênero Janet Mock. Mas me abri para sua luta naquele dia em que escolhi salvar minha amizade com Weckea.

Sou um negro heterossexual cisgênero — "cisgênero" significa que minha identidade de gênero corresponde ao sexo com que nasci, em contraste com pessoas transgênero, cuja identidade de gênero não corresponde ao sexo com que nasceram. Ser antirracista queer é compreender os privilégios de ser cisgênero, de minha masculinidade, de minha heterossexualidade, de suas intersecções. Ser antirracista queer é servir de aliado para as pessoas transgênero, as pessoas intersexo, a mulheres, as não conformes de gênero, as homossexuais, as suas intersecções, o que significa ouvir, aprender e ser levado por suas ideias de igualização, por suas campanhas em prol de políticas igualitárias, por seu poder de luta por oportunidades iguais. Ser antirracista queer é perceber que as políticas que protegem mulheres negras transgênero são tão essencialmente importantes quanto as políticas que protegem a ascensão política de homens brancos homossexuais. Ser antirracista queer é ver a nova onda de leis de liberdade religiosa e identidade eleitoral em estados republicanos como tolhedora de direitos de pessoas queer. Ser antirracista queer é ver a homofobia, o racismo e o racismo queer — não a pessoa queer, não o espaço queer — como o problema, como anormal, como não natural.

PARECIA QUE ELAS SEMPRE estavam lá — Yaba e Kaila — sentadas a uma das mesas perto da entrada do Gladfelter Hall, às vezes com Danielle e Sekhmet, colegas do curso. Geralmente encontrava essas mulheres em um intervalo para um cigarro ou almoço ou jantar do trabalho em conjunto no laboratório de informática do Gladfelter. Elas estavam concluindo seus doutorados em estudos afro-americanos, chegando ao fim de uma jornada que eu estava começando na Temple.

Sempre que Kaila e Yaba estavam sentadas ali — sempre que elas estavam em qualquer lugar — sua presença era inconfundível, memorável e inspiradora. Eu poderia ir à guerra com elas ao meu lado. Aprendi com elas que não sou um defensor das pessoas negras se não defender claramente mulheres negras, se não defender claramente negros queer. As duas exerceram sua influência nos eventos de nosso departamento. Quando nosso departamento trouxe palestrantes para um evento público, elas vieram. Quando alunos da pós-graduação partilharam suas pesquisas em um evento, elas vieram. Quando houve uma conferência de estudos negros fora da cidade, lá estavam elas. Quando estavam presentes, sempre que surgiam ideias patriarcais, ideias homofóbicas ou ideias racistas, digamos que elas faziam questão de avançar sobre elas como piranhas em busca da refeição diária. Eu lhes assistia, perplexo, admirado com seus ataques intelectuais. Eu os chamo de ataques, mas na verdade eram defesas, defendendo a feminilidade negra e a humanidade dos negros homossexuais. Elas eram respeitosas e controladas se o vitimizador era respeitoso e controlado com elas. Mas eu os chamo de ataques porque me sentia pessoalmente atacado. Elas atacavam meu racismo de gênero em relação às mulheres negras, meu racismo queer em relação aos negros queer.

Desejei nunca cair em suas garras.

Li avidamente todos os autores que elas mencionavam em suas conversas públicas e em nossos bate-papos privados. Devorava Audre Lorde,

E. Patrick Johnson, bell hooks, Joan Morgan, Dwight McBride, Patricia Hill Collins e Kimberlé Crenshaw como se minha vida dependesse disso. Minha vida *dependia* disso. Eu queria superar meu racismo de gênero, meu racismo queer. Mas tinha que estar disposto a fazer pelas mulheres e homossexuais negros o que eu vinha fazendo por homens negros e heterossexuais negros, o que significava antes de tudo aprender mais — e então defendê-los como meus heróis tinham feito.

Elas eram a escuridão que me assustava. Eu queria fugir sempre que saía do elevador, virava a esquina e via Yaba e Kaila, sempre que me aproximava do prédio e elas estavam lá. Elas jogavam sorrisos e cumprimentos calorosos quando eu passava não depressa o suficiente, obrigando-me a desajeitadamente retribui-los. Às vezes, elas me paravam para um bate-papo. Com o passar do tempo elas permitiram que eu participasse de conversas mais sérias, deixando-me angustiado. É melhor nos desafiarmos obrigando-nos a ficar diante de pessoas que nos intimidam com seu brilhantismo e críticas construtivas. Não pensei nisso. Queria fugir. Elas não me deixavam fugir e hoje sou grato por isso.

Essas mulheres eram tudo que não deveriam ser, em minha mente patriarcal e homofóbica. Pessoas queer são orientadas por sexo, não ideias. Pessoas queer são anormais. Feministas odeiam homens. Feministas querem supremacia feminina. Mas essas feministas negras obviamente gostavam de mim, um homem. Elas eram tão ideológicas quanto eram sexuais e normais. Elas não falavam de mulheres dominando os homens. Falavam de igualdade, liberdade de gênero, mutualidade, complementaridade e poder. Suas piadas e ataques não conheciam gênero ou sexualidade. Quando muito, eram mais rígidas em relação às mulheres. Elas eram mais duras com queers como Raena. Elas sacavam pessoas como ela antes de Weckea e eu.

Ninguém as incitava mais do que "mulheres patriarcais" — realmente mulheres patriarcais brancas se escondendo atrás de patriarcas brancos racistas. Eu só consigo imaginar o que elas pensaram anos depois, observando Kayla Moore defendendo seu marido, o candidato ao senado norte-americano pelo Alabama, Roy Moore, acusado de pedofilia e assédio sexual, a quem perguntaram no decorrer da campanha em 2017 quando a América tinha sido grande. "Eu acho que era grande na época em que as famílias eram unidas — apesar de termos tido a escravidão", disse ele. "Nossas famílias eram fortes, nosso país tinha direção." Isso foi muito antes de termos tantas mulheres atacando publicamente as mulheres que denunciavam #MeToo (eu também). Mulheres patriarcais, como um termo, não faziam sentido para mim na época, como o termo "homossexuais homofóbicos". Somente homens podem ser patriarcais, sexistas. Somente heterossexuais podem ser homofóbicos. O feminismo homossexual radical negro daquelas duas mulheres separaram homofóbico de heterossexual, sexista de homens e feminista de mulheres, como eu mais tarde separei racista de pessoas brancas e antirracista de pessoas negras. Elas tinham um problema com homofobia, não com heterossexuais. Elas tinham um problema com patriarcado, não com homens. Crucialmente, sua caçada a todos os homofóbicos, não importa sua identidade sexual, mostrou-me que ideias, políticas e poder homofóbicos eram seu problema fundamental. Elas falavam de pessoas queer que defendiam a homofobia com a mesma veemência com que falavam sobre heterossexuais construindo um mundo de amor queer. Falavam de mulheres que defendiam o sexismo com tanta intensidade quanto homens construindo um mundo feminista. Talvez elas tivessem a mim em mente. Porque me revelaram esse mundo feminista onde o amor homossexual está casado com o amor heterossexual, em harmonia. Mas esse mundo me assustava, assim como elas. Iluminado por elas, contudo, eu aprendi — e acabei querendo ajudá-las a criar esse novo mundo.

Sou eternamente grato pelo discurso negro pós-graduado/estudante ter sido dominado por negras queer feministas e não por negros patriarcais homofóbicos. Elas foram meus primeiros modelos de feminismo negro, de antirracismo queer, de feminismo antirracista. Elas reconheceram meu patriarcado homofóbico e me obrigaram a reconhecê-lo. Sua força me obrigou a ir além, desesperado que eu estava em ficar fora do caminho de seus ataques, um desespero que se transformou em curiosidade sobre o feminismo negro e a teoria queer em si, uma curiosidade que se transformou em desejo de ser um antirracista de gênero, de ser um antirracista queer, de não falhar com as pessoas negras — todas as pessoas negras.

CAPÍTULO 16

FRACASSO

ATIVISTA: Aquele que tem um histórico de poder ou mudança política.

SALA DE AULA NA Temple University começou a se encher. Corpos se abraçando. Sorrisos, conversa fiada e atualização das novidades. Tudo me aborrecia enquanto sentava, levantava e tornava a me sentar à mesa do professor, desejando começar nossa reunião da União de Estudantes Negros na hora. Era início de setembro de 2007. Ríamos e conversávamos na Filadélfia, mas, naquele dia, na Louisiana, a vida de seis adolescentes estava por um fio. Tínhamos elaborado uma campanha para libertá-los. Estava preparado para apresentá-la a fim de garantir que os organizadores a executassem. Nem desconfiava que estávamos condenados a falhar.

Compreender por que o racismo vive é compreender a história do fracasso do antirracismo — por que pessoas falharam em criar sociedades antirracistas. Compreender o fracasso de soluções e estratégias é compreender suas origens: o fracasso de ideologias raciais.

Concepções incorretas sobre raça como um constructo social (em oposição a um constructo de poder), de história racial como uma marcha singular de progresso racial (em oposição a um duelo de progresso antirracista e racista), do problema da raça como enraizada na ignorância e no ódio (em oposição ao poderoso interesse próprio) — todos se juntam para produzir soluções fadadas ao fracasso. Termos e frases como "Não sou racista", e "Neutro em relação à raça", e "Pós-racial", e "Não vejo cor de pele", e "Só uma raça, a raça humana", e "Só racistas falam sobre raça", e "Pessoas negras não podem ser racistas", e "Pessoas brancas são más" estão sujeitos a fracassar em identificar e eliminar o poder e as políticas racistas. Estratagemas que desprezam a interseccionalidade estão fadados a falhar com os grupos raciais mais degradados. Programas civilizadores fracassarão, visto que todos os grupos raciais já estão no mesmo nível cultural. Programas de enriquecimento comportamental, como mentoria e programas educacionais, podem ajudar os indivíduos, mas estão sujeitos ao fracasso junto aos grupos raciais, porque são impedidos de se concretizar por más políticas, não por mau comportamento. Curar sintomas, em vez de mudar políticas, está fadado ao fracasso em curar a sociedade. Desafiar os gêmeos siameses separadamente está fadado ao fracasso em tratar a desigualdade econômico-racial. A integração gentrificadora está fadada ao fracasso junto às culturas não brancas. Todas essas ideias estão fadadas ao fracasso porque têm fracassado reiteradamente no passado. Contudo, por algum motivo, seu fracasso parece não ter importância. Elas continuam sendo as concepções, estratégias e soluções mais populares para combater o racismo, porque se originam nas ideologias raciais mais populares.

Esses reiterados fracassos têm um preço. A história racial não se repete inofensivamente. Em vez disso, sua devastação se multiplica quando uma geração após outra repete as mesmas estratégias, soluções e ideologias fracassadas, em vez de enterrar fracassos passados nos esquifes das gerações passadas.

OS PRIMEIROS ABOLICIONISTAS BRANCOS encontravam-se regularmente em uma convenção nacional, achando que a solução para a escravatura residia na continuação de "nosso cuidado parental" em relação aos negros livres, como declararam em 1805. Abolicionistas brancos dispunham sobre o comportamento negro como se a "libertação de seus irmãos tivesse que depender, em algum modo, da boa conduta negra", como declarou a convenção em 1804.

O juiz branco fez nascer o juiz negro. "A redução do preconceito e o melhoramento da condição de milhares de nossos irmãos ainda cativos dependem grandemente de nossa conduta", escreveram Samuel Cornish e John Russwurm em 16 de março de 1827, em um dos editoriais de lançamento do *Freedom's Journal*, o primeiro jornal afro-americano.

Cresci com essa mesma estratégia fracassada mais de 150 anos depois. Gerações de corpos negros foram criadas pelos juízes da "persuasão de elevação". Os juízes amarram toda a raça negra nas costas do corpo negro, empurram o corpo negro sobrecarregado nos espaços brancos, ordenam o corpo negro sobrecarregado a agir sempre de uma maneira íntegra para convencer o racismo branco a se afastar e punem a conduta do negro pobre constrangendo-os por reforçar o racismo, por desonrar a raça. Durante toda a minha vida, senti o peso de ter que ser perfeito diante de pessoas brancas e negras julgando se sou um bom representante da raça. Os juízes nunca me deixam simplesmente ser — ser eu mesmo, ser meu eu imperfeito.

ESTAVA FRIO LÁ FORA, naquele dia do outono de 2011. Sadiqa e eu namorávamos havia meses. Eu olhava para essa irmã da Spelman e pérola da Geórgia como futura esposa: apaixonado por sua afabilidade tanto quanto por sua elegância, por sua perspicácia tanto quanto por seu senso de humor descontraído; por seu amor pelas pessoas negras tanto quanto por seu amor por salvar vidas como médica. Ela também tinha sido criada em uma família negra de classe média por pais de idade semelhante que a iniciaram e aperfeiçoaram no movimento. Ela também tinha sido ensinada que sua escalada ao sucesso elevava a raça. Ela também tentava ser uma boa representante da raça.

Jantávamos perto da janela no Buddakan, um restaurante de comida asiática em Old City, Filadélfia. Na parede oposta, uma enorme estátua de Buda encontrava-se sentada em um pequeno estrado praticamente ao nível da mesa, diante de um fundo vermelho que gradualmente convergia em um centro preto. Olhos fechados. Mãos entrelaçadas. Em paz. Sem incomodar ninguém. Certamente, não Sadiqa. Mas a estátua atraiu um sujeito branco, obeso, de meia-idade, cabelos castanhos.

Visivelmente embriagado, ele subiu no palco e começou a acariciar o Buda diante da plateia de risonhos amigos embriagados em uma mesa próxima. Eu aprendera havia muito tempo a ignorar atitudes grotescas de pessoas brancas embriagadas fazendo coisas que fariam pessoas negras serem presas. A diversão inofensiva branca é a ilegalidade negra.

O riso alto atraiu o olhar de Sadiqa. "Meu Deus!", disse ela baixinho. "O que esse cara está fazendo?"

Ela voltou a atenção ao prato, deu uma garfada e olhou para cima enquanto engolia. "Pelo menos, ele não é negro."

Eu me espantei, mas imediatamente me reconheci — meus próprios pensamentos — no rosto de Sadiqa.

"Como você se sentiria se ele fosse negro?", perguntei a ela e a mim mesmo.

"Eu ficaria realmente constrangida", respondeu ela, falando por mim e por tantos outros como nós presos na armadilha da persuasão da elevação. "Porque não precisamos de mais ninguém piorando nossa imagem."

"Diante de pessoas brancas?", perguntei.

"Sim. Isso faz com que nos desprezem. Torna-os mais racistas."

Pensávamos embasados em um falso *continuum*, de mais racista para menos racista a não racista. Acreditávamos que o bom comportamento negro deixaria as pessoas brancas "menos racistas", mesmo quando nossas experiências nos diziam que isso geralmente não acontecia. Mas, naquela noite, pensamos no assunto juntos e partilhamos algumas críticas à persuasão da elevação pela primeira vez.

Hoje, as poucas críticas seriam muitas. Criticaríamos abolicionistas brancos paternalistas invocando a persuasão de elevação. Argumentaríamos contra a suposição de que a conduta do negro pobre é responsável pelas ideias racistas brancas, significando que as ideias racistas brancas sobre a conduta do negro pobre são válidas. Criticaríamos o juiz branco que exonera pessoas brancas da responsabilidade de abandonar suas ideias racistas; pessoas negras com mobilidade ascendente desviando-se da responsabilidade de mudar políticas racistas por imaginar que estão elevando a raça ao elevar a si mesmas; a quase impossibilidade de executar a persuasão de elevação com perfeição, visto que pessoas negras são humanamente imperfeitas. Notaríamos que, quando brancos racistas veem pessoas negras se comportando bem em público, eles os veem como extraordinários, ou seja, não como aquelas pessoas negras normalmente inferiores. Lembraríamos o que a história nos ensina: que, quando uma política racista derruba pessoas negras, o juiz ordena que se elevem, só para serem derrubadas novamente por políticas e terror racista.

Sadiqa e eu saímos do restaurante, mas continuamos a falar sobre a ideologia da persuasão de elevação profundamente enraizada em nós — para criticá-la, criticar a nós mesmos e fugir dela em direção à liberdade. Após todos esses anos, embora os juízes possam nos apanhar a qualquer momento, admiro a liberdade de Sadiqa em ser Sadiqa. Eu me sinto livre para demonstrar minhas imperfeições. Eu só represento a mim mesmo. Se os juízes tiram conclusões sobre milhões de pessoas negras com base em minhas ações, então eles, e não eu, não as pessoas negras, têm um problema. Eles são responsáveis por suas ideias racistas; não eu. Sou responsável por minhas ideias racistas; não eles. Ser antirracista é permitir que eu seja eu mesmo, completo e imperfeito.

O ABOLICIONISTA WILLIAM LLOYD Garrison não permitia ao corpo negro ser seu eu imperfeito. "Vocês não adquiriram a estima, a confiança e o apoio dos brancos, proporcional ao seu aumento de conhecimento e aperfeiçoamento moral?", perguntou Garrison a uma multidão de negros não muito tempo depois da fundação do jornal *Liberator,* em 1831. A persuasão de elevação se encaixa em sua ideologia de que a melhor forma de "realizar o importante trabalho de redenção nacional" da escravidão era "por meio da ação do poder moral" e da verdade e da razão. A crença de Garrison na "persuasão moral" e o que podemos chamar de "persuasão educacional" também se encaixa em sua criação pessoal por uma devota mãe batista, sua criação profissional por um editor que acreditava que jornais servem para "instrução", sua criação abolicionista pelo cruzado da moral Benjamin Lundy.

A persuasão de elevação, moral e educacional falharam vergonhosamente em impedir o assustador crescimento da escravidão na era do

"Rei Algodão" antes da Guerra Civil. Contudo, o sucesso, aparentemente, não importa quando uma estratégia se origina em uma ideologia. A persuasão moral e educacional focam a persuasão de pessoas brancas, o apelo à sua consciência moral por meio do horror e à sua mente lógica por meio da educação. Mas e se as ideias racistas tornarem as pessoas ilógicas? E se persuadir as pessoas brancas comuns não for persuadir legisladores racistas? E se legisladores racistas tiverem consciência dos resultados prejudiciais de suas políticas? E se os legisladores racistas não tiverem moral nem consciência, menos ainda consciência moral, parafraseando Malcolm X? E se nenhum grupo na história conquistou a liberdade por meio do apelo à consciência moral de seus opressores, parafraseando Assata Shakur? E se interesses econômicos, políticos ou culturais próprios impulsionarem os legisladores racistas, e não a imoralidade odiosa nem a ignorância?

"Se eu pudesse salvar a União sem libertar nenhum escravo, eu o faria, e se eu pudesse salvá-la libertando todos os escravos, eu também o faria", escreveu o presidente Abraham Lincoln em 20 de agosto de 1862. "O que eu faço sobre a escravidão e a raça de cor, eu faço porque acredito que isso ajude a salvar a União". Em 1º de janeiro de 1863, Lincoln assinou a Proclamação da Emancipação como uma "medida de guerra necessária". Depois de vencer a Guerra Civil, os racistas republicanos (para se diferenciar dos menos numerosos republicanos antirracistas) votaram para criar o Freedmen's Bureau, reconstruir o sul e estender os direitos civis e privilégios eleitorais para criar a base Republicana do Sul e manter as pessoas negras no sul, bem longe dos brancos do norte, que "não queriam ter nada a ver com os negros", como disse o senador do Illinois, Lyman Trumbull, um dos principais responsáveis pela lei.

O "partido do homem branco", como Trumbull identificou o Partido Republicano, ficou "cansado" de alienar seus constituintes racistas ao defender militarmente o negro de terroristas racistas que arrancaram republicanos do poder do sul em 1877. Os republicanos deixaram os negros do sul para trás, virando as costas às "atrocidades" de Jim Crow por cerca de um século. "A celeridade por motivos egoístas, e não o direito referente às reivindicações de nossa humanidade comum, governou nossas ações", lamentou Garrison em um discurso no centenário do Dia da Independência, em 1876.

EM 26 DE JUNHO DE 1934, W.E.B. Du Bois avaliou o sucesso da persuasão educacional com olhar crítico, assim como Garrison avaliou a persuasão moral antes dele: "Durante anos, acreditava-se na teoria de que a maioria dos líderes negros... que os Estados Unidos brancos não sabiam ou compreendiam a permanente provação do negro." Du Bois fala por si, acreditando "que o mal supremo era a estupidez" no início de sua carreira. "Da mesma forma, nas últimas duas décadas, temos lutado por livros e periódicos, por discursos e apelos, por vários métodos de agitação, para colocar os fatos essenciais diante do povo norte-americano. Hoje não há dúvidas de que os norte-americanos conhecem os fatos; e ainda assim permanecem indiferentes e insensíveis."

Gunnar Myrdal ignorou a convocação de Du Bois em 1934 para que o povo negro focasse a conquista do poder em vez da persuasão das pessoas brancas. O problema do racismo residia na "surpreendente ignorância" dos norte-americanos brancos, Myrdal advertiu em *An American Dilemma* ["Um Dilema Americano", em tradução livre], em 1944. "Não há dúvidas, na opinião do escritor, de que a esmagadora maioria de pessoas brancas nos Estados Unidos estaria preparada para dar ao negro uma condição muito melhor se conhecesse os fatos."

A história popular nos mostra que a maioria de brancos norte-americanos proporcionou aos negros melhores condições — as normas de dessegregação, a Lei de Direitos Civis (1964) e a Lei dos Direitos de Voto (1965) — quando conheceram os fatos. "Gunnar Myrdal tinha sido surpreendentemente profético", segundo uma história cativante do movimento de direitos civis. Não totalmente. Já em 1946, o secretário de Estado, Dean Acheson, advertiu a administração Truman de que a "existência da discriminação contra grupos minoritários nesse país exerce um efeito adverso em nossas relações" com nações descolonizadoras asiáticas, africanas e latino-americanas. A administração Truman repetidamente advertiu a Suprema Corte dos Estados Unidos sobre esses efeitos adversos durante casos de dessegregação no final dos anos 1940 e início dos 1950, conforme documenta a historiadora Mary L. Dudziak. Isso sem mencionar o abuso racista enfrentado por diplomatas africanos nos Estados Unidos. Em 1963, o secretário de Estado Dean Rusk advertiu o Congresso durante a deliberação sobre a Lei dos Direitos Civis que "ao nos envolvermos nessa luta mundial, ficamos seriamente prejudicados pela discriminação racial ou religiosa". Setenta e oito por cento dos norte-americanos brancos concordaram, segundo uma pesquisa da Harris Poll.

O poder racista deu início à legislação de direitos civis por interesse próprio. O poder racista a barrou por interesse próprio quando um número suficiente de nações africanas, asiáticas e latinas passaram à esfera de influência dos Estados Unidos, quando um novo Jim Crow não mais afetava adversamente a política externa norte-americana, quando as pessoas negras começaram a exigir e obter o que o poder raramente abre mão: poder. Em 1967, Martin Luther King Jr. admitiu: "Erramos e nos enganamos em nosso país, e isso levou os norte-americanos negros no passado a buscar suas metas por meio do amor e da persuasão moral, destituídos de poder." Mas nossa geração ignora as palavras de King sobre o "problema do poder, uma confrontação entre as forças do poder que exigem mudança e as forças do poder dedicadas à preservação do *status quo*". Da mesma forma que a geração de King ignorou a advertência sensata de Du Bois. Do mesmo modo, a geração de Du Bois ignorou a advertência sensata de Garrison. O problema da raça sempre teve em seu centro o problema do poder, não o problema da imoralidade ou da ignorância.

A persuasão moral e educacional defende o pressuposto de que as mentes racistas devem mudar antes da política racista, ignorando a história que diz o contrário. Observe o aumento do apoio branco para escolas e bairros dessegregados décadas *após* as políticas mudarem nos anos 1950 e 1960. Observe o aumento do apoio branco a casamentos inter-raciais décadas *após* a política ter mudado em 1967. Observe o aumento do apoio ao Obamacare *após* sua aprovação em 2010. Legisladores racistas inflam o medo de políticas antirracistas por meio de ideias racistas, sabendo que, se as políticas forem implementadas, os temores que elas disseminam nunca se concretizarão. Quando os temores não se concretizarem, as pessoas baixarão a guarda e aproveitarão os benefícios. Quando for claramente beneficiada, a maioria dos norte-americanos apoiará e defenderá as políticas antirracistas que antes temeu.

Lutar por mudanças mentais e morais *após* a política ser mudada significa lutar junto ao crescimento dos benefícios e da dissipação dos temores, possibilitando que o poder antirracista tenha êxito. Lutar por mudanças mentais e morais como um *pré-requisito* para a mudança política é lutar contra os temores e a apatia crescentes, praticamente impossibilitando que o poder antirracista tenha êxito.

O problema original do racismo não foi resolvido pela persuasão. O conhecimento só é poder se for utilizado para a luta pelo poder. Mudar mentes não é um movimento. Criticar o racismo não é ativismo. Mudar mentes não é ativismo. Um ativista produz poder e mudança política, não mudança mental. Se uma pessoa não tem um histórico de poder ou mudança política, então essa pessoa não é um ativista.

ENQUANTO ESPERAVA PARA começar a reunião da União de Estudantes Negros, eu já tinha deixado a mudança mental de lado. Queria ser um ativista. Queria abandonar a vida acadêmica. Queria libertar "Os Seis de Jena".

Em 1º de setembro de 2006, um dia depois de estudantes negros se sentarem sob uma "árvore branca" na Jena High School, estudantes brancos penduraram cordas de forca em seus galhos. O superintendente da escola apenas suspendeu os autores brancos da "brincadeira", o que não ajudou a refrear a violência racial posterior contra alunos negros na pequena cidade de Jena, na Louisiana. Mas, dias depois que alunos negros espancaram um aluno branco em 4 de dezembro de 2006, os Seis de Jena, como ficaram conhecidos, foram presos. Jesse Ray Beard respondeu como menor de idade. Robert Bailey Jr., Mychal Bell, Carwin Jones, Bryant Purvis e Theo Shaw foram acusados por tentativa de assassinato. "Quando vocês forem condenados, pedirei a pena máxima permitida por lei", prometeu o promotor Reed Walters, referindo-se a até 100 anos de prisão.

Enquanto eu estava sentado à mesa do professor, sentia a audiência de sentença de Mychal Bell, em 20 de setembro, se aproximando como o cutelo de um açougueiro. Um júri formado por brancos já o tinha considerado culpado de uma acusação menor, lesão corporal em segundo grau, o que o sujeitava a uma pena de até 22 anos de sua vida.

Uma energia sombria se instalou na sala de aula, como a escuridão do lado de fora. Nossa meta, os dirigentes da União de Estudantes Negros disseram uns aos outros, era libertar os Seis de Jena. Porém estávamos dispostos a fazer algo? Estávamos dispostos a arriscar nossa liberdade pela liberdade deles? Não, se nosso principal propósito fosse fazer com que nos sentíssemos melhor. Formulamos, ocupamos e doamos para programas de enriquecimento cultural e comportamental para nos sentirmos melhor, achando que eles estão ajudando grupos raciais, quando estão somente ajudando (ou prejudicando) indivíduos, quando somente mudanças políticas ajudam grupos.

Chegamos às manifestações empolgados, como se nossos músicos preferidos estivessem tocando no palco dos palestrantes. Convencemo-nos de que estávamos fazendo algo para resolver o problema racial quando, na verdade, fazíamos algo para satisfazer nossos sentimentos. Vamos para casa realizados, como se tivéssemos jantado em nosso restaurante favorito. E essa realização é efêmera, como a euforia provocada pelas drogas. Os problemas de desigualdade e injustiça persistem. Eles fazem nos sentirmos constantemente mal e culpados. Então, constantemente fazemos algo para nos sentir melhor, enquanto nos convencemos de que estamos tornando a sociedade melhor, mas isso não acontece.

E se, em vez de um ativismo de sentimentos, tivéssemos um ativismo de resultados em que priorizássemos a igualdade, e não nossa culpa e angústia? E se focássemos nossos recursos humanos e fiscais para mudar o poder e as políticas de modo a melhorar a sociedade, não só nossos sentimentos?

NÃO PUDE ESPERAR MAIS. Interrompi as conversas e os sorrisos e comecei a apresentar a Campanha 106 para libertar os Seis de Jena. Comecei com a Fase 1: mobilizar pelo menos 106 estudantes em 106 campus no Médio Atlântico para uma manifestação local até o final de setembro e angariar recursos para um fundo de defesa dos Seis de Jena. Apresentei a Fase 2: colocar esses 106 estudantes de 106 campus em caravanas que se reuniriam em Washington, D.C., em 5 de outubro de 2007.

Descrevi o cenário. "Maravilhosas longas filas de dezenas de carros lotados de estudantes nas estradas e avenidas dirigindo em direção à capital da nação vindos de todas as direções, da Pensilvânia, Delaware, Maryland, Virgínia Ocidental e Carolina do Norte." Voltei-me, mas não encarei meu público. Olhei para a bela imagem que se formava a partir de meus lábios. "Milhares de carros com cartazes nas janelas —

'Libertem os Seis de Jena' — buzinando para motoristas que passam, que retribuiriam o sinal em solidariedade (ou repúdio).

"Vocês conseguem ver?", perguntei, empolgado, algumas vezes.

Eles conseguiam. Para alguns, uma imagem horrível.

"Caravanas de automóveis não são ilegais?", perguntou uma mulher, claramente assustada.

"Quê? Não! As pessoas saem em caravanas o tempo todo", respondi.

Continuei a falar, descrevendo a cena, linda e feia. "Quando as caravanas chegarem a D.C., todos estacionarão os carros no centro da Constitution Avenue e se unirão em uma marcha informal até o Departamento de Justiça. Milhares de carros estarão parados na Constitution Avenue e ruas adjacentes enquanto apresentamos nossos seis pedidos de liberdade à administração Bush. Quando eles vierem com os guinchos, estaremos prontos para furar seus pneus. Quando as unidades policiais começarem a proteger os guinchos, responderemos com reforços de carros. Quando eles bloquearem a Constitution Avenue, encheremos outra rua com nossos carros. Quando, e se, eles fizerem barricadas em todas as ruas do centro da cidade, esperaremos e voltaremos ao centro de Washington sempre que tirarem as barricadas. Nós nos recusaremos a sair dos carros até que a administração Bush pressione o governador da Louisiana para pressionar as autoridades de Jena para retirarem as acusações dos Seis de Jena."

"Isso é ilegal. Eles vão nos jogar na prisão", retrucou alguém com um olhar de medo.

Eu deveria ter parado, mas dei continuidade ao meu fracasso, mal me importando com o fato de que, quanto mais eu falava, mais medo eu disseminava — quanto mais medo eu disseminava, mais eu alienava as pessoas da Campanha 106.

"É claro que poderemos ir para a prisão", devolvi, sentindo-me como eu mesmo. "Mas eu não me importo! Já estamos em uma prisão. É isso que os Estados Unidos significam: prisão."

Usei a frase de Malcolm X fora de contexto. Mas quem se importava com o contexto quando o choque e o assombro soavam tão radicais aos meus autoproclamados ouvidos radicais? Quando ataquei pessoas bem-intencionadas que mostravam um impulso normal de medo, que usavam a terminologia racial incorreta, que faziam a pergunta incorreta — ah, eu pensava que era muito radical. Quando minha retórica implacável fez participantes dos encontros e reuniões da União dos Estudantes Negros fugirem, quando meus escritos implacáveis fizeram os leitores fugirem, ah, eu achei que era muito radical. Quando, na verdade, se tudo o que as minhas palavras faziam era soar radicais, então elas eram tudo, menos radicais. E se medíssemos o radicalismo das palavras pelo quanto radicalmente elas transformam pessoas de mente aberta, por como a palavra liberta o poder antirracista interior? E se medirmos o conservadorismo das palavras pela intensidade com que elas mantêm as pessoas iguais, mantêm as pessoas escravizadas por suas ideias e temores racistas conservando sua sociedade desigual? Em uma época em que pensei que era muito radical, eu era o mais conservador. Era um fracasso. Fracassei em compreender os temores de meus pares da União dos Estudantes Negros.

O medo é mais ou menos como a raça — uma miragem. "O medo não é real. Ele é produto de nossa imaginação", como diz o personagem de Will Smith ao filho em um de meus filmes preferidos, *Depois da Terra*. "Não me entenda mal, o perigo é muito real, mas o medo é uma escolha."

Para sermos antirracistas, temos que ser destemidos como Harriet Tubman. Para sermos antirracistas, temos que ser corajosos. Coragem é a força de fazer o que é certo diante do medo, como nos diz o filósofo anônimo. Eu ganho discernimento sobre o que é certo nas ideias antirracistas. Eu ganho força com o medo. Enquanto muitas pessoas têm medo do que poderá ocorrer se resistirem, eu tenho medo do que poderia ocorrer se eu não resistir. Tenho medo da covardia. A covardia é a incapacidade de reunir a força para fazer o que é certo apesar do medo. E o poder racista tem instilado o terror da covardia em nós há gerações.

Para segregacionistas como o senador Ben "Pitchfork" Tillman, o presidente Theodore Roosevelt cruzou a linha da cor de pele quando jantou com Booker T. Washington em 16 de outubro de 1901. "O ato do presidente Roosevelt em entreter esse crioulo exigirá que matemos milhares de crioulos no sul antes que eles reaprendam qual é seu lugar." Ele não estava brincando.

Em 8 de julho de 1876, um jovem Tillman se unira a uma turba branca faminta de poder que assassinou pelo menos sete milicianos negros que defendiam o poder negro na cidade negra de Hamburg, Carolina do Sul. Durante todo o ano eleitoral, os Red Shirts [Camisas Vermelhas] de Tillman ajudaram os supremacistas brancos a violentamente assumir o controle na Carolina do Sul. Tillman usou seu envolvimento com o Massacre de Hamburg como um distintivo de honra para assumir o governo da Carolina do Sul, em 1890, e o senado dos Estados Unidos, em 1895, fazendo a apologia do linchamento. "O propósito de nossa visita a Hamburgo foi espalhar o terror", declarou Tillman na Reunião dos Camisas Vermelhas, em 1909. Enquanto ideias racistas pretendem nos tornar ignorantes e cheios de ódio, o terror racista pretende nos deixar temerosos.

SAÍ DAQUELE PRÉDIO sozinho. Andei até a estação de trem ao lado do campus, imaginando nas longas escadas rolantes que levavam à estação de metrô que os membros da União dos Estudantes Negros que votaram contra a Campanha 106 deviam ser ignorantes sobre racismo, assim como as pessoas brancas que apoiavam o encarceramento dos Seis de Jena. Decidindo durante o trajeto no barulhento trem até a zona norte da Filadélfia que o "mal supremo era a ignorância" e "o bem supremo era a educação". Decidindo, enquanto estava estendido no sofá olhando para o espelho no teto, que uma vida de persuasão educacional teria maior impacto do que qualquer outra vida que eu poderia escolher.

Voltei correndo para o caminho iluminado da persuasão educacional na mesma noite em que fracassei em persuadir meus pares da União dos Estudantes Negros. Fracassei em mudar mentes (que dirá a política). Mas em todo meu esclarecimento, não me vi como um fracasso. Vi meus pares como o fracasso. Não vi no espelho a minha "doutrina do fracasso", a doutrina de fracassar para criar mudanças e evitar as falhas.

Quando fracassamos em abrir as mentes fechadas dos consumidores de ideias racistas, culpamos sua incapacidade de aceitar novas opiniões e não nossa decisão tola de perder tempo ressuscitando mentes fechadas. Quando nossos ataques violentos a consumidores de mente aberta de ideias racistas falham em transformá-las, culpamos seu ódio e não nosso ódio impaciente e alienador que nutrimos por eles. Quando as pessoas falham em consumir nossas ideias antirracistas complexas, culpamos sua estupidez e não nossa estúpida falta de clareza. Quando transformamos pessoas e não lhes mostramos um caminho de apoio, culpamos sua falta de comprometimento e não nossa falta de orientação. Quando o político que apoiamos não muda as políticas racistas, culpamos a intratabilidade do racismo e não nosso apoio ao político errado. Quando fracassamos em obter apoio para um protesto, culpamos os temerosos e não nossa apresentação alienante. Quando o protesto fracassa, culpamos o poder racista e não nosso protesto cheio de falhas. Quando nossa política não produz igualdade racial, culpamos as pessoas por não aproveitarem a nova oportunidade, não nossa solução política imperfeita. A doutrina do fracasso evita o espelho da autocensura. A doutrina do fracasso gera fracasso. A doutrina do fracasso gera racismo.

E se o racismo constantemente criticasse nossas próprias ideias? E se culpássemos nossas ideologias e métodos, estudássemos nossas ideologias e métodos, aperfeiçoássemos nossas ideologias e métodos repetidas vezes, até funcionarem? Quando finalmente pararemos a insanidade de fazer a mesma coisa e esperar resultados diferentes? A autocrítica possibilita mudança. Mudar mostra flexibilidade. O poder antirracista precisa ser flexível para se equiparar à flexibilidade do poder racista, impulsionado somente pela fome de poder para moldar a política a seus interesses injustos. O poder racista acredita em quaisquer meios necessários. Nós, seus desafiadores, geralmente não o fazemos, nem mesmo os que se inspiram em Malcolm X. Nós nos importamos mais com a pureza moral, ideológica e financeira de nossas ideologias, estratégias, captação de recursos, líderes e organizações. Nós nos importamos menos em gerar resultados justos para pessoas em situações difíceis, alegando que estamos purificando-nos para as pessoas em situação difícil, ao mesmo tempo que nossa purificação mantém as pessoas em situação difícil. Quando criticamos o privilégio e a inação do poder racista, mostramos nosso privilégio e inação ao criticar cada estratégia eficiente, justificando por fim nossa inação a partir da situação confortável do privilégio. Somos tudo, menos flexíveis, muitas vezes nos limitando por ideologias limitadas, por estratégias fracassadas de mudança racial.

E se avaliássemos os métodos, líderes e organizações pelos resultados nas políticas de mudanças e igualdade? E se as soluções de estratégias e de políticas não se originassem de ideologias, mas de problemas? E se os antirracistas fossem impelidos somente pela fome de poder para moldar as políticas de acordo com seus interesses justos?

• • •

AO VOTAR CONTRA A CAMPANHA 106, os dirigentes da União dos Estudantes Negros elaboraram um plano diferente. Fizeram algo que não temiam. Nós marchamos ruidosamente pela North Broad Street e nos reunimos no campus em 20 de setembro de 2007. Naquele dia, milhares de nós pensamos que estávamos protestando, quando estávamos, na verdade, nos manifestando, de Filadélfia a Jena.

Usamos os termos "manifestação" e "protesto" intercambiavelmente, por nossa conta e risco, como usamos intercambiavelmente os termos "mobilização" e "organização". Um protesto é organizar pessoas para uma campanha prolongada que obriga o poder racista a mudar as políticas. Uma manifestação é mobilizar pessoas temporariamente a fim de divulgar um problema. Oradores, cartazes, posts e hashtags virais informam um problema. Manifestações são, não é de se surpreender, o meio preferido dos que usam a persuasão. Manifestações incomodam o poder assim como crianças que choram por algo que nunca conseguirão incomodam os pais. A menos que o poder não possa econômica, política ou profissionalmente suportar o ônus da publicidade ruim — como não pôde durante a Guerra Fria, não pôde durante a época de eleições e não pôde declarar insolvência —, normalmente o poder ignora as manifestações.

As manifestações mais eficientes (bem como os esforços educacionais mais eficientes) ajudam as pessoas a encontrar o poder antirracista em seu interior. O poder antirracista em seu interior é a habilidade de encarar meu próprio racismo no espelho do meu passado e presente, encarar meu próprio antirracismo no espelho do meu futuro, encarar meus próprios grupos raciais como iguais a outros grupos raciais, encarar o mundo de desigualdade racial como anormal, encarar meu próprio poder de resistir e superar o poder e as políticas racistas. As manifestações mais eficientes (bem como os esforços educacionais mais eficientes) proporcionam métodos para que as pessoas apliquem seu poder antirracista, apliquem seus recursos humanos e financeiros, canalizando participantes e seus fundos para organizações, protestos e campanhas tomadoras de poder. A angariação de fundos nos bastidores das manifestações dos Seis de Jena garantiu melhores advogados de defesa, que, em 26 de junho de 2009, conseguiram reduzir com tranquilidade as acusações para simples agressão, com declaração de culpa, a nenhum tempo na prisão para os acusados.

Tão importante quanto encontrar o poder antirracista interior e o apoio financeiro, as manifestações podem oferecer apoio emocional para os protestos contínuos. Os comícios noturnos nas igrejas de Montgomery, Alabama, agitadas pelas palavras cheias de coragem de Martin Luther King Jr., sustentaram aquelas corajosas mulheres negras que primeiramente boicotaram os ônibus públicos e secaram esse fluxo de receita para a cidade durante todo o ano de 1956.

Os protestos mais eficientes criam um ambiente no qual mudar a política racista atende aos interesses próprios do poder, como dessegregar negócios porque os protestos passivos estão afastando os clientes, aumentar salários para retomar a produção, dar aumentos a professores para continuar o ensino, aprovar uma lei para atrair uma força bem organizada para doadores e eleitores. Mas é difícil criar esse ambiente, visto que o poder racista faz leis que tornam ilegais a maioria de ameaças de protestos. Organizar e protestar é muito mais difícil e mais impactante do que mobilizar e manifestar. Tomar o poder é muito mais difícil do que protestar contra o poder e manifestar-se contra seus excessos.

Só as manifestações tinham pouca chance de libertar os Seis de Jena. Um juiz negou fiança para um dos rapazes no dia seguinte às manifestações. A notícia chocou e alienou alguns de meus pares da União de Estudantes Negros em relação ao ativismo. Afinal, quando participamos ou organizamos manifestações pensando que são protestos, pensando que podem mudar o poder e as políticas, e não vemos as mudanças acontecerem, é difícil não se tornar cético. É difícil não pensar que o Golias do racismo nunca poderá ser derrotado. É difícil pensar em nossas estratégias, soluções, ideologias e sentimentos como os verdadeiros fracassos. É difícil pensar que realmente temos todas as ferramentas para o sucesso.

CAPÍTULO 17

SUCESSO

O ESPECIALISTA EM FINANÇAS BOYCE Watkins falou sobre racismo como se fosse uma doença. Preocupei-me com esse conceito. Não era fundamental, eterno ou revolucionário o bastante naquela décima primeira noite do Mês da História Negra em 2010. Quando chegou o momento de perguntas e respostas, levantei o braço na última fila, e Caridad sorriu.

Caridad e eu ficamos sussurrando a maior parte da palestra. Nesse momento, eu senti a confiança se agitando em minha cabeça. Dias antes, o professor Asante me entregara o diploma de doutorado na cerimônia de titulação da Temple. O adolescente que detestava a escola tinha terminado o doutorado em 2010, e se comprometeu com o ensino para a vida toda.

Caridad provavelmente foi uma das que me levou à palestra em SUNY Oneonta, nossa faculdade estadual no vilarejo de Oneonta, no norte do estado de Nova York. Perdoem-me por chamar Oneonta de vilarejo. Brancos habitantes de área rurais vizinhas a chamavam de "a cidade".

Em Oneonta, a branquitude me cercava como nuvens vistas da janela de um avião, o que não significou que não encontrei colegas brancos simpáticos e atenciosos. Mas foi Caridad e todo o seu feminismo e antirracismo porto-riquenho que me tomou pelo braço quando cheguei como bolsista, em 2008, e me levou para mais perto quando decidi ficar, em 2009.

Estávamos destinados a ficar tão próximos quanto nossas cadeiras. Preenchi o posto na história negra deixado vago por Ralph, marido de Caridad durante 18 anos. Um câncer metastático levara o corpo negro de Ralph em 2007. Ela provavelmente não conseguia olhar para mim sem me ver no lugar de Ralph.

Seu marido perdeu a luta contra o câncer, mas a vida de Caridad como mulher afro-latina lhe impusera suas próprias lutas — por paz, por tranquilidade. Mas ela era uma lutadora, incansável e resistente, como antirracistas devem ser para ter sucesso.

SUCESSO. A ESTRADA escura que tememos. Onde o poder e as políticas antirracistas predominam. Onde oportunidades iguais e, portanto, resultados, existem entre grupos iguais. Onde pessoas culpam políticas, não pessoas, por problemas sociais. Onde quase todos têm mais do que eles têm hoje. Onde o poder racista vive nas margens, como o poder antirracista faz hoje. Onde ideias antirracistas são o senso comum, como ideias racistas são hoje.

Nem o fracasso, nem o sucesso estão escritos. A história de nossa geração se baseará no que estivermos dispostos a fazer. Estamos dispostos a enfrentar uma luta exaustiva contra o poder e as políticas racistas? Estamos dispostos a transformar o poder antirracista que temos dentro de nós no poder antirracista em nossa sociedade?

Caridad estava, o que fortaleceu minha força de vontade. Caridad compreendia que, mesmo que seus alunos lutassem contra ideias racistas, racistas de gênero, racistas queer e racistas de classe, eles também tinham dentro deles a capacidade de aprender e mudar. Ela não libertou o poder antirracista dentro deles com ataques ideológicos. Suas aulas eram mais como fortes abraços ajustados às experiências de cada aluno, levando à autorreflexão. Ela levava seus alunos negros e latinos — que lutavam contra os próprios condicionamentos culturais antiafricanos — para Gana todos os anos, onde se viam entusiasticamente imersos em sua ancestralidade africana no final da viagem. Enquanto isso, eu lutava para sobreviver nas intersecções. Os impulsos de meu passado de intolerância constantemente ameaçavam me levar de volta à colonização do poder racista. Caridad estendeu os braços de Kaila, Yaba e Weckea ao meu redor, garantindo que eu não voltasse aos meus velhos pensamentos quando deixei Temple.

"EM VEZ DE DESCREVER o racismo como uma doença, você não acha que ele é mais como um órgão?", perguntei ao palestrante. "O racismo não é essencial para o funcionamento dos Estados Unidos? O sistema do racismo não é essencial para a vida dos Estados Unidos?"

Todas essas perguntas importantes não serviram de isca para Boyce Watkings defender seu conceito de doença. Que pena. Queria que ele caísse em minha armadilha. Eu não era exatamente o tipo intelectual. Eu me fechava para novas ideias com as quais não me *sentia* bem. O que significava que eu escolhia os conceitos de racismo que se encaixavam em minha ideologia e autoidentidade.

Pedir aos antirracistas para mudar seu ponto de vista sobre o racismo pode ser tão desestabilizador quanto pedir a racistas que mudem seu ponto de vista sobre as raças. Antirracistas podem ser tão doutrinários em sua visão do racismo quanto os racistas em sua visão do não racismo. Como podem os antirracistas pedir aos racistas que abram suas mentes e mudem quando nós temos a mente fechada e somos avessos a mudanças? Eu ignorava minha própria hipocrisia, como as pessoas costumam fazer quando isso significa desistir do que lhes é caro. Desistir de minhas concepções de racismo significava desistir de minha visão sobre o mundo e sobre mim mesmo. Eu não o faria sem lutar. Eu investiria contra qualquer um que me "atacasse" com novas ideias, a menos que eu o temesse ou respeitasse como eu temia e respeitava Kaila e Yaba.

EXTRAÍ MINHA VISÃO DE racismo de um livro que li durante o curso de pós-graduação. Quando Hillary Clinton e Bernie Sanders falaram sobre "racismo institucional" na campanha presidencial de 2016, quando os ativistas que fizeram manifestações em seus eventos falaram sobre "racismo institucional", estavam usando, de forma consciente ou não, a formulação cunhada em 1967 pelo ativista do Black Power Kwane Toure e pelo cientista político Charles Hamilton em *Black Power: The Politics of Liberation in America* ["Black Power: A Política de Liberação na América", em tradução livre].

"O racismo é tanto manifesto quanto dissimulado", explicaram Toure e Hamilton. "São necessárias duas formas intimamente relacionadas; indivíduos brancos agindo contra indivíduos negros e atos de toda a comunidade branca contra a comunidade negra. Nós o chamamos de racismo individual e racismo institucional. O primeiro consiste em atos manifestos de indivíduos... O segundo tipo é menos explícito, muito mais sutil, menos identificável em termos de indivíduos *específicos* cometendo os atos." Eles distinguiram, por exemplo, o racismo individual de "racistas brancos" que bombardeiam uma igreja negra e matam crianças negras do racismo institucional de "quando, na mesma cidade — Birmingham, Alabama —, 500 bebês negros morrem a cada ano por causa da falta de alimentação, moradia e instalações médicas adequadas".

Este é, como pensei após uma primeira leitura, o sistema sombrio que nos mantém oprimidos e inertes. Os atos do sistema são dissimulados, assim como as ideias racistas das pessoas são implícitas. Eu não conseguia compreender o sistema ou defini-lo com precisão, mas eu sabia que ele estava lá, como o ar poluído em nossa atmosfera, envenenando pessoas negras em benefício das pessoas brancas.

Mas e se a atmosfera do racismo também estiver poluindo a maior parte das pessoas brancas? E se o racismo estiver atuando de forma contrária para um punhado de pessoas negras, que encontram o ar fresco da riqueza e do poder em atmosferas racistas? Enquadrar o racismo institucional como atos de "toda a comunidade branca contra toda a comunidade negra" é responsável pelas formas com que as pessoas brancas se beneficiam de políticas racistas quando comparadas a seus pares raciais. (Brancos pobres se beneficiam mais do que negros pobres. Mulheres brancas se beneficiam mais que mulheres negras. Gays brancos se beneficiam mais que gays negros.) Mas esse enquadramento de pessoas brancas contra pessoas negras *não* leva em consideração que pessoas negras não são prejudicadas da mesma forma pelo racismo ou que alguns indivíduos negros exploram o racismo para impulsionar sua própria riqueza e poder.

Mas eu não me importava. Eu pensava que tinha compreendido tudo. Pensava no racismo como um sistema inanimado, invisível e imortal, não como uma doença viva, reconhecível e mortal de células cancerosas que poderia ser identificada, tratada e aniquilada. Eu considerava o sistema tão essencial aos Estados Unidos quanto a Constituição. Às vezes, eu achava que as pessoas brancas operavam o sistema dissimuladamente, e o manipulavam para benefício de toda a comunidade branca à custa de toda a comunidade negra.

O constructo do racismo institucional dissimulado abre os olhos dos norte-americanos para o racismo e, ironicamente, também os fecha. Separar o racismo individual manifesto do institucional dissimulado encobre as escolhas de políticas específicas que causam desigualdades raciais, políticas feitas por pessoas específicas. Encobrir as políticas e os legisladores específicos nos impede de identificá-los e substituí-los. Ignoramos legisladores e políticas racistas enquanto atacamos, zangados, o monstro abstrato do "sistema".

Os responsáveis pela morte de 500 bebês todos os anos em Birmingham "devido à falta de alimentação, moradia e instalações adequadas" não eram menos evidentes do que os "terroristas brancos" que mataram quatro garotas negras em uma igreja em Birmingham em 1963. Do mesmo jeito que os investigadores conseguiram descobrir exatamente quem foram os responsáveis pelas bombas naquela igreja, podem perfeitamente descobrir quais políticas causam a morte de 500 bebês todos os anos e exatamente quem as implantou. Do mesmo jeito com que as pessoas aprenderam a ver abuso racista saindo das bocas de indivíduos racistas, podem aprender a ver desigualdades raciais surgindo de políticas racistas. Todas as formas de racismo são manifestas se nossos olhos antirracistas estiverem abertos para enxergar as políticas racistas por trás da desigualdade racial.

Mas não enxergamos. Nossos olhos foram fechados por ideias racistas e a inconfessa ligação entre o antirracista institucional e o pós-racialista. Eles se unem na ideia de que o racismo institucional, muitas vezes, não é visto e não pode ser visto. Porque ele é dissimulado, diz o antirracista institucional. Porque ele mal existe, diz o pós-racialista.

Existe uma ligação semelhante entre o preconceito implícito e o pós-racialismo. Eles se unem na noção de que as ideias racistas estão enterradas na mente. Porque são implícitas e inconscientes, diz o preconceito implícito. Porque estão mortas, diz o pós-racialismo.

TOURE E HAMILTON não poderiam prever como seus conceitos de racismo manifesto e dissimulado seriam usados por pessoas no quadro ideológico para transformar o racismo em algo oculto e irreconhecível. Compreensivelmente, Toure e Hamilton estavam focados na distinção do individual e do institucional. Estavam reagindo às mesmas forças moderadas, liberais e assimilacionistas que todos esses anos depois ainda reduzem o racismo a atos individuais de homens da Klan, políticos adeptos de Jim Crow, republicanos do Tea Party, usuários da palavra com C, atiradores nacionalistas brancos e políticos trumpianos. "Indivíduos 'respeitáveis' podem se absolver da culpa individual: eles nunca plantariam uma bomba em uma igreja; eles nunca apedrejariam uma família negra", escreveram Toure e Hamilton. "Mas eles continuam a apoiar agentes e instituições políticas que poderiam e de fato perpetuam políticas institucionalmente racistas."

O termo "políticas institucionalmente racistas" é mais concreto do que "racismo institucional". O termo "políticas racistas" é mais concreto do que "políticas institucionalmente racistas", visto que "institucional" e "políticas" são redundantes. Políticas são institucionais. Ocasionalmente, porém, ainda uso os termos "racismo institucional", "racismo sistêmico", "racismo estrutural", e "manifesto" e "dissimulado". Eles são como a minha primeira língua de racismo. Mas, quando nos damos conta de que velhas palavras não transmitem com clareza e exatidão o que queremos descrever, deveríamos buscar novas palavras. Tenho dificuldades em explicar concretamente o que significa "racismo institucional" ao pequeno empresário do Oriente Médio, ao trabalhador negro, ao professor branco, ao enfermeiro latino, ao operário asiático, ao vendedor indígena, que não fazem cursos sobre racismo, não leem os livros sobre racismo, não frequentam palestras sobre racismo, não assistem a programas especiais sobre racismo, não ouvem os podcasts sobre racismo, não participam de manifestações contra o racismo.

Tento ter em mente as pessoas comuns quando uso "políticas racistas" em vez de "racismo institucional".

Legisladores e políticas formam sociedades e instituições, não o contrário. Os Estados Unidos são uma nação racista porque seus legisladores e políticas têm sido racistas desde o início. A convicção de que legisladores podem ser superados, que políticas racistas podem ser mudadas e que as mentes racistas de suas vítimas podem ser modificadas só é questionada por aqueles dedicados a preservar legisladores, políticas e hábitos de pensamento racistas.

O racismo sempre foi terminal *e* curável. Racismo sempre foi reconhecível e mortal.

A CHUVA CAÍA EM SEU moletom cinza com capuz. Era 26 de fevereiro de 2012, uma monótona noite de domingo. Eu esperava ansioso por meu primeiro livro, sobre ativismo negro estudantil no final dos anos 1960, que seria publicado em duas semanas. O adolescente de capuz esperava ansiosamente para saborear o suco de melancia e os Skittles que comprara em um 7-Eleven próximo. O garoto de 17 anos era tranquilo, descontraído, como seu andar. Adorava LeBron James, hip-hop e *South Park*, e sonhava em pilotar aviões algum dia.

Com mais de 1,80m e magro, Trayvon Martin caminhava devagar na chuva de volta para a comunidade de Retreat at Twin Lakes. Seu pai, Tracy Martin, namorava uma mulher que morava no condomínio em Sanford, um subúrbio de Orlando, Flórida. Tracy levara junto o filho para uma conversa, para fazê-lo retomar o foco na faculdade, como seu irmão mais velho. Trayvon tinha acabado de ser suspenso por levar uma pequena quantidade de maconha à escola em Miami. Enquanto adolescentes brancos faziam festas, bebiam, dirigiam, fumavam, cheiravam e roubavam ao coro de "boys will be boys" [garotos serão garotos], rapazes negros da cidade tinham tolerância zero em um estado policiado.

Martin se desviava das poças no lento trajeto para casa. Ligou para a namorada. Enquanto conversava, atravessou o portão da frente (ou tomou um atalho) em direção ao grupo de casas cor de areia de dois andares. Como em muitos bairros durante a Grande Recessão, investidores compraram as propriedades cujos donos não conseguiram pagar seus financiamentos, e agora as alugavam. Com os inquilinos vieram rostos desconhecidos, rostos transitórios e racistas que associavam a presença de adolescentes negros com o "surto" de sete roubos a casas em 2011. Imediatamente, eles organizaram um grupo de vigilância no bairro.

O organizador do grupo de vigilância nasceu um ano depois de mim, filho de um veterano do Vietnã branco e uma imigrante peruana. Criado perto de onde eu tinha me mudado com minha família em Manassas, Virgínia, George Zimmerman mudou-se para a Flórida como eu, depois de terminar o ensino médio. Sua condenação por agressão e acusações de violência doméstica mudaram seus planos de se tornar policial. Mas nada abalou sua convicção de que o corpo negro — e não o dele — era o criminoso em seu meio.

Zimmerman decidiu dar uma volta. Ele pulou em sua caminhonete, sua pistola 9mm licenciada guardada em um coldre na cintura. Começou a dirigir. Notou um adolescente negro de capuz andando pelo condomínio. Ligou para a polícia. A presença do corpo negro, um crime. O crime histórico de ideias racistas.

NÃO PLANEJEI QUE MEU segundo livro fosse sobre ideias racistas, assim como Zimmerman se concentrou no que poderia ter sido qualquer corpo negro masculino quando notou o adolescente que o presidente Obama pensou "poderia ser meu filho". Depois do meu primeiro livro, sobre o Movimento do Campus Negro, eu planejava pesquisar as origens dos alunos de Estudos Negros nos anos 1960. Então me dei conta de que os estudantes negros exigiam estudos negros porque consideravam que todas as disciplinas existentes eram racistas. Que os acadêmicos liberais que dominavam essas disciplinas se recusavam a identificar suas ideias assimilacionistas como racistas. Que eles se identificavam como não racistas, assim como os segregacionistas a quem chamavam de racistas. Esses estudantes negros chamavam ambos de racistas, redefinindo as ideias racistas. Eu queria escrever uma longa história usando a redefinição de ideias racistas dos estudantes negros. Mas a assombrosa tarefa me assustou, assim como o olhar de Zimmerman assustou Martin.

Martin ligou para um amigo e disse que estava sendo seguido. Apressou o passo. "Ei, tivemos alguns roubos no meu bairro", relatou Zimmerman à atendente da polícia. "E aqui tem um cara muito suspeito. Ele parece não ter boas intenções, ou está drogado ou coisa parecida... Um capuz escuro, cinza, na verdade." Ele perguntou quanto tempo levaria para um policial chegar, porque "esses filhos da mãe, eles sempre escapam".

Martin correu. Zimmerman saltou do veículo e o perseguiu, a arma na cintura, o telefone na mão. A atendente lhe disse para parar. Zimmerman desligou o telefone e alcançou Martin, cerca de 12 minutos depois das 19h. Só uma pessoa viva sabe exatamente o que aconteceu em seguida: Zimmerman, provavelmente lutando para "prender" o "criminoso". Martin, provavelmente, lutando para se libertar do verdadeiro criminoso e salvar a vida. Zimmerman apertou o gatilho e pôs fim à vida de Martin. Zimmerman alegou legítima defesa à própria vida. O júri concordou em 13 de julho de 2013.

DE CORAÇÃO PARTIDO, ALICIA Garza digitou "Black Lives Matters" [Vidas Negras Importam] nas noites de luto, nos caixões negros se empilhando à sua frente enquanto as pessoas gritavam todos aqueles nomes de Trayvon Martin a Michael Brown, a Sandra Bland, a Korryn Gaines. As mortes, as acusações, as negações, as manifestações e mais mortes — tudo me deu forças todos os dias para pesquisar para *Stamped from the Beginning* ["Selado desde o Início", em tradução livre].

No verão de 2012, eu estava encontrando e marcando cada ideia racista que podia encontrar na história. Ideias racistas se empilhavam à minha frente como lixo em um aterro. Dezenas de milhares de páginas de pessoas negras sendo tratadas como animais, bestas, demônios, estupradores, escravos, criminosos, crianças, predadores, brutos, idiotas, prostitutas, malandros e dependentes. Mais de 500 anos de ideias tóxicas sobre o corpo negro. Dia após semana; semana após mês; mês após ano; muitas vezes 12 horas por dia durante 3 anos terrivelmente longos, percorri esse lixo, consumi esse lixo, absorvi sua toxicidade, antes de liberar uma minúscula porção desse lixo em suas páginas.

Ironicamente, todo esse lixo purificou minha mente, se não a minha alma. Enquanto coletava esse lixo, compreendi que, inadvertidamente, fizera o mesmo durante toda a vida. Parte eu joguei fora depois de me olhar no espelho. Parte ficou. Como as sacolas sujas ou os resquícios de "esses crioulos"; "pessoas brancas são demônios"; "asiáticos servis"; "terroristas do Oriente Médio"; "bairros negros perigosos"; "indígenas fracos"; "mulheres negras raivosas"; "latinos invasores"; "mães negras irresponsáveis" e "pais negros vagabundos". A missão de revelar e criticar a vida de ideias racistas dos Estados Unidos se tornou uma missão de revelar e criticar minha vida de ideias racistas, que se tornou uma missão de ser antirracista por toda a vida.

Para mim, ser antirracista são passos sucessivos.

Paro de usar frases como "Não sou racista" ou "Não posso ser racista" para me defender ou negar.

Admito a definição de racista (alguém que apoia políticas racistas ou expressa ideias racistas).

Confesso as políticas racistas que apoio e as ideias racistas que expresso.

Aceito sua fonte (minha criação em uma nação que nos torna racistas).

Reconheço a definição de antirracista (alguém que apoia políticas antirracistas ou expressa ideias antirracistas).

Luto pelo poder e pelas políticas antirracistas em meus espaços. (Conseguindo uma posição de formulador de políticas. Aderindo a uma organização ou protesto antirracista. Doando meu tempo publicamente, ou doando recursos em particular para legisladores, organizações e protestos antirracistas voltados para mudar o poder e as políticas.)

Luto para permanecer nas intersecções antirracistas em que o racismo se mistura a outras intolerâncias. (Eliminando distinções raciais biológicas e comportamentais. Equiparando distinções raciais em etnias, corpos, culturas, cores, classes, espaços, gêneros e sexualidades.)

Eu me esforço para pensar com ideias antirracistas. (Vendo a política racista por trás da desigualdade racial. Nivelando as diferenças de grupos. Não sendo enganado para generalizar a negatividade individual. Não sendo enganado por estatísticas ou teorias deturpadas que culpam as pessoas pela desigualdade racial.)

Ideias racistas me enganaram quase a vida inteira. Eu me recusei a deixar que elas continuassem a fazer de mim um tolo, um idiota, um escravo. Compreendi que não há nada errado com nenhum grupo racial e tudo errado com indivíduos como eu que pensam que há algo errado com qualquer grupo racial. É muito bom purificar a mente.

Mas não purifiquei meu corpo. Mantive a maior parte do lixo tóxico dentro de mim entre 2012 e 2015. Não falei muito sobre a maior parte disso. Tentei encarar como uma brincadeira. Não falei da dor de sentir as ideias racistas atacando meu corpo negro durante séculos. Mas como eu poderia me preocupar com meu corpo enquanto via policiais atacando o corpo negro quase todas as semanas no meu celular? Como eu poderia me preocupar com meu corpo quando racistas culpavam os mortos, enquanto os entes queridos dos mortos choravam, se enraiveciam e se entorpeciam?

Como eu poderia me preocupar com meu sofrimento enquanto Sadiqa sofria?

SOBREVIVÊNCIA

SADIQA E EU RARAMENTE nos sentávamos no sofá creme arredondado em nossa nova casa em Providence. Mas nossos nervos nos levaram para a sala de estar naquele dia do fim de agosto de 2013.

Tínhamos nos mudado na semana anterior, recém-casados. Tínhamos fugido e trocado nossos sobrenomes meses antes, em uma aventura pitoresca captada na coluna "Bridal Bliss", da *Essence*. O vestido dourado, os acessórios vermelhos, os enfeites de búzios e a aura régia de Sadiqa sentada em seu trono em uma praia da península enquanto as ondas se curvavam sobre o colorido pôr do sol foram sublimes.

Ainda empolgados com as fotografias, estávamos desabando agora. De mãos dadas, esperamos pela ligação do radiologista que realizou o ultrassom e a biópsia. Uma semana antes, Sadiqa me contou sobre o nódulo. Ela não lhe deu muita importância, provavelmente sabendo que 93% das mulheres com diagnóstico de câncer de mama têm mais de 40 anos de idade. Ela tinha 34. Mas ela cedeu aos meus pedidos de procurar um médico naquele dia. O telefone tocou. Saltamos como se estivéssemos vendo um filme de terror. No viva-voz, o médico disse que Sadiqa tinha um câncer de mama invasivo.

Minutos depois, estávamos no andar superior. Sadiqa não conseguiu e eu tive que ligar e contar à mãe, que já tinha perdido uma filha, que a que lhe restava estava com câncer. Eu estava no quarto de hóspedes quando ela começou a chorar, enquanto Sadiqa chorava em nosso quarto, e eu chorava em minha mente.

O choro logo parou, mas a preocupação que envolvia e sufocava minha mulher, não. Sadiqa analisou a luta que a aguardava. Cirurgia para remover o nódulo. Quimioterapia para evitar uma reincidência. Monitoramento rigoroso para identificar e tratar uma reincidência.

Sadiqa tinha tempo antes da cirurgia. Decidimos congelar embriões para o caso de a quimioterapia prejudicar seus ovários. O processo estimulou perigosamente os ovários enchendo seu abdômen com líquido, criando um coágulo de sangue. Dormimos no hospital durante uma semana enquanto ela se recuperava. Tudo antes da luta contra o câncer.

O coágulo sanguíneo tornou a cirurgia perigosa demais como primeira intervenção. A quimioterapia viria primeiro, o que significava três meses assistindo e sentindo sua angústia. Ela apreciava comida, mas não conseguia sentir seu gosto. Teve que enfrentar uma fadiga crônica para conseguir se exercitar. Tinha acabado de completar 12 anos de treinamento médico, mas agora, em vez de ver seus pacientes, tinha se tornado um deles. Era como treinar duramente para uma maratona e ficar doente depois de dar alguns passos na corrida. Mas ela continuou a correr: uma quimioterapia, três cirurgias, outro ano de uma quimioterapia menos tóxica. E ela venceu.

TIVE DIFICULDADE EM SEPARAR o câncer de Sadiqa do racismo que eu estudava. Os dois consumiram minha vida nos meses finais de 2013 e durante a melhor parte de 2014 e 2015. Meses depois que Sadiqa sobreviveu ao câncer de mama estágio 2, minha mãe foi diagnosticada com câncer de mama estágio 1. Ela suportou a radiação e uma lumpectomia em 2015. Aqueles anos foram todos sobre cuidar de Sadiqa, ajudar meu pai a cuidar de minha mãe e — quando elas estavam dormindo, recebendo visitas ou querendo ficar a sós — afastar-me do sofrimento dos cânceres para a pilha de ideias racistas que tinha reunido.

Com o passar do tempo, a origem das ideias racistas se tornou óbvia, mas eu tive dificuldade em reconhecê-la. A origem não correspondia à minha concepção de racismo, minha ideologia racial, minha identidade racial. Eu me tornei professor universitário para combater ideias racistas por meio da instrução, vendo a ignorância como a fonte de ideias racistas, vendo ideias racistas como a fonte de políticas racistas, vendo a mudança mental como a solução principal, vendo a mim mesmo, um educador, como o principal solucionador.

Observar a coragem de Sadiqa em agredir seu corpo para depois reconstruí-lo me inspirou a aceitar a fonte das ideias racistas que descobri enquanto pesquisava toda a sua história — mesmo destruindo meu modo de pensar anterior. Minha pesquisa continuou a me apontar a mesma resposta: a origem das ideias racistas não era a ignorância e o ódio, mas o interesse próprio.

A história das ideias racistas é a história de legisladores poderosos criando políticas racistas por interesse próprio, e então produzindo ideias racistas para defender e racionalizar os efeitos de desigualdade de suas políticas, enquanto as pessoas comuns consomem essas ideias racistas, o que, por sua vez, desperta ignorância e ódio. Tratar a ignorância e o ódio e esperar que o racismo encolha de repente parecia como tratar os sintomas de câncer de um paciente e esperar que o tumor encolhesse. O corpo político pode se sentir temporariamente melhor devido ao tratamento — por tentar erradicar o ódio e a ignorância —, mas, enquanto a causa subjacente permanece, os tumores crescem, os sintomas voltam e as desigualdades se espalham como células cancerosas, ameaçando a vida do corpo político. A persuasão educacional e moral não é só uma estratégia fracassada. É uma estratégia suicida.

A MENSAGEM DE FOCAR a mudança de políticas e não a mudança mental é descrita em meu livro seguinte, *Stamped from the Beginning*. Depois que o livro foi publicado em 2016, iniciei uma jornada para disseminar essa mensagem a partir de nossa nova casa na Universidade da Flórida. Falei sobre políticas racistas que levam a ideias racistas, e não o contrário, como geralmente pensávamos. Falei sobre eliminar políticas racistas, se quiséssemos algum dia eliminar ideias racistas. Falei e falei, inconsciente de minha nova hipocrisia, que leitores e participantes notaram. "O que *você* está fazendo para mudar as políticas?", continuavam a me perguntar em público e em particular.

Comecei a me questionar. O que eu estou fazendo para mudar as políticas? Como posso realmente pedir às pessoas para focarem mudanças políticas, se eu não estou focado em mudanças políticas? Mais uma vez, tive que confrontar e abandonar uma ideia querida.

Eu não precisava abandonar a pesquisa e a educação sobre antirracismo. Eu precisava abandonar minha orientação em relação à pesquisa e educação antirracista. Tinha que abandonar o persuasor criado em mim, que me fazia pesquisar e educar em nome de uma mudança de mentes. Tinha que começar a pesquisar e educar para mudar políticas. A estratégia anterior produz um estudioso público. A última, produz educação pública.

NO VERÃO DE 2017, me mudei para a American University, na capital do país, para fundar e dirigir o Centro de Políticas e Pesquisas Antirracistas. Minha pesquisa na história do racismo e antirracismo revelou que os acadêmicos, especialistas em políticas, jornalistas e ativistas têm sido cruciais para substituir a política racista pela antirracista com sucesso.

Imaginei criar programas de bolsas residenciais e levar a Washington times dos sonhos de acadêmicos, especialistas em política, jornalistas e advogados, que seriam assistidos por classes compostas de alunos do corpo estudantil mais politicamente ativo do país. As equipes focariam as desigualdades raciais mais críticas e aparentemente intratáveis. Investigariam as políticas raciais que causam desigualdades raciais, inovariam em políticas antirracistas corretivas, divulgariam as políticas e pesquisas corretivas e se envolveriam em campanhas para mudar esse trabalho com o poder antirracista, em locais para instituir e testar essas políticas corretivas antes de aplicá-las nacional e internacionalmente.

ESSAS EQUIPES MODELARIAM alguns dos passos que todos podemos dar para eliminar a desigualdade racial em nossos espaços.

Admita que a desigualdade racial é um problema de políticas ruins, não de pessoas ruins.

Identifique desigualdades raciais em todas as suas intersecções e manifestações.

Investigue e exponha políticas racistas que causem desigualdade racial.

Invente ou encontre políticas antirracistas que possam eliminar desigualdades raciais.

Descubra quem ou que grupo tem o poder de instituir políticas antirracistas.

Dissemine e informe sobre políticas racistas explícitas e políticas antirracistas corretivas.

Trabalhe com legisladores antirracistas solidários para instituir políticas antirracistas.

Utilize o poder antirracista para obrigar ou afastar o poder de legisladores racistas não solidários, a fim de instituir políticas antirracistas.

Monitore rigorosamente as políticas antirracistas para garantir que reduzam e eliminem desigualdades raciais.

Quando as políticas falharem, não culpe as pessoas. Recomece e busque novos tratamentos antirracistas mais eficientes até que funcionem.

Monitore rigorosamente os legisladores para evitar que novas políticas racistas sejam instituídas.

Na noite de setembro em que revelei minha visão sobre o Centro Antirracista para meus colegas na American University, o terror racista também se revelou. Depois da apresentação, durante minha aula noturna, um corpulento branco não identificado de meia-idade vestido com trajes de trabalho colocou cópias de bandeiras Confederadas com desenhos de bolas de algodão no interior de vários prédios. Ele as colocou em quadros de aviso do lado de fora de minha sala. O momento escolhido não pareceu ser coincidência. Ignorei meus temores e continuei no mesmo ritmo nos últimos meses de 2017. Esse não foi o único fato que afastei do pensamento. Também ignorei minha perda de peso e segui em frente. Começou a ficar irritante entrar e sair dos banheiros sem produzir nada, e ainda sentir que tinha que voltar minutos depois. Mas achei que tinha coisas mais importantes com que me preocupar. Afinal, nacionalistas brancos estavam governando e aterrorizando os Estados Unidos e seu poder estava se espalhando pelo mundo ocidental.

Não tive uma folga restauradora no feriado de Ações de Graças. Estava de cama. Os vômitos começaram e pararam durante o fim de semana. A diarreia com sangue, não. Tudo piorou. No Natal, a situação tinha ficado grave. Cedi quando Sadiqa insistiu que eu fosse ao médico.

Nem a enfermeira, nem Sadiqa acharam que fosse algo grave. Eu tinha 35 anos, cerca de metade da idade média para a pior possibilidade, câncer do cólon. Não exibia nenhum dos fatores de risco para a doença, visto que eu me exercitava, raramente bebia, não fumava, e era vegano desde que Sadiqa e eu adotamos esse novo estilo a fim de evitar a reincidência de seu câncer. Agendamos uma colonoscopia preventiva para 10 de janeiro de 2018.

EU ESTAVA ATORDOADO por causa da anestesia naquela manhã. Limpar o cólon tinha sido uma tarefa que tomou a noite toda. Sadiqa ajudou a me vestir na pequena sala de exames sombria. Não havia janelas, cores vivas ou enfeites, apenas fotos do trato intestinal nas paredes. A médica negra que realizou a colonoscopia entrou na sala com uma expressão séria.

"Encontrei algo anormal", disse, sentando-se. "Vi uma massa no cólon sigmoide. É grande e friável, e está sangrando." Olhei para ela, confuso, não entendendo o que ela queria dizer. Sadiqa olhou para ela, chocada, sabendo exatamente o que ela queria dizer.

Ela disse que não conseguiu que o colonoscópio passasse da massa, que obstruía o cólon. "É muito provável que seja canceroso", acrescentou.

A médica fez uma pausa quando minha confusão se transformou em choque. Minha mente se apagou. Sadiqa teve que falar por mim, realmente ouvir por mim. A médica disse para fazer os exames de sangue naquele dia e uma tomografia no dia seguinte para confirmar o câncer. Eu não sabia o que pensar ou sentir. E assim eu não senti nem pensei, só fiquei em choque.

Em algum momento, vários minutos depois, talvez quando alguém coletava meu sangue, pensei na professora Mazama. Sobre quando contei a ela o diagnóstico de Sadiqa e perguntei: "Por que ela?"

"Por que não ela?", respondeu Mazama.

Por que não eu?

Pensei em Sadiqa, meus pais, e suas lutas contra o câncer. *Por que não eu?* Eles sobreviveram. *Por que não seria eu a morrer?*

. . . .

Saímos do consultório no centro de Washington e fomos até o Busboys and Poets para encontrar minha mãe para o café da manhã. Nós nos sentamos. Minha mãe nos aguardava havia meia hora. Ela perguntou por que demoramos tanto. Eu ainda estava mudo, olhando para baixo, para cima, para longe dos olhos de qualquer pessoa. Sadiqa contou à mamãe sobre a massa. Que provavelmente era câncer. "Certo, se for, vamos lidar com isso", respondeu minha mãe. Eu a fitei nos olhos, segurando as lágrimas. "Vamos lidar com isso", repetiu. Eu sabia que ela falava sério. *Sim, nós vamos*, eu disse para mim mesmo, absorvendo sua coragem.

Naquela noite, recebi mais coragem quando Sadiqa e eu pressupomos que tínhamos descoberto o câncer cedo. Provavelmente estágio 1 ou 2. Talvez 3. Não 4. Cerca de 88% de pessoas diagnosticadas com câncer de cólon no estágio 4 morriam dentro de cinco anos.

No dia seguinte, eles confirmaram. Eu tinha câncer de cólon metastático. Estágio 4. *Talvez a gente não consiga lidar com isso.*

NOSSO MUNDO ESTÁ SOFRENDO de câncer metastático. Estágio 4. O racismo se disseminou a praticamente todas as partes do corpo político, realizando intersecções com intolerâncias de todo o tipo, justificando todos os tipos de desigualdades ao culpar as vítimas; aumentando a exploração e o ódio descabido; incitando tiroteios em massa, corridas armamentistas e demagogos que polarizam nações; derrubando órgãos essenciais à democracia e ameaçando a vida da sociedade humana com guerras nucleares e mudanças climáticas. Nos Estados Unidos, o câncer metastático tem se espalhado, contagiado e ameaçado matar o corpo norte-americano como quase fez antes de seu nascimento, como quase fez durante a Guerra Civil. Mas quantas pessoas olham para as desigualdades raciais no interior de seu corpo, as desigualdades raciais em seus bairros, as desigualdades raciais em suas instituições e categoricamente negam que suas políticas são racistas? Elas categoricamente negam que a desigualdade racial indica uma política racista. Categoricamente negam a política racista enquanto usam ideias racistas para justificar a desigualdade racial. Categoricamente negam o câncer do racismo à medida que as células cancerosas se espalham, e literalmente ameaçam suas próprias vidas e as vidas de pessoas, espaços e lugares que lhes são caros. A concepção popular da negação — como a estratégia popular da persuasão — é suicida.

PENSEI A SEMANA toda sobre a negação, antes do diagnóstico, depois do diagnóstico. Ainda não conseguia separar racismo e câncer. Aguardava em salas de espera, entre consultas médicas, exames e procedimentos, escrevendo um ensaio argumentando que o batimento cardíaco do racismo é a negação, o batimento cardíaco do antirracismo é a confissão. O artigo foi publicado no *New York Times* no domingo, 14 de janeiro de 2018, três dias após meu diagnóstico. Mas meu texto sobre a negação do racismo não me impediu de negar a gravidade de meu câncer. Eu não conseguia confessar que provavelmente eu morreria.

Secretamente, eu vinha tentando entender o racismo por meio do câncer desde o diagnóstico de Sadiqa. Só que agora eu começava a entender o meu câncer por meio de minha nova concepção de racismo.

Negar minha habilidade de ter êxito na luta contra o câncer não era diferente daqueles que negam nossa habilidade de ter êxito na luta pelo antirracismo. Negar é muito mais fácil do que admitir, do que confessar.

Eu tenho câncer. O estágio mais grave. O câncer provavelmente vai me matar. Eu posso sobreviver ao câncer, contrariando todas as expectativas.

Minha sociedade tem racismo. O estágio mais grave. O racismo provavelmente vai matar minha sociedade. Minha sociedade pode sobreviver ao racismo, contrariando todas as expectativas.

Eu me preparei para lutar. Olhei para além do que poderia me prejudicar na luta para ver tudo o que me poderia trazer alegria. Dançar pela vida com minha parceira sobrevivente e lutadora. Assistir à minha filha negra de quase dois anos de idade crescer e se transformar em uma mulher fenomenal. Transformar-me em um ser melhor por meio do amor de minha família positiva, amigos e mentores que conheço e não conheço. Engajar meus leitores de mente aberta de *Stamped from the Beginning*. Criar o Centro de Antirracismo e torná-lo uma fábrica intelectual de políticas antirracistas. Testemunhar meu amado New York Knicks finalmente vencer um campeonato da NBA. Escrever para a *Atlantic,* nas mesmas páginas que W.E.B. Du Bois. Terminar este livro e partilhá-lo com o mundo.

Assisti ao progresso do antirracismo surgindo em minha vida, à sociedade antirracista surgindo na vida de minha neta, nossos bisnetos se recusando a voltar à época racista quanto todas a vítimas de todas as formas de intolerância que alimentam e são alimentadas pelo racismo tinham muito menos recursos, muito menos oportunidades de se fundir com sua humanidade, de se fundir com a diferença humana, de se fundir com nossa humanidade partilhada.

MEU PLANO DE TRATAMENTO tomou a forma de planos de batalha. Seis meses de quimioterapia. Se os tumores diminuíssem, a chance de cirurgia. A chance de remover o resto dos tumores. A chance de vida se não houvesse reincidência. Uma pequena chance. Mas uma chance.

Às segundas-feiras, a cada três semanas, iniciando no final de janeiro de 2018, recebi injeções quimioterápicas e comecei a quimioterapia oral. Às terças-feiras, eu já me sentia como se tivesse sido atacado por Smurf e sua turma. Eu mal conseguia sair da cama. Mal conseguia escrever este livro. Mal conseguia comer e beber. Mas me obriguei a sair da cama, a escrever, a ficar hidratado, porque quando não exercitava meu corpo e minha mente, quando não consumia proteína, pensamentos e líquidos suficientes, sentia os níveis de toxicidade aumentando no meu corpo, exacerbando todos os sintomas.

Para continuar minha vida normal, eu tinha que sair e enfrentar o frio rigoroso, não só para a academia, mas para reuniões, palestras, para a vida. A químio me deixou muito sensível ao frio. Um grau negativo lá fora parecia -20°C dentro de mim. Sempre que eu respirava o ar frio, meus pulmões doíam. Sempre que eu tomava líquidos gelados, minha garganta doía. Sempre que eu tocava qualquer coisa fria, meus dedos doíam.

Em vez de ceder ao desconforto crônico ou pedir ao médico para aliviar a químio, descobri meios de me sentir mais confortável. Normalmente, a dor é essencial à cura. Quando se trata de curar os Estados Unidos do racismo, queremos curá-lo sem dor, mas sem dor não haverá progresso.

MEUS TUMORES DIMINUÍRAM o suficiente para me levarem à mesa de cirurgia no final do verão de 2018. Os cirurgiões removeram o que tinha restado e tornaram a me costurar. Os patologistas dissecaram o material retirado e não encontraram células cancerígenas. Aparentemente, os seis meses de químio tinham destruído todo o câncer. Meus médicos ficaram tão surpresos quanto eu quando recebi o diagnóstico. Eu tinha uma boa chance de me inserir entre os 12% de pessoas que sobrevivem ao câncer de cólon em estágio 4.

PODEMOS SOBREVIVER AO RACISMO metastático. Perdoem-me. Não consigo separar os dois, e nem tento mais. E se a humanidade conectasse os dois? Quantas pessoas de todas as raças deixariam de morrer todos os anos de câncer se lançássemos uma guerra contra a doença em vez de contra corpos não brancos que nos matam em números muito menores? Quantas opções melhores de prevenção e tratamento os médicos teriam, se destinássemos ao tratamento e pesquisa do câncer uma porção dos trilhões de dólares em tributos que gastamos para reduzir impostos dos mais ricos, para prender e bombardear pessoas, e enviar tropas em situações de perigo?

E se tratássemos o racismo como tratamos o câncer? O que historicamente tem sido eficiente no combate ao racismo é análogo ao que tem sido eficiente no combate ao câncer. Estou falando sobre os métodos de tratamento que me deram a chance de viver e que dão a milhões de lutadores e sobreviventes contra o câncer como eu, como você, aos nossos entes queridos, uma chance de vida. Os métodos de tratamento que deram a milhões de nossos parentes, amigos e ídolos que não sobreviveram ao câncer uma chance de alguns dias, meses ou anos a mais de vida. E se os humanos conectassem os planos de tratamento?

Saturar o corpo político com a quimioterapia ou imunoterapia das políticas antirracistas que reduzem os tumores das desigualdades raciais, que matam células cancerígenas não detectadas. Remover quaisquer políticas racistas, do modo como cirurgiões removem tumores. Garantir que haja margens limpas, significando que não reste nenhuma célula cancerígena ou desigualdade no corpo político, apenas as células saudáveis da igualdade. Encorajar a consumo de alimentos saudáveis para o pensamento e exercícios regulares para as ideias antirracistas, para reduzir a probabilidade de uma reincidência. Monitorar o corpo político rigorosamente, principalmente onde havia tumores da desigualdade racial. Detectar e tratar precocemente uma reincidência, antes que cresça e ameace o corpo político.

Mas, antes de poder tratar, precisamos acreditar. Acreditar que nem tudo está perdido para você, para mim e para nossa sociedade. Acreditar na possibilidade de que podemos lutar para sermos antirracistas a partir de hoje. Acreditar na possibilidade de que podemos transformar nossas sociedades para se tornarem antirracistas de hoje em diante. O poder racista não é divino. Políticas racistas não são indestrutíveis. Desigualdades raciais não são inevitáveis. Ideias racistas não são inerentes à mente humana.

Raça e racismo são constructos de poder do mundo moderno. Por cerca de 200 mil anos, antes de raça e racismo serem construídos no século XV, os humanos viam a cor de pele, mas não agrupavam as cores em raças continentais, não atribuíam características positivas e negativas a esses tons de pele e tampouco classificavam as raças para justificar a desigualdade racial, para reforçar o poder e as políticas racistas. O racismo não tem nem 600 anos de idade. É um câncer que descobrimos cedo.

Dos cânceres conhecidos, o racismo é um dos mais fatais e que mais rapidamente se espalha na humanidade. É difícil encontrar um lugar em que as células cancerígenas não estejam se dividindo e multiplicando. Não há nada que eu possa ver hoje em nosso mundo, em nossa história, que me dê esperança de que um dia antirracistas vencerão a luta, que um dia a bandeira do antirracismo tremulará sobre um mundo de equidade. O que me dá esperança é um simples truísmo. Quando perdemos a esperança, certamente perderemos. Mas, se ignorarmos as probabilidades e lutarmos para criar um mundo antirracista, então daremos à humanidade uma chance de um dia sobreviver, uma chance de viver em comunhão, uma chance de sermos livres para sempre.

NOTAS

Minha Introdução Racista

9 **"A preguiça é uma característica dos negros"** John R. O'Donnell, *Trumped!: The Inside Story of the Real Donald Trump — His Cunning Rise and Spectacular Fall* (Nova York: Simon & Schuster, 1991). O'Donnell é o ex-presidente do Trump Plaza Hotel and Casino em Atlantic City. Em suas memórias, ele citou uma crítica de Trump a um contador negro: "Sujeitos negros contando meu dinheiro! Detesto isso. As únicas pessoas que quero contando meu dinheiro são caras baixos usando quipás todos os dias... Acho que esse sujeito é preguiçoso. E provavelmente não é culpa dele, porque a preguiça é uma característica dos negros. É mesmo, acredito nisso. Não é algo que possam controlar." Inicialmente, Trump negou ter dito isso, mas depois disse a um repórter da *Playboy:* "O que O'Donnell escreveu sobre mim provavelmente é verdade." Veja Mark Bowden, "The Art of the Donald: The Trumpster Stages the Comeback of a Lifetime", *Playboy,* maio de 1997.

9 **como uma maioria de criminosos e estupradores** "'Drug Dealers, Criminals, Rapists': What Trump Thinks of Mexicans", BBC, 31 de agosto de 2016, disponível em www.bbc.com/news/av/world-us-canada-37230916/drug-dealers-criminals-rapists-what-trump-thinks-of-mexicans.

9 **"impedir total e completamente a entrada de muçulmanos nos Estados Unidos"** A frase é de uma declaração de campanha de Trump divulgada em 7 de dezembro de 2015. Veja a declaração completa em "'Preventing Muslim Immigration' Statement Disappears from Trump's Campaign Site", *USA Today,* 8 de maio de 2017, disponível em www.usatoday.com/story/news/politics/onpolitics/05/08/2017/preventing-muslim-immigration-statement-disappears-donald-trump-campaign-site/101436780/.

9 **chamou sistematicamente seus críticos negros de "estúpidos".** Para um conjunto de suas declarações, veja "Trump's Insults Toward Black Reporters, Candidates Echo 'Historic Playbooks' Used Against African Americans, Critics Say", *The Washington Post,* 9 de novembro de 2018, www.washingtonpost.com/politics/trumps-insults-to

258 • NOTAS

ward-black-reporters-candidates-echo-historic-playbooks-used-against-african
-americans/11/9/2018/74653438-e440-11e8-b759-3d88a5ce9e19_story.html.

9 **"todos os imigrantes do Haiti têm AIDS"** Veja "Out of Chaos, Trump Reshapes Immigration", *The New York Times,* 24 de dezembro de 2017.

9 **"pessoas ótimas"** Veja "Trump Defends White-Nationalist Protesters: 'Some Very Fine People on Both Sides'", *The Atlantic,* 15 de agosto de 2017, disponível em www.theatlantic.com/politics/archive/2017/08/trump-defends-white-nationalist-protesters-some-very-fine-people-on-both-sides/537012/.

9 **"que você já entrevistou"** Veja "Trump Says 'I'm Not a Racist' and Denies 'Shithole Countries' Remark", *The Washington Post,* 14 de janeiro de 2018, disponível em www.washingtonpost.com/news/post-politics/wp/14/01/2018/trump-says-im -not-a-racist-and-denies-shithole-countries-remark/.

9 **"você já conheceu"** Veja "Donald Trump: I'm 'the Least Racist Person,'" CNN, 15 de setembro de 2016, disponível em www.cnn.com/15/09/2016/politics/donald -trump-election-2016-racism/index.html.

9 **"já viu"** Veja "Donald Trump: 'I Am the Least Racist Person,'" *The Washington Post,* 10 de junho de 2016, disponível em www.washingtonpost.com/politics/donald -trump-i-am-the-least-racist-person/10/06/2016/eac7874c-2f3a-11e6-9de 3-6e6e7a14000c_story.html.

9 **A negação é o batimento cardíaco do racismo** Para mais sobre o assunto, veja Ibram X. Kendi, "The Heartbeat of Racism Is Denial", *The New York Times,* 13 de janeiro de 2018, disponível em www.nytimes.com/13/01/2018/01/opinion/sunday/heartbeat -of-racism-denial.html.

9 **"Racista não é uma palavra descritiva"** Veja a citação completa de Richard Spencer em "Who Is Richard Spencer?", *Flathead Beacon,* 26 de novembro de 2014, disponível em flatheadbeacon.com/26/11/2014/richard-spencer/.

10 **"Nossa Constituição não vê cor da pele"** Veja a dissenção completa do juiz Harlan em "Separate but Equal", in *Great Decisions of the U.S. Supreme Court* (Nova York: Barnes & Noble Books, 2003), 46–58. Para citações específicas neste livro, veja pág. 53.

Capítulo 1: Definições

14 **Skinner estava ficando famoso** Para artigos explicativos sobre a vida e a influência de Skinner e seu papel em Urbana '70, veja "The Unrepeatable Tom Skinner", *Christianity Today,* 12 de setembro de 1994, disponível em www.christianitytoday. com/ct/1994/september12/4ta011.html; e "A Prophet Out of Harlem", *Christianity Today,* 16 de setembro de 1996, disponível em www.christianitytoday.com/ct/1996/ september16/6ta036.html.

14 **terceiro e quarto livros** Tom Skinner, *How Black Is the Gospel?* (Filadélfia: Lippincott, 1970); e Tom Skinner, *Words of Revolution: A Call to Involvement in the Real Revolution* (Grand Rapids, MI: Zondervan, 1970).

14 **"The Black Aesthetic" [A Estética Negra]** Para lições que Addison Gayle partilhou em seu curso, veja seu livro emblemático, *The Black Aesthetic* (Garden City, NY:
Doubleday, 1971).

14 **Larry leu** James Baldwin, *The Fire Next Time* (Nova York: Dial, 1963); Richard
Wright, *Native Son* (Nova York: Harper, 1940); Amiri Baraka (LeRoi Jones),
Dutchman and the Slave: Two Plays (Nova York: Baron, 1969).

15 **O Soul Liberation abriu a apresentação** Para uma recordação desta noite com
apresentação de Soul Liberation e pregação de Tom Skinner coerente com as lembranças de meus pais, veja Edward Gilbreath, *Reconciliation Blues: A Black Evangelical's
Inside View of White Christianity* (Downers Grove, IL: InterVarsity Press, 2006), 66–69.

15 **Quando a música terminou, chegara a hora: Tom Skinner** Para o áudio e
o texto do sermão de Tom Skinner em Urbana '70 chamado "Racism and World
Evangelism", veja urbana.org/message/us-racial-crisis-and-world-evangelism.

16 **salvos pela teologia negra da libertação** Para um bom livro sobre a filosofia da
teologia negra, veja James H. Cone, *Risks of Faith: The Emergence of a Black Theology of
Liberation, 1968–1998* (Boston: Beacon Press, 2000).

16 **igreja sem igreja do movimento Black Power.** Para uma boa visão geral do Black
Power, veja Peniel E. Joseph, *Waiting 'Til the Midnight Hour: A Narrative History of Black
Power in America* (Nova York: Henry Holt, 2007).

16 **Black Theology & Black Power** James H. Cone, *Black Theology & Black Power* (Nova
York: Seabury, 1969).

17 **A Black Theology of Liberation** James H. Cone, *A Black Theology of Liberation* (Filadél-
-fia: Lippincott, 1970).

18 **71% das famílias brancas moravam em casas próprias** Esses números podem ser encontrados em Matthew Desmond, "Housing", *Pathways: A
Magazine on Poverty, Inequality, and Social Policy,* Special Issue 2017. Esse ensaio faz
parte de Stanford Center on Poverty & Inequality's State of the Union 2017.

19 **"Não se pega uma pessoa durante anos debilitada"** Para o vídeo completo do discurso do presidente Johnson em Howard, veja "Commencement Speech at Howard
University, 4/6/65", The LBJ Library, disponível em www.youtube.com/watch?v=
vcfAuodA2x8.

20 **"Para solucionar a questão do racismo"** Para a dissensão completa, veja
Harry Blackmun, Dissenting Opinion, *Regents of the Univ. of Cal. v. Bakke, 1978,* C
-SPAN Landmark Cases, disponível em landmarkcases.c-span.org/Case/27/Regents-
Univ-Cal-v-Bakke.

20 **ideia racista** Veja Ibram X. Kendi, *Stamped from the Beginning: The Definitive History of
Racist Ideas in America* (Nova York: Nation Books, 2016).

20 **"Os negros, quer originalmente uma raça distinta"** Thomas Jefferson, *Notes on
the State of Virginia* (Boston: Lilly and Wait, 1832), 150.

260 • NOTAS

21 **Grande Migração** Para o melhor livro sobre a Grande Migração, veja Isabel Wilkerson, *The Warmth of Other Suns: The Epic Story of America's Great Migration* (Nova York: Vintage Books, 2011).

21 **o afetado pela mudança climática é predominantemente o sul não branco** Veja "Climate Change Will Hit Poor Countries Hardest, Study Shows", *The Guardian,* 28 de setembro de 2013, disponível em www.theguardian.com/global-development/27/set/2013/climate-change-poor-countries-ipcc.

21 **taxas de envenenamento por chumbo mais altas que Flint** Veja "Reuters Finds 3,810 U.S. Areas with Lead Poisoning Double Flint's", Reuters, 14 de novembro de 2017, disponível em www.reuters.com/article/us-usa-lead-map/reuters-finds-3810-u-s-areas-with-lead-poisoning-double-flints-idUSKBN1DE1H2.

22 **Alzheimer, uma doença mais prevalente entre afro-americanos** Para um excelente ensaio sobre afro-americanos e o Alzheimer, veja "African Americans Are More Likely Than Whites to Develop Alzheimer's. Why?", *The Washington Post Magazine,* 1 de junho de 2017,disponível em www.washingtonpost.com/lifestyle/magazine/why-are-african-americans-so-much-more-likely-than-whites-to-develop-alzheimers/2017/05/02/9bfbcccc-3132-11e7-8674-437ddb6e813e_story.html.

22 **3,5 anos mais que os negros** Para um resumo desses dados, veja "Life Expectancy Improves for Blacks, and the Racial Gap Is Closing, CDC Reports", *The Washington Post,* 2 de maio de 2017, disponível em www.washingtonpost.com/news/to-your-health/wp/2017/05/02/cdc-life-expectancy-up-for-blacks-and-the-racial-gap-is-closing/.

22 **Crianças negras morrem duas vezes mais que as brancas** "Why America's Black Mothers and Babies Are in a Life-or-Death Crisis", *The New York Times Magazine,* 11 de abril de 2018, disponível em www.nytimes.com/2018/04/11/magazine/black-mothers-babies-death-maternal-mortality.html.

22 **afro-americanos têm probabilidade 25% maior de morrer de câncer** Para essa e outras disparidades nesse parágrafo, veja "Examples of Cancer Health Disparities", National Cancer Institute, National Institutes of Health, disponível em www.cancer.gov/about-nci/organization/crchd/about-health-disparities/examples.

22 **O câncer de mama causa a morte desproporcional** "Breast Cancer Disparities: Black Women More Likely Than White Women to Die from Breast Cancer in the US", ABC News, 16 de outubro de 2018, disponível em abcnews.go.com/beta-story-container/GMA/Wellness/breast-cancer-disparities-black-women-white-women-die/story?id=58494016.

22 **Três milhões de afro-americanos e 4 milhões de latinos garantiram seguro-saúde** Namrata Uberoi, Kenneth Finegold e Emily Gee, "Health Insurance Coverage and the Affordable Care Act, 2010–2016", ASPE Issue Brief, Department of Health & Human Services,3 de março de 2016, disponível em aspe.hhs.gov/system/files/pdf/187551/ACA2010-2016.pdf.

NOTAS • 261

22 **28,5 milhões de norte-americanos continuaram sem seguro** "Since Obamacare Became Law, 20 Million More Americans Have Gained Health Insurance", *Fortune,* 15 de novembro de 2018, disponível em fortune.com/2018/11/15/obamacare-americans-with-health-insurance-uninsured/.

22 **A política de votação racista evoluiu** Para três estudos recentes sobre supressão de eleitores, veja Carol, Nova York: Bloomsbury, 2018); Allan J. Lichtman, *The Embattled Vote in America: From the Founding to the Present* (Cambridge, MA: Harvard University Press, 2018); e Ari Berman, *Give Us the Ballot: The Modern Struggle for Voting Rights in America* (Nova York: Farrar, Straus & Giroux, 2015).

23 **"visam afro-americanos com precisão quase cirúrgica"** "The 'Smoking Gun' Proving North Carolina Republicans Tried to Disenfranchise Black Voters", *The Washington Post,* 29 de julho de 2016, disponível em www.washingtonpost.com/news/wonk/wp/2016/07/29/the-smoking-gun-proving-north-carolina-republicans-tried-to-disenfranchise-black-voters/.

23 **A rígida lei de identificação eleitoral de Wisconsin suprimiu** "Wisconsin's Voter-ID Law Suppressed 200,000 Votes in 2016 (Trump Won by 22,748)", *The Nation,* 9 de maio de 2017, disponível em www.thenation.com/article/wisconsins-voter-id-law-suppressed-200000-votes-trump-won-by-23000/.

23 **"Todos fomos programados"** Audre Lorde, "Age, Race, Class, and Sex: Women Redefining Difference", em *Sister Outsider: Essays and Speeches* (Freedom, CA: Crossing Press, 1984), 115.

Capítulo 2: Duelo de Consciências

26 **"Precisamos combater o abuso de drogas"** Ronald Reagan, "Remarks on Signing Executive Order 12368, Concerning Federal Drug Abuse Policy Functions", em *Public Papers of the Presidents of the United States: Ronald Reagan, 1982* (Washington, D.C.: U.S. Government Printing Office, 1982), 813.

26 **a população carcerária norte-americana quadruplicar** Veja "Study Finds Big Increase in Black Men as Inmates Since 1980", *The New York Times,* 28 de agosto de 2002, disponível em www.nytimes.com/2002/08/28/us/study-finds-big-increase-in-black-men-as-inmates-since-1980.html.

26 **mais pessoas foram encarceradas por crimes relacionados a drogas** Jonathan Rothwell, "Drug Offenders in American Prisons: The Critical Distinction Between Stock and Flow", Brookings, 25 de novembro de 2015, disponível em www.brookings.edu/blog/social-mobility-memos/2015/11/25/drug-offenders-in-american-prisons-the-critical-distinction-between-stock-and-flow/.

26 **É mais provável que brancos vendam drogas do que negros e latinos** "Busted: The War on Drugs Remains as Racist as Ever, Statistics Show", *Vice,* 14 de março de 2017, disponível em news.vice.com/en_ca/article/7xwybd/the-war-on-drugs-remains-as-racist-as-ever-statistics-show.

262 • NOTAS

26 **Negros não violentos envolvidos em tráfico de drogas ficam presos** U.S. Department of Justice, Bureau of Justice Statistics, *Compendium of Federal Justice Statistics, 2003,* 112 (Table 7.16) (2003), disponível em bjs.ojp.usdoj.gov/content/pub/pdf/cfjs03.pdf.

26 **brancos e latinos ainda eram super-representados** "The Gap Between the Number of Blacks and Whites in Prison Is Shrinking", Pew Research Center, 12 de janeiro de 2018, disponível em www.pewresearch.org/fact-tank/2018/01/12/shrinking-gap-between-number-of-blacks-and-whites-in-prison/.

26 **relato da historiadora Elizabeth Hinton** Elizabeth Hinton, *From the War on Poverty to the War on Crime: The Making of Mass Incarceration in America* (Cambridge, MA: Harvard University Press, 2016).

27 **"o ano em que os EUA começaram uma guerra intensa"** Elizabeth Hinton, "Why We Should Reconsider the War on Crime", *Time,* 20 de março de 2015, disponível em time.com/3746059/war-on-crime-history/.

27 **Nixon anunciou sua guerra contra as drogas em 1971** "President Nixon Declares Drug Abuse 'Public Enemy Number One'", Richard Nixon Foundation, 17 de junho de 1971, disponível em www.youtube.com/watch?v=y8TGLLQlD9M.

27 **"Nós poderíamos prender seus líderes"** Dan Baum, "Legalize It All: How to Win the War on Drugs", *Harper's,* abril de 2016, disponível em harpers.org/archive/2016/04/legalize-it-all/.

27 **"as conquistas arduamente alcançadas pelo movimento de direitos civis"** James Forman Jr., *Locking Up Our Own: Crime and Punishment in Black America* (Nova York: Farrar, Straus & Giroux, 2017), 126–27.

28 **"solução... não é tão simples"** Eleanor Holmes Norton, "Restoring the Traditional Black Family", *The New York Times,* 2 de junho de 1985.

28 **que destruía a escada** Veja "What Reagan Has Done to America", *Rolling Stone,* 23 de dezembro de 1982, disponível em www.rollingstone.com/culture/culture-news/what-reagan-has-done-to-america-79233/.

29 **A Revolução Reagan era simplesmente isto** Para uma ampla visão geral dos efeitos raciais e econômicos das políticas de Reagan, veja Manning Marable, *Race, Reform, and Rebellion: The Second Reconstruction and Beyond in Black America, 1945–2006* (Jackson, MS: University Press of Mississippi, 2007).

30 **"É uma sensação peculiar, essa dupla consciência"** W.E.B. Du Bois, *The Souls of Black Folk* (Nova York: Penguin Books, 2018), 7.

31 **"vestígios de barbárie"** e **"o baixo nível social de grande parte da raça"** Ibid., 43.

31 **"Será que os norte-americanos param para pensar"** W.E.B. Du Bois, "The Talented Tenth", in *The Negro Problem: A Series of Articles by Representative American Negroes of To-Day* (Nova York: James Pott & Company, 1903). Texto completo disponível em teachingamericanhistory.org/library/document/the-talented-tenth/.

NOTAS • 263

33 **a descrição de Trump para imigrantes latinos** Veja "Trump Ramps Up Rhetoric on Undocumented Immigrations: 'These Aren't People. These Are Animals'", *USA Today,* 16 de maio de 2018, disponível em www.usatoday.com/story/news/politics/2018/05/16/trump-immigrants-animals-mexico-democrats-sanctuary-cities/617252002/.

33 **"Estou inclinado a suspeitar que os negros"** Veja Andrew Valls, "'A Lousy Empirical Scientist,' Reconsidering Hume's Racism", em *Race and Racism in Modern Philosophy,* ed. Andrew Valls (Ithaca, NY: Cornell University Press, 2005), 128–29.

34 **"Seria perigoso afirmar que"** Thomas Jefferson para Marquis de Chastellux, 7 de junho de 1785, em The Avalon Project: Documents in Law, History and Diplomacy, disponível em avalon.law.yale.edu/18th_century/let27.asp.

34 **"história do negro norte-americano é a história desse conflito"** Du Bois, *The Souls of Black Folk,* 7.

34 **"pelos brancos para os brancos"** Senator Jefferson Davis, 12 de abril de 1860, 37th Cong., 1st Sess., *Congressional Globe* 106, 1682.

35 **"se tornar assimilados à cultura norte-americana"** Gunnar Myrdal, *An American Dilemma: The Negro Problem and Modern Democracy* (Nova York: Harper, 1944), 929.

Capítulo 3: Poder

37 **nova-iorquinos brancos estavam separando seus filhos** Para alguns bons livros sobre o que brancos em Nova York e em todo o país estavam fazendo, veja Matthew F. Delmont, *Why Busing Failed: Race, Media, and the National Resistance to School Desegregation* (Berkeley, CA: University of California Press, 2016); Jonathan Kozol, *The Shame of the Nation: The Restoration of Apartheid Schooling in America* (Nova York: Three Rivers Press, 2005); e Kevin M. Kruse, *White Flight: Atlanta and the Making of Modern Conservatism* (Princeton, NJ: Princeton University Press, 2007).

38 **pais negros fazia com que não se importassem de pagar** Para as primeiras pesquisas sobre o tema, veja Diana T. Slaughter e Barbara Schneider, "Parental Goals and Black Student Achievement in Urban Private Elementary Schools: A Synopsis of Preliminary Research Findings", *The Journal of Intergroup Relations* 13:1 (Primavera/agosto de 1985), 24–33; e Diana T. Slaughter e Barbara Schneider, *Newcomers: Blacks in Private Schools* (Evanston, IL: Northwestern University School of Education, 1986).

41 **o primeiro personagem na história do poder racista** X. Kendi, *Stamped from the Beginning: The Definitive History of Racist Ideas in America* (Nova York: Nation Books, 2016), 22–25.

41 **driblar comerciantes islâmicos de escravizados** Para bibliografia sobre essa história, veja Robert C. Davis, *Christian Slaves, Muslim Masters: White Slavery in the Mediterranean, the Barbary Coast, and Italy, 1500–1800* (Nova York: Palgrave Macmillan, 2003); Matt Lang, *Trans-Saharan Trade Routes* (Nova York: Cavendish, 2018); e John Wright, *The Trans-Saharan Slave Trade* (Nova York: Routledge, 2007).

264 • NOTAS

41 **o temido buraco "negro" do cabo Bojador** Martin Meredith, *The Fortunes of Africa: A 5000-Year History of Wealth, Greed, and Endeavor* (Nova York: PublicAffairs, 2014), 93–94; Gomes Eannes de Zurara, *The Chronicle of the Discovery and Conquest of Guinea* (Londres: Hakluyt Society, 1896).

42 **"Raça... significa descendência"** Veja Aimar de Ranconnet e Jean Nicot, *Trésor de la langue française* (Paris: Picard, 1960).

43 *negros da terra* Veja Mieko Nishida, *Slavery & Identity: Ethnicity, Gender, and Race in Salvador, Brazil, 1808–1888* (Bloomington, IN: Indiana University Press, 2003), 13.

43 **"fortes para o trabalho, o oposto dos nativos"** David M. Traboulay, *Columbus and Las Casas: The Conquest and Christianization of America, 1492–1566* (Lanham, MD: University Press of America, 1994), 58.

43 **Lineu eternizou a hierarquia racial** Veja Dorothy Roberts, *Fatal Invention: How Science, Politics, and Big Business Re-Create Race in the Twenty-First Century* (Nova York: New Press, 2011), 252–53.

44 **"para grande glória de sua memória"** Zurara, *The Chronicle of the Discovery and Conquest of Guinea,* xii.

44 **"do que com todos os impostos arrecadados em todo o reino"** Gabriel Tetzel e Václáv Sasek, *The Travels of Leo of Rozmital, 1465–1467,* traduzido por Malcolm Letts (Londres, 1957).

Capítulo 4: Biologia

48 **alunos negros tiveram quatro vezes mais probabilidade de serem suspensos** Veja "Black Students More Likely to Be Suspended: U.S. Education Department", Reuters, 7 de junho de 2016, disponível em www.reuters.com/article/us-usa-education-suspensions/black-students-more-likely-to-be-suspended-u-s-education-department-idUSKCN0YT1ZO.

49 **"microagressão", um termo cunhado pelo eminente psiquiatra de Harvard Chester Pierce** Chester Pierce, "Offensive Mechanism", in *The Black Seventies,* ed. Floyd B. Barbour (Boston, MA: Porter Sargent, 1970), 280.

49 **"breves interações diárias que enviam mensagens depreciativas"** Derald Wing Sue, *Microaggressions in Everyday Life: Race, Gender, and Sexual Orientation* (Hoboken, NJ: Wiley, 2010), 24.

53 **"mais capacidade física natural"** John Hoberman, *Darwin's Athletes: How Sport Has Damaged Black America and Preserved the Myth of Race* (Nova York: Houghton Mifflin Harcourt, 1997), 146.

53 **"uma gota de sangue negro faz um negro"** Thomas Dixon, *The Leopard's Spots: A Romance of the White Man's Burden, 1865–1900* (Nova York: Doubleday, 1902), 244.

53 **"negros têm certas habilidades inatas"** Dinesh D'Souza, *The End of Racism: Principles for a Multiracial Society* (Nova York: Free Press, 1996), 440–41.

NOTAS • **265**

53 **"tamanho avantajado do pênis do negro"** William Lee Howard, "The Negro as a Distinct Ethnic Factor in Civilization", *Medicine* 9 (junho de 1903), 423–26.

53 **"Discuti esse fato com vários colegas"** veja "Black Hypertension Theory Criticized: Doctor Says Slavery Conditions May Be Behind Problem", *Orlando Sentinel,* 21 de janeiro de 1988, disponível em articles.orlandosentinel.com/1988-01-21/news/0010200256_1_grim-salt-hypertension.

54 **"todos os seus descendentes depois dele"** Veja George Best, *A True Discourse of the Late Voyages of Discoverie* (Londres: Henry Bynneman, 1578).

54 **publicou** *Men Before Adam* Isaac de La Peyrère, *Men Before Adam* (Londres, 1656).

55 **"raça de Homens não descendentes de Adão"** Morgan Godwyn, *The Negro's and Indian's Advocate* (Londres, 1680), 15–16.

55 **"cada espécie foi criada independentemente"** Charles Darwin, *The Origin of Species* (Nova York: P. F. Collier, 1909), 24.

55 **"o segundo destino muitas vezes é previsto para os negros"** Albion W. Small e George E. Vincent, *An Introduction to the Study of Society* (Nova York: American Book Company, 1894), 179.

56 **"abriu um mapa magnífico"** "Observações do Presidente… sobre o Término do Primeiro Levantamento de Todo o Projeto Genoma Humano" The White House, Office of the Press Secretary, National Human Genome Research Institute, 26 de junho de 2000, disponível em www.genome.gov/10001356/.

56 **"planejam a próxima fase do projeto genoma humano"** "For Genome Mappers, the Tricky Terrain of Race Requires Some Careful Navigating", *The New York Times,* 20 de julho de 2001.

57 **"As pessoas nascem com uma ascendência"** Dorothy Roberts, *Fatal Invention: How Science, Politics, and Big Business Re-Create Race in the Twenty-First Century* (Nova York: New Press, 2011), 63.

57 **mais diversidade genética entre populações** Ibid., 51–53.

57 **"o mapeamento do genoma humano concluiu"** Ken Ham, "There Is Only One Race — The Human Race", *The Cincinnati Enquirer,* 4 de setembro de 2017. Veja também Ken Ham e A. Charles Ware, *One Race One Blood: A Biblical Answer to Racism* (Green Forest, AR: Master Books, 2010).

Capítulo 5: Etnia

62 **o comerciante coreano que matou Latasha Harlins, uma garota de 15 anos** Veja Brenda Stevenson, *The Contested Murder of Latasha Harlins: Justice, Gender, and the Origins of the LA Riots* (Nova York: Oxford University Press, 2015).

62 **um imigrante haitiano de 30 anos chamado Abner Louima** Veja "Twenty Years Later: The Police Assault on Abner Louima and What It Means", WNYC News, 9 de agosto de 2017, disponível em www.wnyc.org/story/twenty-years-later-look-back-nypd-assault-abner-louima-and-what-it-means-today/.

266 • NOTAS

63 **40 projéteis no corpo de Amadou Diallo** Veja Roy, *41 Shots. . . and Counting: What Amadou Diallo's Story Teaches Us About Policing, Race and Justice* (Syracuse, NY: Syracuse University Press, 2009).

63 **congoleses "negros magníficos"** Hugh Thomas, *The Slave Trade: The Story of the Atlantic Slave Trade, 1440–1870* (Nova York: Simon & Schuster, 2013), 399.

64 **da Senegâmbia "os melhores escravos"** Ibid.

64 **"os melhores e mais fiéis de nossos escravos"** Ibid., 400.

64 **cerca de duas vezes maior que cativos de Angola** Ibid., 402.

64 **os angolanos eram mais comercializados** Ibid., 401.

64 **cativos levados para Jamestown, Virgínia, em agosto de 1619** Veja James Horn, *1619: Jamestown and the Forging of American Democracy* (Nova York: Basic Books, 2018).

64 **"Os negros da Costa do Ouro, Popa e Uidá"** Thomas, *The Slave Trade,* 401.

64 **"Os chefes africanos eram aqueles que travavam guerras uns contra os outros"** Veja "Clinton Starts African Tour", BBC News, 23 de março de 1998, disponível em news.bbc.co.uk/2/hi/africa/68483.stm.

65 **Entre 1980 e 2000, a população de imigrantes latinos saltou** Veja "Facts on U.S. Latinos, 2015: Statistical Portrait disponível em www.pewhispanic.org/2017/09/18/facts-on-u-s-latinos/.

65 **Em 2015, imigrantes negros eram responsáveis por 8,7%** Veja "A Rising Share of the U.S. Black Population Is Foreign Born", Pew Research Center, 9 de abril de 2015, disponível em www.pewsocialtrends.org/2015/04/09/a-rising-share-of-the-u-s-black-population-is-foreign-born/.

66 **Imigrantes do Caribe costumam classificar afro-americanos** Mary C. Waters, *Black Identities: West Indian Immigrant Dreams and American Realities* (Cambridge, MA: Harvard University Press, 1999), 138.

66 **afro-americanos costumavam categorizar caribenhos** Ibid., 69.

66 **Lei de Exclusão de Chineses, de 1882** Para violência e políticas antiasiáticas, veja Beth Lew-Williams, *The Chinese Must Go: Violence, Exclusion, and the Making of the Alien in America* (Cambridge, MA: Harvard University Press, 2018); e Erika Lee, *The Making of Asian America: A History* (Nova York: Simon & Schuster, 2015).

66 **"Os Estados Unidos precisam continuar um país norte-americano", disse o presidente Calvin Coolidge** David Joseph Goldberg, *Discontented America: The United States in the 1920s* (Baltimore: Johns Hopkins University Press, 1999), 163.

67 **nos casos de mexicanos-americanos, repatriados à força** Para bibliografia sobre repatriações mexicanas, veja Francisco E. Balderrama ed Raymond Rodríguez, *Decade of Betrayal: Mexican Repatriation in the 1930s* (Albuquerque, NM: University of Mexico Press, 2006); e "America's Forgotten History of Illegal Deportations", *The Atlantic,* 6 de março de 2017, disponível em www.theatlantic.com/politics/archive/2017/03/americas-brutal-forgotten-history-of-illegal-deportations/517971/.

NOTAS • 267

67 **proclamou Ira Hersey, representante do Maine** Veja Benjamin B. Ringer, *We the People and Others: Duality and America's Treatment of Its Racial Minorities* (Nova York: Routledge, 1983), 801–2.

67 **"Quando os números atingiram um patamar muito alto em 1924"** "The American People Are Angry Alright. . . at the Politicians", Steve Bannon entrevista Jeff Sessions, SiriusXM, 4 de outubro de 2015, disponível em soundcloud.com/siriusxm-news-issues/the-american-people-are-angry.

67 **"Deveríamos ter mais pessoas de lugares como a Noruega"** Veja "People on Twitter Tell Trump No One in Norway Wants to Come to His 'Shithole Country'", *Huffington Post,* 1 de janeiro de 2018, disponível em www.huffington post.com/entry/trump-shithole-countries-norway_us_5a58199ce4b0720 dc4c5b6dc.

68 **anglo-saxões discriminando católicos irlandeses e judeus** Veja Peter Gottschalk, *American Heretics: Catholics, Jews, Muslims and the History of Religious Intolerance* (Nova York: Palgrave Macmillan, 2013).

68 **imigrantes cubanos sendo privilegiados em detrimento de imigrantes mexicanos** Veja "Cuban Immigrants in the United States", Migration Policy Institute, 9 de novembro de 2017, disponível em www.migrationpolicy.org/article/cuban-immigrants-united-states.

68 **a construção do modelo de minorias** Veja Ellen D. Wu, *The Color of Success: Asian Americans and the Origins of the Model Minority* (Princeton, NJ: Princeton University Press, 2014).

68 **"Cinco Tribos Civilizadas" de indígenas norte-americanos** Veja Grant Foreman, *Indian Removal: The Emigration of the Five Civilized Tribes of Indians* (Norman, OK: University of Oklahoma Press, 1974).

71 **afro-americanos geralmente depreciando os africanos como "bárbaros"** Para exemplos dessas ideias, veja Ibram X. Kendi, *Stamped from the Beginning: The Definitive History of Racist Ideas in America* (Nova York: Nation Books, 2016), 157, 200.

71 **chamando caribenhos no Harlem nos anos 1920 de "caçadores de macacos"** Veja Marcy S. Sacks, *Before Harlem: The Black Experience in Nova York City Before World War I* (Filadélfia: University of Pennsylvania Press, 2006), 29.

72 **a renda familiar média de afro-americanos** Veja "Chapter 1: Statistical Portrait of the U.S. Black Immigrant Population", Pew Research Center, 9 de abril de 2015, disponível em www.pewsocialtrends.org/2015/04/09/chapter-1-statistical-portrait-of-the-u-s-black-immigrant-population/.

72 **imigrantes negros são mais motivados, mais dedicados** "Black Like Me", *The Economist,* 11 de maio de 1996.

72 **imigrantes negros... recebem salários menores** "5 Fast Facts About Black Immigrants in the United States", Center for American Progress, 20 de dezembro de 2012, disponível em www.americanprogress.org/issues/immigration/news/2012//12/20/48571/5-fast-facts-about-black-immigrants-in-the-united-states/.

268 • NOTAS

73 **"autosseleção imigrante"** Suzanne Model, *West Indian Immigrants: A Black Success Story?* (Nova York: Russell Sage, 2008), 56–59.

73 **"vantagem migratória"** Isabel Wilkerson, *The Warmth of Other Suns: The Epic Story of America's Great Migration* (Nova York: Vintage Books, 2011), 264–65.

73 **"os caribenhos não são uma história de sucesso de negros"** Model, *West Indian Immigrants,* 3.

74 **Rosemary Traoré constatou no estudo** Rosemary L. Traoré, "African Students in America: Reconstructing New Meanings of 'African American' in Urban Education", *Intercultural Education* 14:3 (2003), 244.

Capítulo 6: Corpo

75 **os filhos de famílias brancas da classe operária** Para um bom estudo da transformação na cidade de Nova York, veja Walter Thabit, *How East New York Became a Ghetto* (Nova York: NYU Press, 2005).

76 **"os negros precisam entender e reconhecer"** "Transcrição do Discurso sobre Relações Raciais do Presidente Clinton", CNN, 17 de outubro de 1995, disponível em www.cnn.com/US/9510/megamarch/10-16/clinton/update/transcript.html.

76 **os corpos negros eram tão demoníacos quanto qualquer pessoa no mundo** John Smith, "Advertisements: Or, The Pathway to Experience to Erect a Planation", in *Capt. John Smith, Works, 1608–1631,* ed. Edward Arber (Birmingham, UK: E. Arber, 1884), 955.

76 **se façam "infinitamente mais negros do que já são"** Veja Cotton Mather, *A Good Master Well Served* (Boston: B. Green e J. Allen, 1696).

76 **"a Cruel disposição dessas Criaturas"** Mary Miley Theobald, "Slave Conspiracies in Colonial Virginia", *Colonial Williamsburg,* Winter 2005–2006, disponível em www.history.org/foundation/journal/winter05-06/conspiracy.cfm.

77 **"recursos federais para se proteger... contra selvagens cruéis"** "A Declaration of the Causes Which Impel the State of Texas to Secede from the Federal Union", Texas State Library and Archives Commission, 2 de fevereiro de 1861, disponível em www.tsl.texas.gov/ref/abouttx/secession/2feb1861.html.

77 **"O pobre africano se tornou um demônio"** Albert B. Hart, *The Southern South* (Nova York: D. Appleton, 1910), 93.

77 **"exibição criminal de violência entre grupos minoritários"** Marvin E. Wolfgang e Franco Ferracuti, *The Subculture of Violence: Toward an Integrated Theory in Criminology* (Nova York: Routledge, 2001), 264.

77 **"A principal população envolvida no sistema de justiça penal são negros pertencentes a uma classe inferior"** Heather Mac Donald, *The War on Cops: How the New Attack on Law and Order Makes Everyone Less Safe* (Nova York: Encounter Books, 2016), 233.

NOTAS • 269

77 **Hoje, os norte-americanos veem o corpo negro como maior** John Paul Wilson, Kurt Hugenberg e Nicholas O. Rule, "Racial Bias in Judgments of Physical Size and Formidability: From Size to Threat", *Journal of Personality and Social Psychology* 113:1 (julho de 2017), 59–80, disponível em www.apa.org/pubs/journals/releases/psp-pspi0000092.pdf.

78 **eu pensei em me unir à Nação Zulu** Então, não identificava a Nação Zulu como uma gangue, tampouco seus membros. Mas decidi adicionar esse termo para fins de clareza. Aqui está um artigo sobre o debate a respeito do termo e o que a Nação Zulu enfrentava em meados dos anos de 1990: "Hip-Hop Club (Gang?) Is Banned in the Bronx; Cultural Questions About Zulu Nation", *The New York Times,* 4 de outubro de 1995.

79 **em 2015, corpos negros são pelo menos 26%** Veja *The Washington Post* base de dados sobre tiroteios de policiais, disponível em www.washingtonpost.com/graphics/2018/national/police-shootings-2018/.

79 **Corpos negros desarmados** Veja "Fatal Police Shootings of Unarmed People Have Significantly Declined, Experts Say", *The Washington Post,* 7 de maio de 2018, disponível em www.washingtonpost.com/investigations/fatal-police-shootings-of-unarmed -people-have-significantly-declined-experts-say/2018/05/03/d5eab374-4349-11e8 -8569-26fda6b404c7_story.html.

80 **Republicanos chamaram esses itens de "assistência para criminosos"** Debate sobre a Lei de Controle ao Crime de 1994, Sessão no Congresso, 11 de agosto de 1994, gravação C-SPAN, disponível em www.c-span.org/video/?59442-1/house-session&start=12042.

80 **Vinte e seis dos 38 membros votantes** "Did Blacks Really Endorse the 1994 Crime Bill?", *The New York Times,* 13 de abril de 2016, disponível em www.nytimes.com/2016/04/13/opinion/did-blacks-really-endorse-the-1994-crime-bill.html.

81 **seu medo por meu corpo negro — e o dele** Veja James Forman Jr., *Locking Up Our Own: Crime and Punishment in Black America* (Nova York: Farrar, Straus & Giroux, 2017).

81 **"colocar a política e os partidos acima da lei e da ordem"** "Crime Bill Is Signed with Flourish", *The Washington Post,* 14 de setembro de 1994, disponível em www.washingtonpost.com/archive/politics/1994/09/14/crime-bill-is-signed-with-flourish/650b1c2f-e306-4c00-9c6f-80bc9cc57e55/.

81 **John J. DiIulio Jr.... advertiu da "chegada dos superpredadores"** John DiIulio, "The Coming of the Super-Predators", *The Weekly Standard,* 27 de novembro de 1995, disponível em www.weeklystandard.com/john-j-dilulio-jr/the-coming-of -the-super-predators.

84 **Em 1993, perto do auge da violenta criminalidade urbana** "Urban, Suburban, and Rural Victimization, 1993–98", Bureau of Justice Statistics Special Report, National Crime Victimization Survey, U.S. Department of Justice, outubro de 2000, disponível em www.bjs.gov/content/pub/pdf/usrv98.pdf.

270 • NOTAS

85 **Em 2016, para cada mil residentes urbanos** "Criminal Victimization, 2016: Revised", Bureau of Justice Statistics, U.S. Department of Justice, outubro de 2018, disponível em www.bjs.gov/content/pub/pdf/cv16.pdf.

85 **mais da metade de crimes violentos cometidos de 2006 a 2010 não foram informados** "Report: More Than Half of Violent Crimes Went Unreported to Police from 2006–2010", RTI International, 13 de agosto de 2012, disponível em www. rti.org/news/report-more-half-violent-crimes-went-unreported-police-2006-2010.

85 **mais perigosos do que "zonas de guerra"** "Donald Trump to African American and Hispanic Voters: 'What Do You Have to Lose?,'" *The Washington Post,* 22 de agosto de 2016, disponível em www.washingtonpost.com/news/post-politics/ wp/2016/08/22/donald-trump-to-african-american-and-hispanic-voters-what-do-you-have-to-lose/.

86 **Levantamento Nacional Longitudinal da Juventude** Delbert S. Elliott, "Longitudinal Research in Criminology: Promise and Practice", artigo apresentado na Conference on Cross-National Longitudinal Research on Criminal Behavior da OTAN, 19-25 de julho de 1992, Frankfurt, Alemanha.

86 **a queda de 2,5% no desemprego entre 1992 e 1997** William Julius Wilson, *When Work Disappears: The World of the New Urban Poor* (Nova York: Vintage Books, 1997), 22.

86 **A socióloga Karen F. Parker estabeleceu uma sólida ligação entre o crescimento de negócios de propriedade de negros** "How Black-Owned Businesses Help Reduce Youth Violence", CityLab, 16 de março de 2015, disponível em www.citylab.com/life/2015/03/how-black-owned-businesses-help-reduce-youth-violence/387847/.

86 **diminuição de 43% nas prisões por crimes violentos de jovens negros** "Nearly Half of Young Black Men in Chicago Out of Work, Out of School: Report", *Chicago Tribune,* 25 de janeiro de 2016, disponível em www.chicagotribune.com/ct-youth-unemployment-urban-league-0126-biz-20160124-story.html.

86 **Nem todos os bairros negros apresentam os mesmos níveis de crimes violentos** Veja "Neighborhoods and Violent Crime", *Evidence Matters,* verão de 2016, disponível em www.huduser.gov/portal/periodicals/em/summer16/highlight2.html.

87 **os maiores índices de desemprego entre todos os grupos demográficos** Para um gráfico estatístico, veja fred.stlouisfed.org/series/LNS14000018.

Capítulo 7: Cultura

91 **termo cunhado pelo psicólogo Robert Williams, em 1973** Robert L. Williams, *History of the Association of Black Psychologists: Profiles of Outstanding Black Psychologists* (Bloomington, IN: AuthorHouse, 2008), 80. Veja também Robert L. Williams, *Ebonics: The True Language of Black Folks* (St. Louis: Institute of Black Studies, 1975).

91 "a legitimidade e riqueza" do *ebonics* como idioma "Oakland School Board Resolution on Ebonics (Original Version)", *Journal of English Linguistics* 26:2 (junho de 1998), 170–79.

91 Primeiro, Jesse Jackson chamou o ato de "uma rendição inaceitável" "Black English Is Not a Second Language, Jackson says", *The New York Times*, 23 de dezembro de 1996.

91 inglês moderno se originou do latim, grego e alemão Veja Albert C. Baugh e Thomas Cable, *A History of the English Language* (Upper Saddle River, NJ: Prentice Hall, 2002); e Tamara Marcus Green, *The Greek & Latin Roots of English* (Lanham, MD: Rowman & Littlefield, 2015).

91 "Em praticamente todas as suas divergências" Gunnar Myrdal, *An American Dilemma: The Negro Problem and Modern Democracy* (Nova York: Harper, 1944), 928.

92 como o presidente Theodore Roosevelt declarou, em 1905 "At the Lincoln Dinner of the Republican Club, Nova York, 13 de fevereiro de 1905", em *A Compilation of the Messages and Speeches of Theodore Roosevelt, 1901–1905,* Volume 1, ed. Alfred Henry Lewis (Nova York: Bureau of National Literature and Art, 1906), 562.

92 os norte-americanos racistas que classificavam os africanos como fundamentalmente imitativos Veja um exemplo em Lothrop Stoddard, *The Rising Tide of Color Against White World-Supremacy* (Nova York: Charles Scribner's Sons, 1921), 100–101.

92 "Essa qualidade de imitação tem sido o grande preservador" Alexander Crummell, "The Destined Superiority of the Negro", em *Civilization & Black Progress: Selected Writings of Alexander Crummell on the South* (Charlottesville, VA: University of Virginia Press, 1995), 51.

93 Jason Riley... não nos via ou aos nossos discípulos Jason L. Riley, *Please Stop Helping Us: How Liberals Make It Harder for Blacks to Succeed* (Nova York: Encounter Books, 2016), 51.

93 "Se os negros puderem fechar a lacuna da civilização" Dinesh D'Souza, *The End of Racism: Principles for a Multiracial Society* (Nova York: Free Press, 1996), 527.

94 "manifestações físicas externas de cultura" Linda James Myers, "The Deep Structure of Culture: Relevance of Traditional African Culture in Contemporary Life", em *Afrocentric Visions: Studies in Culture and Communication* (Thousand Oaks, CA: SAGE, 1998), 4.

94 "negros norte-americanos... em cultura e linguagem" Franz Boas, *The Mind of Primitive Man* (Nova York: Macmillan, 1921), 127–28.

94 "É muito difícil encontrar qualquer coisa no sul atualmente" Robert Park, "The Conflict and Fusion of Cultures with Special Reference to the Negro", *Journal of Negro History* 4:2 (abril de 1919), 116.

272 • NOTAS

94 **"Destituído de sua herança cultural"** E. Franklin Frazier, *The Negro Family in the United States* (Chicago: University of Chicago Press, 1939), 41.

94 **"o negro é só um norte-americano e nada mais"** Nathan Glazer e Daniel P. Moynihan, *Beyond the Melting Pot: The Negroes, Puerto Ricans, Jews, Italians, and Irish of New York City* (Cambridge, MA: MIT Press, 1963), 53.

94 **"nós não somos africanos", disse Bill Cosby à NAACP [Associação Nacional para o Progresso de Pessoas Não Brancas]** "Bill Cosby's Famous 'Pound Cake' Speech, Annotated", *BuzzFeed,* 9 de julho de 2015, disponível em www.buzzfeednews.com/article/adamserwer/bill-cosby-pound-for-pound.

95 **culturas africanas tinham sido assimiladas** Veja Boas, *The Mind of Primitive Man.*

95 **"a estrutura profunda da cultura"** Veja Wade Nobles, "Extended Self Rethinking the So-called Negro Self of Concept", em *Black Psychology* (2ª edição), ed. Reginald L. Jones (Nova York: Harper & Row, 1980).

95 **formas "externas" ocidentais "ao mesmo tempo em que conservou valores internos (africanos)"** Melville J. Herskovits, *The Myth of the Negro Past* (Boston: Beacon Press, 1990), 1, 298.

96 **O hip-hop tem o vocabulário mais sofisticado** "Hip Hop Has the Largest Average Vocabulary Size Followed by Heavy Metal", *Musixmatch,* 3 de dezembro de 2015, disponível em lab.musixmatch.com/vocabulary_genres/.

96 **"o rap retarda o sucesso do negro"** John H. McWhorter, "How Hip Hop Holds Blacks Back", *City Journal,* Summer 2003, disponível em www.city-journal.org/html/how-hip-hop-holds-blacks-back-12442.html.

96 **"Não se pode ouvir toda aquela linguagem e depravação"** Veja "Gunning for Gangstas", *People,* 26 de junho de 1995, disponível em people.com/archive/gunning-for-gangstas-vol-43-no-25/.

98 **Nathan Glazer, que naquele ano lamentou o conceito** Nathan Glazer, *We Are All Multiculturalists Now* (Cambridge, MA: Harvard University Press, 2003).

99 **"Que toda prática e sentimento... sejam bárbaros"** James Beattie, *An Essay on the Nature and Immutability of Truth, In Opposition to Sophistry and Scepticism* (Edinburgh: Denham & Dick, 1805), 308–11.

99 **"Todas as culturas devem ser julgadas em relação à sua própria história"** Ashley Montagu, *Man's Most Dangerous Myth: The Fallacy of Race* (Nova York: Columbia University Press, 1945), 150.

Capítulo 8: Comportamento

102 **"Martin Luther King foi bem-sucedido ao enfrentar"** Veja "D.C. Residents Urged to Care, Join War on Guns", *The Washington Post,* 14 de janeiro de 1995, disponível em www.washingtonpost.com/archive/local/1995/01/14/dc-residents-urged-to-care-join-war-on-guns/0b36f1f3-27ac-4685-8fb6-3eda372e93ac/.

NOTAS • 273

102 **"Vocês estão sacrificando a liberdade de todos" disse Jesse Jackson** James Forman Jr., *Locking Up Our Own: Crime and Punishment in Black America* (Nova York: Farrar, Straus & Giroux, 2017), 195.

102 **"Não é racista os brancos dizerem"** "Transcrição do Discurso sobre Relações Raciais do Presidente Clinton", CNN, 17 de outubro de 1995, disponível em www. cnn.com/US/9510/megamarch/10-16/clinton/update/transcript.html.

102 **Os negros precisavam parar de usar a "carta do racismo"** Peter Collier e David Horowitz, eds., *The Race Card: White Guilt, Black Resentment, and the Assault on Truth and Justice* (Rocklin, CA: Prima, 1997).

104 **O mesmo racismo comportamental orientou muitos eleitores de Trump** Veja "Poll: Trump Supporters More Likely to View Black People as 'Violent' and 'Lazy'", *Colorlines,* 1 de julho de 2016, disponível em www.colorlines.com/articles/poll -trump-supporters-more-likely-view-black-people-violent-and-lazy; and "Research Finds That Racism, Sexism, and Status Fears Drove Trump Voters", *Pacific Standard,* 24 de abril de 2018, disponível em psmag.com/news/research-finds-that-racism-sexism-and-status-fears-drove-trump-voters.

104 **"A comunidade negra norte-americana... transformou as grandes cidades norte-americanas"** Veja "Homeland Security Official Resigns After Comments Linking Blacks to 'Laziness' and 'Promiscuity' Come to Light", *The Washington Post,* 17 de novembro de 2017, disponível em www.washingtonpost.com/news/powerpost/wp/2017/11/16/republican-appointee-resigns-from-the-dhs-after-past-comments-about-blacks-muslims-come-to-light/.

104 **"é óbvio, há décadas, que o verdadeiro culpado é o comportamento deles"** Jason L. Riley, *Please Stop Helping Us: How Liberals Make It Harder for Blacks to Succeed* (Nova York: Encounter Books, 2016), 4.

105 **"melhoraram grandemente em todos os aspectos"** Veja B. Ricardo Brown, *Until Darwin, Science, Human Variety and the Origins of Race* (Nova York: Routledge, 2015), 72.

105 **Negros livres "separados do espírito da sociedade branca"** Philip A. Bruce, *The Plantation Negro as a Freeman: Observations on His Character, Condition, and Prospects in Virginia* (Nova York: G. P. Putnam's Sons, 1889), 53, 129, 242.

105 **"Todos os vícios de que os negros são acusados"** Veja Benjamin Rush, *An Address to the Inhabitants of the British Settlements in America, Upon Slave-Keeping* (Boston: John Boyles, 1773).

105 **Garrison declarou que a escravidão degradava o povo negro** William Lloyd Garrison, "Preface", em Frederick Douglass, *Narrative of the Life of Frederick Douglass, an American Slave* (Boston: Anti-Slavery Office, 1849), vii.

106 **"o primeiro e maior passo em direção à criação do atual atrito entre as raças"** W. E. B. Du Bois, "The Conversation of Races", em *W.E.B. Du Bois: A Reader,* ed. David Levering Lewis (Nova York: Henry Holt, 1995), 20–27.

274 • NOTAS

106 **da concepção do historiador Jim Crow sobre a escravidão como uma força civilizadora** Veja Bruce, *The Plantation Negro as a Freeman.*

106 **"Conflitos internos", materialismo, má atuação como pais, colorismo, derrotismo, raiva** Veja Joy DeGruy, *Post Traumatic Slave Syndrome: America's Legacy of Enduring Injury and Healing* (Portland: Joy DeGruy Publications, 2005).

107 **as taxas de TEPT variavam entre 13,5 a 30%** Miriam Reisman, "PTSD Treatment for Veterans: What's Working, What's New, and What's Next", *Pharmacy and Therapeutics* 41:10 (2016), 632–64.

107 **"Não há um único traço de personalidade do negro"** Abram Kardiner e Lionel Ovesey, *The Mark of Oppression: A Psychosocial Study of the American Negro* (Nova York: W. W. Norton, 1951), 81.

109 **O chamado Nation's Report Card [relatório de Avaliação Nacional do Progresso na Educação — NAEP] conta a mesma história aos norte-americanos** Veja os dados do Nation's Report Card em www.nationsreportcard.gov/.

109 **a menor média na pontuação do teste de aptidão escolar entre todos os grupos raciais** "SAT Scores Drop", *Inside Higher Ed,* 3 de setembro de 2015, disponível em www.insidehighered.com/news/2015/09/03/sat-scores-drop-and-racial-gaps-remain-large.

109 **a indústria norte-americana de aulas particulares e preparatórios para testes** Veja "New SAT Paying Off for Test-Prep Industry", *Boston Globe,* 05 de março de 2016, disponível em www.bostonglobe.com/business/2016/03/04/new-sat-paying-off-for-test-prep-industry/blQeQKoSz1yAksN9N9463K/story.html.

111 **o chamado "erro fundamental de atribuição"** "Why We Don't Give Each Other a Break", *Psychology Today,* 20 de junho de 2014, disponível em www.psychology today.com/us/blog/real-men-dont-write-blogs/201406/why-we-dont-give-each-other-break.

112 **"o padrão intelectual médio da raça negra fica a cerca de dois pontos abaixo do nosso"** Sir Francis Galton, *Hereditary Genius: An Inquiry into Its Laws and Consequences* (Nova York: D. Appleton, 1870), 338.

112 **France Alfred Binet e Theodore Simon tiveram êxito... em 1905** Veja Margaret B. White e Alfred E. Hall, "An Overview of Intelligence Testing", *Educational Horizons* 58:4 (verão de 1980), 210–16.

112 **"diferenças raciais imensamente significativas na inteligência em geral"** Lewis Madison Terman, *The Measurement of Intelligence* (Nova York: Houghton Mifflin, 1916), 92.

112 **Brigham apresentou a defasagem racial da pontuação dos soldados** Veja Carl C. Brigham, *A Study of American Intelligence* (Princeton, NJ: Princeton University Press, 1923).

NOTAS • 275

112 **O físico William Shockley e o psicólogo Arthur Jensen levaram essas ideias eugenistas** Veja Stephen Jay Gould, *The Mismeasure of Man* (Nova York: W. W. Norton, 2006).

112 **explicações genéticas... eram amplamente desacreditadas** Veja Carl N. Degler, *In Search of Human Nature: The Decline and Revival of Darwinism in American Social Thought* (Nova York: Oxford University Press, 1992).

113 **"os genes e o ambiente têm algo a ver com as diferenças raciais"** Richard J. Herrnstein e Charles Murray, *The Bell Curve: Intelligence and Class Structure in American Life* (Nova York: Simon & Schuster, 2010), 311.

113 **os distritos com proporção mais alta de alunos brancos recebem muito mais recursos** "Studies Show Racial Bias in Pennsylvania School Funding", *The Times Herald,* 15 de abril de 2017.

114 **O subfinanciamento crônico das escolas negras no Mississipi** "Lawsuit Alleges Mississippi Deprives Black Children of Equal Educational Opportunities", *ABA Journal,* 23 de maio de 2017, disponível em www.abajournal.com/news/article/lawsuit_alleges_mississippi_deprives_black_children_of_equal_educational_op.

115 **"Não devemos mais nos envergonhar de ser negros"** Martin Luther King Jr., "'Para Onde Vamos Daqui?,' Discurso Proferido na 11ª Convenção Anual da SCLC", 16 de abril de 1967, The Martin Luther King, Jr. Research and Education Institute, Stanford University, disponível em kinginstitute.stanford.edu/king-papers/documents/where-do-we-go-here-address-delivered-eleventh-annual-sclc-convention.

116 **a Florida A&M tinha passado Harvard** Veja "FAMU Ties Harvard in Recruitment of National Achievement Scholars", *Diverse: Issues in Higher Education,* 1 de fevereiro de 2001, disponível em diverseeducation.com/article/1139/.

Capítulo 9: Cor

118 **"a melhor banda universitária do país"** Para a história, veja Curtis Inabinett Jr., *The Legendary Florida A&M University Marching Band: The History of "The Hundred"* (Nova York: Page Publishing, 2016).

120 **"beleza branca repaginada com cabelos negros"** Margaret L. Hunter, *Race, Gender, and the Politics of Skin Tone* (Nova York: Routledge, 2013), 57.

120 **"colorismo", termo cunhado pela romancista Alice Walker** Veja Alice Walker, *In Search of Our Mothers' Gardens: Womanist Prose* (San Diego, CA: Harcourt Brace Jovanovich, 1983).

120 **relegá-los a uma posição de minoria** Veja "The US Will Become 'Minority White' in 2045, Census Projects", Brookings, 14 de maio de 2018, disponível em www.brookings.edu/blog/the-avenue/2018/03/14/the-us-will-become-minority-white-in-2045-census-projects/.

276 • NOTAS

120 **a chave birracial para a harmonia racial** Veja, por exemplo, "What Biracial People Know", *The New York Times,* 4 de março de 2017, disponível em www.nytimes.com/2017/03/04/opinion/sunday/what-biracial-people-know.html.

121 **"paradoxo de cor da pele"** Jennifer L. Hochschild e Vesla Weaver, "The Skin Color Paradox and the American Racial Order", *Social Forces* 86:2 (dezembro de 2007), 643–70.

121 **Crianças brancas atribuem positividade à pele mais clara** "Study: White and Black Children Biased Toward Lighter Skin", CNN, 14 de maio, 2010, disponível em www.cnn.com/2010/US/05/13/doll.study/.

121 **Os brancos geralmente preferem políticos de pele mais clara** Vesla M. Weaver, "The Electoral Consequences of Skin Color: The 'Hidden' Side of Race in Politics", *Political Behavior* 34:1 (março de 2012), 159–92.

121 **desproporcionalmente em risco de sofrer de hipertensão** Elizabeth A. Adams, Beth E. Kurtz-Costes, e Adam J. Hoffman, "Skin Tone Bias Among African Americans: Antecedents and Consequences Across the Life Span", *Developmental Review* 40 (2016), 109.

121 **alcançam médias escolares muito mais baixas do que estudantes mais claros** Maxine S. Thompson e Steve McDonald, "Race, Skin Tone, and Educational Achievement", *Sociological Perspectives* 59:1 (2016), 91–111.

121 **racistas norte-americanos alimentarem expectativas mais altas em relação a estudantes claros** Ebony O. McGree, "Colorism as a Salient Space for Understanding in Teacher Preparation", *Theory into Practice* 55:1 (2016), 69–79.

121 **lembrar homens negros instruídos como dotados de pele clara** Avi Ben-Zeev, Tara C. Dennehy, Robin I. Goodrich, Branden S. Kolarik, e Mark W. Geisler, "When an 'Educated' Black Man Becomes Lighter in the Mind's Eye: Evidence for a Skin Tone Memory Bias", *SAGE Open* 4:1 (janeiro de 2014), 1–9.

121 **empregadores preferem homens negros claros** Matthew S. Harrison e Kecia M. Thomas, "The Hidden Prejudice in Selection: A Research Investigation on Skin Color Bias", *Journal of Applied Social Psychology* 39:1 (2009), 134–68.

121 **filipinos escuros têm salários menores do que seus pares mais claros** Lisa Kiang e David T. Takeuchi, "Phenotypic Bias and Ethnic Identity in Filipino Americans", *Social Science Quarterly* 90:2 (2009), 428–45.

121 **Imigrantes de pele escura nos Estados Unidos... costumam ter menos bens e renda** Angela R. Dixon e Edward E. Telles, "Skin Color and Colorism: Global Research, Concepts, and Measurement", *Annual Review of Sociology* 43 (2017), 405–24.

121 **latinos claros recebem salários maiores** Maria Cristina Morales, "Ethnic-Controlled Economy or Segregation? Exploring Inequality in Latina/o Co-Ethnic Jobsites", *Sociological Forum* 24:3 (setembro de 2009), 589–610.

NOTAS • 277

121 **latinos escuros têm maior probabilidade de ser empregados em locais de trabalho etnicamente semelhantes** Maria Cristina Morales, "The Ethnic Niche as an Economic Pathway for the Dark Skinned: Labor Market Incorporation of Latina/o Workers", *Hispanic Journal of Behavioral Sciences* 30:3 (Agosto de 2008), 280–98.

121 **Filhos escuros e filhas claras recebem melhores cuidados** Antoinette M. Landor et al., "Exploring the Impact of Skin Tone on Family Dynamics and Race-Related Outcomes", *Journal of Family Psychology* 27:5 (2013), 817–26.

121 **A cor da pele influencia a percepção de atração** Mark E. Hill, "Skin Color and the Perception of Attractiveness Among African Americans: Does Gender Make a Difference?", *Social Psychology Quarterly* 65:1 (março de 2002), 77–91.

121 **À medida que o tom da pele clareia, os níveis de autoestima entre mulheres negras aumenta** Adams, Kurtz-Costes, e Hoffman, "Skin Tone Bias Among African Americans", 107.

121 **Afro-americanos escuros recebem penas de prisão mais duras** Jill Viglione, Lance Hannon, e Robert DeFina, "The Impact of Light Skin on Prison Time for Black Female Offenders",*The Social Science Journal* 48: (2011), 250–58.

121 **Criminosos brancos com traços faciais africanos recebem sentenças mais duras** Ryan D. King and Brian D. Johnson, "A Punishing Look: Skin Tone and Afrocentric Features in the Halls of Justice", *American Journal of Sociology* 122:1 (julho de 2016), 90–124.

121 **Estudantes escuras têm probabilidade duas vezes maior de serem suspensas** Lance Hannon, Robert DeFina, e Sarah Bruch, "The Relationship Between Skin Tone and School Suspension for African Americans", *Race and Social Problems* 5:4 (dezembro de 2013), 281–95.

122 **Até mesmo gays escuros ouviam** Donovan Thompson, "'I Don't Normally Date Dark-Skin Men': Colorism in the Black Gay Community", *Huffington Post,* 9 de abril de 2014, disponível em www.huffingtonpost.com/entry/i-dont-normally-date-dark_b_5113166.html.

123 **"Você nunca é negro o suficiente"** "Colorism: Light-Skinned African-American Women Explain the Discrimination They Face", *Huffington Post,* 13 de janeiro de 13, 2014, disponível em www.huffingtonpost.com/entry/colorism-discrimination-iyanla-vanzant_n_4588825.html.

123 **sua luta em se integrar com pessoas escuras** "Light-Skinned Black Women on the Pain of Not Feeling 'Black Enough'", *Huffington Post,* 22 de janeiro de 2015, disponível em www.huffingtonpost.com/entry/light-girls-not-black-enough_n_6519488.html.

124 **"os negros... em alta conta"** Morgan Godwyn, *The Negro's and Indian's Advocate* (Londres, 1680), 21.

278 • NOTAS

125 **africanos precisam aceitar o "conceito correto" de beleza** Johann Joachim Winckelmann, *History of the Art of Antiquity,* trans. Harry Francis Mallgrave (Los Angeles: Getty Research Institute, 2006), 192–95.

125 **Com frequência, grandes proprietários de escravizados colocavam pessoas claras na casa** William L. Andrews, *Slavery and Class in the American South: A Generation of Slave Narrative Testimony, 1840–1865* (Nova York: Oxford University Press, 2019), 102.

125 **"A ferocidade e estupidez são características dessas tribos"** John Ramsay McCulloch, *A Dictionary, Geographical, Statistical, and Historical of the Various Countries, Places, and Principal Natural Objects in the World,* Volume 1 (Londres: Longman, Brown, Green, and Longmans, 1851), 33.

125 **A luz racista de Smith** Veja Samuel Stanhope Smith, *An Essay on the Causes of the Variety of Complexion and Figure in the Human Species* (New Brunswick, NJ: J. Simpson and Co, 1810).

126 **"um produto degenerado, não natural, destinado pela natureza a causar sua própria destruição"** J. C. Nott, "The Mulatto a Hybrid — Probable Extermination of the Two Races if the Whites and Blacks Are Allowed to Intermarry", *American Journal of Medical Sciences* 66 (julho de 1843), 255.

126 **ideias racistas particulares, que normalmente descreviam mulheres claras como mais inteligentes** Veja Walter Johnson, *Soul by Soul: Life Inside the Antebellum Slave Market* (Cambridge, MA: Harvard University Press, 2001).

126 **Escravocratas pagavam muito mais por mulheres escravizadas claras** Ibid.

126 **homens brancos consideravam essas "yaller gals" (negras de pele muito clara) e "Jezebels"** Veja Melissa Harris-Perry, *Sister Citizen: Shame, Stereotypes, and Black Women in America* (New Haven, CT: Yale University Press, 2011).

126 **"maior probabilidade de se engajar ao grupo dos brancos"** *A Refutation of the Calumnies Circulated Against the Southern and Western States Respecting the Institution and Existence of Slavery Among Them* (Charleston, SC: A. E. Miller, 1822), 84.

126 **Talvez Holland tivesse a Brown Fellowship Society (organização afro-americana de auxílio à comunidade de negros) em mente** Thomas C. Holt, *Black over White: Negro Political Leadership in South Carolina During Reconstruction* (Urbana, IL: University of Illinois Press, 1977), 65–67.

126 **barbearias somente para brancos e claros** Veja Hayes Johnson, *Dusk at the Mountain* (Garden City, NY: Doubleday, 1963); e Chris Myers Asch e George Derek Musgrove, *Chocolate City: A History of Race and Democracy in the Nation's Capital* (Chapel Hill, NC: University of North Carolina Press, 2017).

127 **Depois da escravidão, pessoas claras ficaram mais ricas** Veja Johnson, *Soul by Soul.*

NOTAS • **279**

127 **dezenas de cidades tinham sociedades de "veia azul"** Willard B. Gatewood, *Aristocrats of Color: The Black Elite, 1880–1920* (Fayetteville, AR: University of Arkansas Press, 2000), 163.

127 **"não brancas o suficiente para mostrar veias azuis"** Charles W. Chesnutt, "The Wife of His Youth", *The Atlantic Monthly,* julho de 1898, 55.

127 **Pessoas claras reproduziam o teste do saco de papel, do lápis, da porta e do pente** Kathy Russell, Midge Wilson, e Ronald Hall, *The Color Complex: The Politics of Skin Color Among African Americans* (Nova York: Anchor Books, 1992), 27.

127 **Carroll considerava o relacionamento sexual inter-racial** Veja Charles Carroll, *"The Negro a Beast"; Ou, "In the Image of God"* (St. Louis: American Book and Bible House, 1900).

127 **definindo pessoas escuras como cometendo "crimes muito mais terríveis"** George T. Winston, "The Relation of the Whites to the Negroes", *Annals of the American Academy of Political and Social Science* 18 (julho de 1901), 108–9.

127 **pessoas birraciais eram responsáveis por todas as realizações dos negros** Edward B. Reuter, *The Mulatto in the United States* (Boston: R. G. Badger, 1918).

128 **Marcus Garvey e sua Associação de Melhoria Universal do Negro, que crescia rapidamente** Veja Tony Martin, *Race First: The Ideological and Organizational Struggles of Marcus Garvey and the Universal Negro Improvement Association* (Dover, MA: Greenwood Press, 1976).

128 **"Negros norte-americanos não reconhecem a linhagem de cor dentro ou fora da raça"** W.E.B. Du Bois, "Marcus Garvey", *The Crisis,* janeiro de 1921.

128 **"Se você é branco, está certo"** Daryl Cumber Dance, ed., *From My People: 400 Years of African American Folklore* (Nova York: W. W. Norton, 2003), 484.

128 **seu próprio ensaio "Talented Tenth" em 1903** Veja W.E.B. Du Bois, "The Talented Tenth", in *The Negro Problem: A Series of Articles by Representative American Negroes of Today* (Nova York: James Pott & Company, 1903), 31–76.

128 **as massas escuras precisavam de "cuidados adequados na aparência"** Veja Charlotte Hawkins Brown, "Clipping", Charlotte Hawkins Brown Papers, Reel 2, Schlesinger Library, Radcliffe College, Cambridge, MA; e Constance Hill Mareena, *Lengthening Shadow of a Woman: A Biography of Charlotte Hawkins Brown* (Hicksville, NY: Exposition Press, 1977).

128 **reconhecimento de John McWhorter de um país pós-racial** John McWhorter, "Racism in American Is Over", *Forbes,* 30 de dezembro de 2008, disponível em www.forbes.com/2008/12/30/end-of-racism-oped-cx_jm_1230mcwhorter.html#50939eb949f8.

128 **se negou a defender os escuros e pobres garotos de Scottsboro** "Why the Communist Party Defended the Scottsboro Boys", *History Stories,* 1 de maio de 2018, disponível em www.history.com/news/scottsboro-boys-naacp-communist-party.

280 • NOTAS

128 **negros "não misturados" eram "inferiores, infinitamente inferiores agora"** David Levering Lewis, *W.E.B. Du Bois: The Fight for Equality and the American Century, 1919–1963* (Nova York: Macmillan, 2000), 341.

128 **"Walter White é branco"** W.E.B. Du Bois, "Segregation in the North", *The Crisis,* abril de 1934.

129 **"Eu tinha me juntado a essa multidão de homens e mulheres negros nos Estados Unidos"** recordou Malcolm X em Malcolm X e Alex Haley, *The Autobiography of Malcolm X* (Nova York: Random House, 2015), 64.

129 **Produtos para clareamento receberam um impulso** Ayana D. Byrd e Lori L. Tharps, *Hair Story: Untangling the Roots of Black Hair in America* (Nova York: St. Martin's Griffin, 2002), 44–47.

129 **Algumas pessoas escuras tinham muito orgulho do tom escuro** Por exemplo, veja George Napper, *Blacker Than Thou: The Struggle for Campus Unity* (Grand Rapids, MI: Eerdmans, 1973).

129 **Crianças claras eram adotadas primeiro** Russell-Cole, Wilson e Hall, *The Color Complex,* 37–39, 51–53, 90–91; Byrd e Tharps, *Hair Story,* 112.

130 **"Quanto mais clara a pele, mais leve a sentença"** Russell-Cole, Wilson, e Hall, *The Color Complex,* 38.

130 **Imus, da MSNBC, comparou os jogadores de basquete escuros da Rutger** "Networks Condemn Remarks by Imus", *The New York Times,* 7 de abril de 2007.

130 **Em uma seleção para o elenco do filme *Straight Outta Compton*** "The 'Straight Outta Compton' Casting Call Is So Offensive It Will Make Your Jaw Drop", *Huffington Post,* 17 de julho de 2014, disponível em www.huffingtonpost. com/2014/07/17/straight-out-of-compton-casting-call_n_5597010.html.

130 **Produtos para clareamento de pele movimentavam milhões** "Lighter Shades of Skin", *The Economist,* 28 de setembro de 2012, disponível em www.economist. com/baobab/2012/09/28/lighter-shades-of-skin.

130 **Na Índia, cremes de "clareamento" renderam US$200 milhões** "Telling India's Modern Women They Have Power, Even Over Their Skin Tone", *The New York Times,* 30 de maio de 2007.

130 **70% das mulheres na Nigéria; 35% na África do Sul; 59% no Togo e 40% na China, Malásia, Filipinas e Coreia do Sul** Veja "Mercury in Skin Lightening Products", News Ghana, 13 de junho de 2012, disponível em www.newsghana.com. gh/mercury-in-skin-lightening-products/.

130 **os Estados Unidos elegeram o "homem laranja"** Veja "NeNe Leakes Once Liked Donald Trump but Not 'This Orange Man Talking on TV,'" *Atlanta Journal- -Constitution,* 7 de setembro de 2016.

NOTAS • 281

130 **cama de bronzeamento todas as manhãs** "Omarosa Manigault Newman Says Trump Uses a Tanning Bed in the White House Every Morning", *People,* 14 de agosto de 2018, disponível em people.com/politics/omarosa-trump-daily-routine-tanning-bed-diet-coke-unhinged/.

130 **Pesquisas mostram que pessoas consideram a pele bronzeada... mais atraente** Cynthia M. Frisby, "'Shades of Beauty': Examining the Relationship of Skin Color to Perceptions of Physical Attractiveness", *Facial Plastic Surgery* 22:3 (agosto de 2006), 175–79.

Capítulo 10: Branco

134 **o cancelamento dos programas de ação afirmativa por Jeb Bush** "Jeb Bush Roils Florida on Affirmative Action", *The New York Times,* 4 de fevereiro de 2000, disponível em www.nytimes.com/2000/02/04/us/jeb-bush-roils-florida-on-affirmative-action.html.

134 **o rosto vitorioso de Al Gore na tela** "The 2000 Elections: The Media; A Flawed Call Adds to High Drama", *The New York Times,* 8 de novembro de 2000, disponível em www.nytimes.com/2000/11/08/us/the-2000-elections-the-media-a-flawed-call-adds-to-high-drama.html.

134 **uma pequena dianteira de 1.784 votos na Flórida** "Examining the Vote; How Bush Took Florida: Mining the Overseas Absentee Vote", *The New York Times,* 15 de julho de 2001, disponível em www.nytimes.com/2001/07/15/us/examining-the-vote-how-bush-took-florida-mining-the-overseas-absentee-vote.html.

135 **histórias... de alunos da FAMU e de suas famílias em suas cidades natais que não conseguiram votar** Por exemplo,veja "FAMU Students Protest Election Day Mishaps in Florida", *Diverse: Issues in Higher Education,* 7 de dezembro de 2000, disponível em diverseeducation.com/article/1034/; e "Florida A&M Students Describe Republican Attack on Voting Rights", *World Socialist Web Site,* 6 de dezembro de 2000, disponível em www.wsws.org/en/articles/2000/12/flor-d06.html.

135 **11% dos eleitores registrados, mas eram 44% das listas de expurgo** Ari Berman, "How the 2000 Election in Florida Led to a New Wave of Voter Disenfranchisement", *The Nation,* 28 de julho de 2015, disponível em www.thenation.com/article/how-the-2000-election-in-florida-led-to-a-new-wave-of-voter-disenfranchisement/.

135 **Condado de Palm Beach** Henry E. Brady et al., "Law and Data: The Butterfly Ballot Episode", in *The Longest Night: Polemics and Perspectives on Election 2000,* eds. Arthur J. Jacobson e Michel Rosenfeld (Berkeley, CA: University of California Press, 2002), 51.

282 • NOTAS

135 **a maior porcentagem de eleitores negros e a maior taxa de descarte** "1 Million Black Votes Didn't Count in the 2000 Presidential Election", *San Francisco Chronicle,* 20 de junho de 2004, disponível em www.sfgate.com/opinion/article/1-million-black-votes-didn-t-count-in-the-2000-2747895.php.

135 **uma análise estatística do** *New York Times* "Examining the Vote: The Patterns; Ballots Cast by Blacks and Older Voters Were Tossed in Far Greater Numbers", *The New York Times,* 12 de novembro de 2001.

135 **Ted Cruz... atuou na equipe jurídica de Bush** Ari Berman, *Give Us the Ballot: The Modern Struggle for Voting Rights in America* (Nova York: Farrar, Straus & Giroux, 2015), 210.

136 **uma marcha silenciosa de 2 mil estudantes** Veja "FAMU Students Protest Election Day Mishaps in Florida" e "Florida A&M Students Describe Republican Attack on Voting Rights."

136 *Message to the BlackMan in America* **[Mensagem para o Homem Negro nos EUA]** Elijah Muhammad, *Message to the Blackman in America* (Chicago: Muhammad Temple No. 2, 1965).

136 **Segundo a teologia que adotou** Para esta história, usei até a teologia mais clara que Malcolm X defendeu em sua autobiografia, conforme ensinada a ele por Elijah Muhammad. Malcolm X e Alex Haley, *The Autobiography of Malcolm X* (Nova York: Random House, 2015), 190–94.

138 **"nossa unidade como povo e a força de nossa democracia"** "Gore: 'It Is Time for Me to Go,'" *The Guardian,* 14 de dezembro de 2000, disponível em www.theguardian.com/world/2000/dec/14/uselections2000.usa14.

138 **"O homem branco é o demônio"** Malcolm X e Haley, *The Autobiography of Malcolm X,* 184–85.

139 *O Ódio que o Ódio Produziu* Veja "The Hate That Hate Produced (1959): Malcolm X First TV Appearance", disponível em www.youtube.com/watch?v=BsYWD2EqavQ.

139 **"Nunca testemunhei" um** Malcolm X, "Letters from Abroad", em *Malcolm X Speaks: Selected Speeches and Statements,* ed. George Breitman (Nova York: Grove Press, 1990), 59.

139 **"Você pode se surpreender com essas palavras"** Ibid., 61.

139 **"Eu rejeito totalmente a filosofia racista de Elijah Muhammad"** M. S. Handler, "Malcolm Rejects Racist Doctrine", *The New York Times,* 4 de outubro de 1964.

140 **como a resistência dentro das nações brancas mostra** Veja, por exemplo, Sarah Jaffee, *Necessary Trouble: Americans in Revolt* (Nova York: Nation Books, 2016).

141 **identificou discriminação antibrancos como um grave problema** "Majority of White Americans Say They Believe Whites Face Discrimination", NPR, 24 de outubro de 2017, disponível em www.npr.org/2017/10/24/559604836/majority-of-white-americans-think-theyre-discriminated-against.

NOTAS • 283

141 **O presidente Andrew Johnson reestruturou essa lei antirracista** Andrew Johnson, "Veto of the Civil Rights Bill", 27 de março de 1866, em Teaching American History, disponível em teachingamericanhistory.org/library/document/veto-of-the-civil-rights-bill/.

141 **"racistas obstinadamente leais à discriminação reversa"** Robert Bork, "The Unpersuasive Bakke Decision", *The Wall Street Journal,* 21 de julho de 1978.

141 **Alicia Garza digitou "Black Lives Matters" ["Vidas Negras Importam"] no Facebook** "Meet the Woman Who Coined #BlackLivesMatter", *USA Today,* 4 de março de 2015, disponível em www.usatoday.com/story/tech/0403/2015/alicia-garza-black-lives-matter/24341593/.

142 **Giuliani, chamou o movimento de "inerentemente racista"** "Rudy Giuliani: Black Lives Matter 'Inherently Racist,'" CNN, 11 de julho de 2016, disponível em edition.cnn.com/2016/07/11/politics/rudy-giuliani-black-lives-matter-inherently-racist/index.html.

142 **essas tropas terrestres que praticam abusos racistas** "Living While Black", CNN, 28 de dezembro de 2018, disponível em www.cnn.com/2018/12/20/us/living-while-black-police-calls-trnd/index.html.

143 **as letras escuras sobre um fundo amarelo** "Where Does That Billboard Phrase, 'Anti-Racist Is a Code Word for Anti-White,' Come From? It's Not New", *The Birmingham News,* 30 de junho de 2014, disponível em www.al.com/news/birmingham/index.ssf/2014/06/where_does_that_billboard_phra.html.

143 **Robert Whitaker, que se candidatou a vice-presidente** "Following the White Rabbit: Tim Murdock Sits Atop an Online Cult, Spreading Fears of 'White Genocide' That Have Fueled Violence and Terrorism", Southern Poverty Law Center, 21 de agosto de 2013, disponível em www.splcenter.org/fighting-hate/intelligence-report/2013/following-white-rabbit.

143 **43% das pessoas beneficiadas por esse seguro-saúde salvador** "Who Gained Health Insurance Coverage Under the ACA, and Where Do They Live", Urban Institute, Dezembro de 2016, disponível em www.urban.org/sites/default/files/publication/86761/2001041-who-gained-health-insurance-coverage-under-the-aca-and-where-do-they-live.pdf.

143 **destruiu a vida de mais 40 milhões de brancos** "Research Starters: Worldwide Deaths in World War II", The National WWII Museum, disponível em www.national ww2museum.org/students-teachers/student-resources/research-starters/research-starters-worldwide-deaths-world-war.

143 **perda de mais de 500 mil norte-americanos brancos** "The Cost of War: Killer, Wounded, Captured, and Missing", American Battlefield Trust, disponível em www.battlefields.org/learn/articles/civil-war-casualties.

144 **uma ideologia nuclear que representa uma ameaça existencial para a existência humana** Ibram X. Kendi, "A House Still Divided", *The Atlantic,* outubro de 2018.

284 • **NOTAS**

144 **teoria de duas origens de Diop** Cheikh Anta Diop, *The Cultural Unity of Negro Africa: The Domains of Patriarchy and of Matriarchy in Classical Antiquity* (Chicago: Third World Press, 1978).

144 **a versão de Michael Bradley do mesmo** Michael Bradley, *The Iceman Inheritance: Prehistoric Sources of Western Man's Racism, Sexism and Aggression* (Nova York: Warner Books, 1978).

144 *The Isis Papers* Frances Cress Welsing, *The Isis Papers: The Keys to the Colors* (Chicago: Third World Press, 1991).

145 *The Rising Tide of Color Against White World-Supremacy* Lothrop Stoddard, *The Rising Tide of Color Against White World-Supremacy* (Nova York: Charles Scribner's Sons, 1921).

Capítulo 11: Negro

150 **Chris Rock em seu especial de 1996, na HBO** Veja "Chris Rock — Bring the Pain", HBO, 1 de junho de 1996, disponível em www.youtube.com/watch?v=coC4t7nCGPs.

151 **"grande verdade de que o negro não é igual ao homem branco"** Alexander H. Stephens, "Cornerstone Address, 21 de março de 1861", in *The Rebellion Record: A Diary of American Events with Documents, Narratives, Illustrative Incidents, Poetry, etc.,* volume 1, ed. Frank Moore (Nova York: G. P. Putnam, 1862), 44–46.

152 **53% de pessoas negras entrevistadas** "Fewer Blacks in U.S. Veja Bias in Jobs, Income, and Housing", Gallup, 19 de julho de 2013, disponível em news.gallup.com/poll/163580/fewer-blacks-bias-jobs-income-housing.aspx.

152 **59% das pessoas negras expressaram** "The Partisan Divide on Political Values Grows Even Wider: 4. Race, Immigration and Discrimination", Pew Research Center, 5 de outubro de 2017, disponível em www.people-press.org/2017/10/05/4-race-immigration-and-discrimination/.

153 **brancos racistas rejeitando políticas e ideias racistas** Isso é mais óbvio pelos ataques aos ativistas do Black Power. Veja "Humphrey Backs N.A.A.C.P. in Fight on Black Racism", *The New York Times,* 7 de julho de 1966.

153 **"pessoas negras não podem ser racistas"** Este é um argumento típico: "Pessoas Negras não Podem ser Racistas, e Aqui está o Motivo", *The University Star,* 15 de fevereiro de 2016, disponível em star.txstate.edu/2016/02/black-people-cannot-be-racist-and-heres-why/.

154 **154 afro-americanos** Ida A. Brudnick e Jennifer E. Manning, "African American Members of the United States Congress: 1870–2018", Congressional Research Service, atualizado em 28 de dezembro de 2018, disponível em www.senate.gov/CRS pubs/617f17bb-61e9-40bb-b301-50f48fd239fc.pdf.

154 **mais de 700 juízes negros em tribunais estaduais** "National Database on Judicial Diversity in State Courts", American Bar Association,disponível em apps. americanbar.org/abanet/jd/display/national.cfm.

152 **mais de 200 juízes negros em tribunais federais** "African American Judges on the Federal Courts", Federal Judicial Center, disponível em www.fjc.gov/history/judges/search/african-american.

154 **mais de 57 mil policiais negros** "The New Racial Makeup of U.S. Police Departments, *Newsweek,* 14 de maio de 2015, disponível em www.newsweek.com/racial-makeup-police-departments-331130.

154 **3 mil chefes de polícia, chefes adjuntos e comandantes negros** "Blacks in Blue: African-American Cops React to Violence Towards and from Police", NBC News, 11 de julho de 2016, disponível em www.nbcnews.com/news/nbcblk/blacks-blue-african-american-cops-react-violence-towards-police-n607141.

154 **mais de 40 mil professores negros em faculdades e universidades** "Table 315.20. Full-time Faculty in Degree-Granting Postsecondary Institutions, by Race/Ethnics, Sex, and Academic Rank: Fall 2013, Fall 2015, and Fall 2016", Digest of Education Statistics, National Center for Education Statistics, disponível em nces.ed.gov/programs/digest/d17/tables/dt17_315.20.asp.

154 **11 negros bilionários do mundo e as 380 mil famílias negras milioná-rias** "The Black Billionaires 2018", *Forbes,* 7 de março de 2018, disponível em www.forbes.com/sites/mfonobongnsehe/2018/03/07/the-black-billionaires-2018/#19dd12935234; e "Black Millionaires Hardly Exist in America", *Newsmax,* 4 de outubro de 2017, disponível em www.newsmax.com/antoniomoore/black-millionaires-wealth-wealth-disparity/2017/10/04/id/817622/.

155 **16 CEOs negros** "The Number of Black CEOs at Fortune 500 Companies Is at Its Lowest Since 2002", *Fortune,* 28 de fevereiro de 2018, disponível em fortune.com/2018/02/28/black-history-month-black-ceos-fortune-500/.

155 **"Quando você controla o pensamento de um homem"** Carter G. Woodson, *The Miseducation of the Negro* (Mineola, NY: Dover, 2005), 55.

156 **Blackwell dirigiu conselhos de condados** "GOPer Behind Ohio's Botched 2004 Election Eyes Senate Run", *Mother Jones,* 21 de abril de 2011, disponível em www.motherjones.com/politics/2011/04/ken-blackwell-ohio-brown-senate/.

156 **174 mil votos em potencial perdidos** "Was the 2004 Election Stolen?", *CommonDreams,* 1 de junho de 2006, disponível em www.commondreams.org/views06/0601-34.htm.

156 **"Blackwell fez Katherine Harris parecer boazinha"** Ibid.

156 **agentes de Trump não tinham esquecido o trabalho racista inovador** Ken Blackwell, "Time to Clean Up Our Elections", CNS News, 17 de julho de 2017, disponível em www.cnsnews.com/commentary/ken-blackwell/time-clean-our-elections.

286 • NOTAS

158 **"Negros... levam uma vida bestial"** Leo Africanus, tradução de John Pory e ed. Robert Brown, *The History and Description of Africa,* 3 volumes (Londres: Hakluy Society, 1896), 130, 187–90.

158 **"apenas um ato de justiça" responde Sambo** Richard Ligon, *A True and Exact History of the Island of Barbadoes* (Indianapolis, IN: Hackett, 2011), 105–6.

158 **autor da primeira narrativa sobre escravizados** James Albert, *A Narrative of the Most Remarkable Particulars in the Life of James Albert Ukawsaw Gronniosaw, an African Prince* (Leeds: Stanhope Press, 1811), 11, 12, 16, 25.

159 **"àqueles homens que esperam receber velhos casacos de presente de seus donos"** Para essa citação e outros detalhes sobre a rebelião, veja David M. Robertson, *Denmark Vesey: The Buried Story of America's Largest Slave Rebellion and the Man Who Led It* (Nova York: Alfred A. Knopf, 2009), 70.

160 **"ao lado do Sr. Booker T. Washington, a maior autoridade norte-americana** "The Negro Arraigned", *The New York Times,* 23 de fevereiro de 1901. Também para uma excelente análise de como William Hannibal Thomas se encaixa na discussão sobre negritude nesse momento, veja Khalil Gibran Muhammad, *The Condemnation of Blackness: Race, Crime, and the Making of Modern Urban America* (Cambridge, MA: Harvard University Press, 2010).

160 **"tipo de ser humano intrinsecamente inferior"** William Hannibal Thomas, *The American Negro: What He Was, What He Is, and What He May Become* (Nova York: Negro Universities Press, 1901), 129, 134, 195.

160 **a lista de Thomas "de características negativas dos negros parecia ilimitada"** John David Smith, *Black Judas: William Hannibal Thomas and the American Negro* (Athens, GA: University of Georgia Press, 2000), 161–64, 177–78, 185–89.

160 **Contudo, esse "remanescente resgatado" foi mantido "afastado de seus irmãos brancos"** Thomas, *The American Negro,* xxiii, 69, 410.

160 **"assimilação nacional"** Ibid., 397–432.

160 **rotularam William Hannibal Thomas como o "Judas Negro"** Veja Smith, *Black Judas.*

161 **policiais negros eram tão agressivos** James Forman Jr., *Locking Up Our Own: Crime and Punishment in Black America* (Nova York: Farrar, Straus & Giroux, 2017), 107–8.

161 **um estudo com cerca de 8 mil policiais** "Black and White Officers See Many Key Aspects of Policing Differently", Pew Research Center, 12 de janeiro de 2017, disponível em www.pewresearch.org/fact-tank/2017/01/12/black-and-white-officers-see-many-key-aspects-of-policing-differently/.

162 **A nova leva de políticos, juízes, chefes de polícia e policiais negros** Forman Jr., *Locking Up Our Own,* 147.

162 **"Crimes de negros contra negros atingiram um nível crítico"** John H. Johnson, "Publisher's Statement", *Ebony,* August 1979.

NOTAS • 287

162 **dobrou o número de casos de discriminação indeferidos** Veja Manning Marable, *Race, Reform, and Rebellion: The Second Reconstruction and Black America, 1945–2006* (Jackson, MS: University Press of Mississippi, 2007), 196.

162 **redirecionou bilhões de dólares em recursos federais** Ibid., 206–7.

Capítulo 12: Classe

165 **eram os bairros mais perigosos da Filadélfia** E elas ainda ouvem isso. Veja "These Are the 10 Worst Philadelphia Neighborhoods for 2019", *Road Snacks,* 28 de dezembro de 2018, disponível em www.roadsnacks.net/worst-philadelphia-neighborhoods/.

166 **milhões de pessoas negras que migraram do sul** Para mais sobre migração e o que aconteceu a eles quando chegaram, veja Isabel Wilkerson, *The Warmth of Other Suns: The Epic Story of America's Great Migration* (Nova York: Vintage Books, 2011); e Thomas J. Sugrue, *The Origins of the Urban Crisis: Race and Inequality in Postwar Detroit* (Princeton, NJ: Princeton University Press, 1996).

166 **"O gueto escuro é uma patologia institucionalizada"** Kenneth B. Clark, *Dark Ghetto: Dilemmas of Social Power* (2nd edition) (Middletown, CT: Wesleyan University Press, 1989), 81.

167 **"o comportamento da classe inferior afro-americana"** Dinesh D'Souza, *The End of Racism: Principles for a Multicultural Society* (Nova York: Free Press, 1996), 527.

167 **brancos pobres como "lixo branco"** Veja Nancy Isenberg, *White Trash: The 400-Year Untold History of Class in America* (Nova York: Penguin Books, 2017).

168 **"Estamos diante do malogro da cultura"** "Paul Ryan's Racist Comments Are a Slap in the Face to 10.5 Million Americans", *Mic,* 13 de março de 2014, disponível em mic.com/articles/85223/paul-ryan-s-racist-comments-are-a-slap-in -the-face -to-10-5-million-americans.

169 **"A prova desse fracasso está à nossa volta"** Kay Cole James, "Why We Must Be Bold on Welfare Reform", The Heritage Foundation, 12 de março de 2018, disponível em www.heritage.org/welfare/commentary/why-we-must-be-bold-welfare-reform.

169 **Ele posicionou os negros pobres como inferiores** Clark, *Dark Ghetto,* xxix, xxxvi.

169 **Obama afirmou algo semelhante** "Barack Obama's Speech on Race", *The New York Times,* 18 de março de 2008, disponível em www.nytimes.com/2008/03/18/us/politics/18text-obama.html.

170 **negros pobres são mais otimistas** Veja Carol Graham, *Happiness for All? Unequal Hopes and Lives in Pursuit of the American Dream* (Princeton, NJ: Princeton University Press, 2017).

170 **"salário..." da branquitude** W. E. B. Du Bois, *Black Reconstruction in America, 1860 –1880* (Nova York: Simon & Schuster, 1999), 700. E veja também David R. Roediger,

288 • NOTAS

The Wages of Whiteness: Race and the Making of the American Working Class (Nova York: Verso, 1991).

170 **"Décimo Talentoso"** Veja W. E. B. Du Bois, "The Talented Tenth", in *The Negro Problem: A Series of Articles by Representative American Negroes of Today* (Nova York: James Pott & Company, 1903).

171 **Como Martin Luther King disse em sua crítica ao capitalismo, em 1967** Martin Luther King Jr., "'Where Do We Go from Here?,' Address Delivered at the Eleventh Annual SCLC Convention", 16 de abril de 1967, The Martin Luther King, Jr. Research and Education Institute, Stanford University, disponível em kinginstitute.stanford.edu/king-papers/documents/where-do-we-go-here-address-delivered-eleventh-annual-sclc-convention.

171 **o que os teóricos de sistemas mundiais chamam de "longo século XVI"** Immanuel Wallerstein, *The Modern World-System: Capitalist Agriculture and the Origins of the European World-Economy in the Sixteenth Century* (Nova York: Academic Press, 1974).

171 **O Infante Dom Henrique, de Portugal, deu origem a gêmeos siameses** Para histórias sobre as origens conjuntas do racismo e capitalismo, veja Ibram X. Kendi, *Stamped from the Beginning: The Definitive History of Racist Ideas in America* (Nova York: Nation Books, 2016); Eric Williams, *Capitalism & Slavery* (Chapel Hill, NC: University of North Carolina Press, 1994); e Edward E. Baptist, *The Half Has Never Been Told: Slavery and the Making of American Capitalism* (Nova York: Basic Books, 2014).

172 **A taxa de pobreza entre os negros em 2017 chegou a 20%** "Poverty Rate by Race/Ethnicity", Kaiser Family Foundation Database, disponível em www.kff.org/other/state-indicator/poverty-rate-by-raceethnicity/.

172 **A taxa de desemprego entre os negros tem sido pelo menos duas vezes maior** "Black Unemployment Rate Is Consistently Twice That of Whites", Pew Research Center, 21 de agosto de 2013, disponível em www.pewresearch.org/fact-tank/2013/08/21/through-good-times-and-bad-black-unemployment-is-consistently-double-that-of-whites/.

172 **A defasagem salarial** "Wage Gap Between Blacks and Whites Worst in Nearly 40 Years", CNN, 20 de setembro de 2016, disponível em money.cnn.com/2016/09/20/news/economy/black-white-wage-gap/.

172 **O patrimônio líquido de famílias brancas é cerca de 10 vezes maior do que o de famílias negras** "White Families Have Nearly 10 Times the Net Worth of Black Families. And the Gap Is Growing", *The Washington Post,* 28 de setembro de 2017, disponível em www.washingtonpost.com/news/wonk/wp/2017/09/28/black-and-hispanic-families-are-making-more-money-but-they-still-lag-far-behind-whites/.

172 **espera-se que famílias brancas reúnam uma riqueza 86 vezes maior do que famílias negras até 2020** Dedrick Asante-Muhammad, Chuck Collins, Josh Hoxie e Emanuel Nieves, "The Road to Zero Wealth: How the Racial Wealth Divide

Is Hollowing Out America's Middle Class", Institute for Policy Studies, setembro de 2017, disponível em ips-dc.org/wp-content/uploads/2017/09/The-Road-to-Zero -Wealth_FINAL.pdf.

172 **O crescimento capitalista sem precedentes da África nas últimas duas décadas** "Africa's Capitalist Revolution: Preserving Growth in a Time of Crisis", *Foreign Affairs,* Julho/Agosto de 2009, disponível em www.foreignaffairs.com/articles/africa /2009/07/01/africas-capitalist-revolution.

172 **cerca de 9 em 10 pessoas em condições de extrema pobreza viverão na África subsaariana até 2030** "The Number of Extremely Poor People Continues to Rise in Sub-Saharan Africa", The World Bank, 19 de setembro de 2018, disponível em blogs.worldbank.org/opendata/number-extremely-poor-people-continues-rise- -sub-saharan-africa.

172 **Na América Latina, pessoas de ascendência africana** "Behind the Numbers: Race and Ethnicity in Latin America", *Americas Quarterly,* Verão de 2015, disponível em www.americasquarterly.org/content/behind-numbers-race-and-ethnicity-latin- america.

172 **A defasagem global entre as regiões mais ricas (e mais brancas) do mundo e as regiões mais pobres (e mais negras) do mundo triplicou** "Global Inequality May Be Much Worse Than We Think", *The Guardian,* 8 de abril de 2016, disponível em www.theguardian.com/global-development-professionals-network/2016/ apr/08/global-inequality-may-be-much-worse-than-we-think.

172 **A mobilidade ascendente é mais alta entre os brancos** Randall Akee, Maggie R. Jones e Sonya R. Porter, National Bureau of Economic Research Working Paper No. 23733, Agosto de 2017, disponível em www.nber.org/papers/w23733.

172 **No quintil de renda mais alta** "The Racial Wealth Divide Holds Back Black Earners at All Levels", *AlterNet,* 3 de abril de 2018, disponível em www.alternet.org/2018/04/ racial-wealth-divide-holds-back-black-earners/.

172 **Famílias de negros de renda média têm menos riquezas** Veja "1 in 7 White Families Are Now Millionaires. For Black Families, It's 1 in 50", *The Washington Post,* 3 de outubro de 2017.

173 **A pobreza entre brancos não é tão penosa quanto a entre negros**. Black Poverty Differs from White Poverty", *The Washington Post,* 12 de agosto de 2015, disponível em www.washingtonpost.com/news/wonk/wp/2015/08/12/black-poverty- differs-from-white-poverty/?utm_term=.6069bf66fb16.

173 **Políticas antirracistas nos anos 1960 e 1970 reduziram essas desigualdades** "Equality Still Elusive 50 Years After Civil Rights Act", *USA Today,* 19 de janeiro de 2014, disponível em www.usatoday.com/story/news/nation/2014/01/19/civil-rights- act-progress/4641967/.

173 **conforme relatado pelo historiador Devyn Spence Benson** Devyn Spence Benson, *Antiracism in Cuba: The Unfinished Revolution* (Chapel Hill, NC: University of North Carolina Press, 2016), 30–71.

290 • NOTAS

174 **do Partido Socialista da América (SPA) em 1901 se recusaram a aderir a uma campanha antilinchamento.** "Race and the U.S. Socialist Tradition", *Socialist Worker,* 18 de novembro de 2010, disponível em socialistworker.org/2010/11/18/race-and-us-socialist-tradition.

174 **"A descoberta do ouro e prata na América"** Karl Marx, *Capital: A Critique of Political Economy,* Volume 1, Parte 2 (Nova York: Cosimo Classics, 2007), 823.

174 **pediu a Du Bois que reconsiderasse** David Levering Lewis, *W.E.B. Du Bois, 1919–1963: The Fight for Equality and the American Century* (Nova York: Macmillan, 2000), 309–10.

174 **que os eruditos hoje chamam de capitalismo racial** Veja Robin D. G. Kelley, "What Did Cedric Robinson Mean by Racial Capitalism", *Boston Review,* 12 de janeiro de 2017, disponível em bostonreview.net/race/robin-d-g-kelley-what-did-cedric-robinson-mean-racial-capitalism.

174 **"O grau mais baixo e fatal"** e **"aristocracia da classe trabalhadora"** Lewis, *W.E.B. Du Bois, 1919–1963,* 308–9.

174 **"Em vez de uma divisão de classes horizontal"** W.E.B. Du Bois, *Dusk of Dawn: An Essay Toward an Autobiography of a Race Concept* (Piscataway, NJ: Transaction Publishers, 1984), 205.

175 **clamou por um "Cento Orientador"** Veja W. E. B. Du Bois, "The Talented Tenth: Memorial Address", in ed. David Levering Lewis, *W. E. B. Du Bois: A Reader* (Nova York: Henry Holt, 1995), 347–53.

175 **"uma ligação indissociável entre racismo e capitalismo"** Keeanga-Yamahtta Taylor, "Race, Class and Marxism", *Socialist Worker,* 4 de janeiro de 2011, disponível em socialistworker.org/2011/01/04/race-class-and-marxism.

176 **A história do capitalismo** Para uma história honesta sobre o capitalismo e os Estados Unidos, veja Howard Zinn, *A People's History of the United States, 1492–Present* (Nova York: HarperCollins, 1982).

176 **"capitalistas ao extremo"** "Elizabeth Warren's Theory of Capitalism", *The Atlantic,* 28 de agosto de 2018, disponível em www.theatlantic.com/politics/archive/2018/08/elizabeth-warrens-theory-of-capitalism/568573/.

177 **O 1% mais rico detém hoje cerca de 50%** "Richest 1% Own Half the World's Wealth, Study Finds", *The Guardian,* 14 de novembro de 2017, disponível em www.theguardian.com/inequality/2017/nov/14/worlds-richest-wealth-credit-suisse.

179 **"Fiz este filme para a estética negra"** Lerone Bennet Jr., "The Emancipation Orgasm: Sweetback in Wonderland", *Ebony,* Setembro de 1971.

179 **Bennett detonou Van Peebles** Ibid.

180 *Black Bourgeoisie* **de E. Franklin Frazier** E. Franklin Frazier, *Black Bourgeoisie: The Rise of a New Middle Class* (Nova York: Free Press, 1957).

180 **"a classe média negra contribui muito pouco"** Nathan Glazer e Daniel Patrick Moynihan, *Beyond the Melting Pot,* 51–52.

180 **Martin Luther King Jr. e uma geração de jovens negros da elite da burguesia negra** Lewis, *W.E.B. Du Bois, 1919–1963,* 558.

Capítulo 13: Espaço

181 **obra de referência** *Afrocentricity* Molefi Kete Asante, *Afrocentricity: The Theory of Social Change* (Buffalo, NY: Amulefi, 1980).

182 **"A rejeição do particularismo europeu"** Veja Molefi Kete Asante, *Afrocentricity* (Trenton, NJ: African World Press, 1988), 104.

182 **ela gostou de vir para os Estados Unidos falar de sua pesquisa** Ama Mazama e Garvey Musumunu, *African Americans and Homeschooling: Motivations, Opportunities, and Challenges* (Nova York: Routledge, 2015); Molefi Kete Asante e Ama Mazama, eds., *Encyclopedia of African Religion* (Thousand Oaks, CA: SAGE, 2009); e Ama Mazama, ed., *The Afrocentric Paradigm* (Trenton, NJ: Africa World Press, 2003).

184 **"doença insidiosa"** Kenneth B. Clark, *Dark Ghetto: Dilemmas of Social Power* (2ª edição) (Middletown, CT: Wesleyan University Press, 1989), 25, 87, 109.

184 **"banqsters", como Thom Hartmann os chama** Thom Hartmann, "How to Take on the Banksters", *The Hartmann Report,* 21 de setembro de 2016, disponível em www.thomhartmann.com/blog/2016/09/how-take-banksters.

184 **norte-americanos perderam trilhões durante a Grande Recessão** "America Lost \$10.2 Trillion in 2008", *Business Insider,* 3 de fevereiro de 2009, disponível em www.businessinsider.com/2009/2/america-lost-102-trillion-of-wealth-in-2008.

184 **Estima-se que as perdas provocadas por crimes de colarinho branco** "White-Collar Crimes — Motivations and Triggers",*Forbes,* 22 de fevereiro de 2018, disponível em www.forbes.com/sites/roomykhan/2018/02/22/white-collar-crimes -motivations-and-triggers/#258d26351219.

184 **custos combinados de roubos e assaltos** Patrick Colm Hogan, *The Culture of Conformism: Understanding Social Consent* (Durham, NC: Duke University Press, 2001), 15.

184 **morreram 3.380 mais norte-americanos em acidentes de trânsito relaciona-dos ao álcool** Ibram X. Kendi, *Stamped from the Beginning: The Definitive History of Racist Ideas in America* (Nova York: Nation Books, 2016), 437.

185 **"estão morando no inferno"** "Trump at Debate: Minorities in Cities 'Are Living in Hell,'" *Politico,* 26 de setembro de 2016, disponível em www.politico.com/ story/2016/09/trump-minorities-living-in-hell-228726.

185 **"de países nojentos"** "Trump Derides Protections for Immigrants from 'Shithole' Countries", *The Washington Post,* 12 de janeiro de 2018.

292 • **NOTAS**

186 **as HBCUs não representam "o mundo real"** "Hold Up: Aisha Tyler Thinks HBCUs Are Bad for Black Students?", BET, 28 de abril de 2016, disponível em www.bet.com/celebrities/news/2016/04/28/aisha-tyler-slams-hbcus.html.

187 **"Até mesmo as melhores faculdades e universidades negras não"** Thomas Sowell, "The Plight of Black Students in America", *Daedalus* 103 (primavera de 1974), 189.

187 **A "descrição de Sowell continua precisa"** Jason L. Riley, "Black Colleges Need a New Mission", *The Wall Street Journal,* 28 de setembro de 2010, disponível em www.wsj.com/articles/SB10001424052748704654004575517822124077834.

187 **As doações para a HBCU mais rica, Howard** Veja "HBCUs Struggle to Close the Endowment Gap", *Philanthropy News Digest,* 19 de julho de 2017, disponível em philanthropynewsdigest.org/news/hbcus-struggle-to-close-the-endowment-gap.

187 **produz a disparidade de doações** Ibid.

187 **como os atuais modelos estaduais "baseados em desempenho"** "Black Colleges Are the Biggest Victims of States' Invasive New Funding Rules", *The Washington Post,* 16 de dezembro de 2014, disponível em www.washingtonpost.com/post everything/wp/2014/12/16/black-colleges-are-the-biggest-victims-of-states-invasive-new-funding-rules/.

188 **as HBCUs costumam apresentar índices mais altos de graduação de negros** "How Are Black Colleges Doing? Better Than You Think, Study Finds", *The Chronicle of Higher Education,* 13 de abril de 2018, disponível em www.chronicle.com/article/How-Are-Black-Colleges-Doing-/243119.

188 **graduados negros em HBCUs têm, em média, mais probabilidade** "Grades of Historically Black Colleges Have Well-Being Edge", Gallup, 27 de outubro de 2015, disponível em news.gallup.com/poll/186362/grads-historically-black-colleges-edge.aspx.

188 **Os bancos continuam tendo duas vezes mais de chance de aprovar emprés-timos a empresários brancos** "Study Documents Discrimination Against Black Entrepreneurs", NCRC, 17 de novembro de 2017, disponível em ncrc.org/study-documents-discrimination-black-entrepreneurs/; Sterling A. Bone et al., "Shaping Small Business Lending Policy Through Matched-Paired Mystery Shopping", 12 de setembro de 2017, disponível na SSRN em papers.ssrn.com/sol3/papers.cfm?abstract_id=3035972.

188 **Clientes evitam empresas negras** Por exemplo, veja "Jennifer L. Doleac and Luke C. D. Stein, "The Visible Hand: Race and Online Market Outcomes", 1 de maio de 2010, disponível em SSRN at papers.ssrn.com/sol3/papers.cfm?abstract_id=1615149.

188 **"esse tratamento desigual justifica o mau atendimento?"** "Should Black Owned Businesses Get a Hall Pass for Bad Service?", *Blavity,* 2017, disponível em blavity.com/black-owned-businesses-get-pass-for-bad-service.

NOTAS • 293

189 **"para levar de volta ao seu país de origem as sementes da civilização"**
Thomas Jefferson, "To Lynch, Monticello, 21 de janeiro de 1811", in *The Writings of Thomas Jefferson,* Volume 9, 1807–1815, ed. Paul Leicester Ford (Nova York: G. P. Putnam's Sons, 1898), 303.

189 **"regiões selvagens da África"** Claude Andrew Clegg III, *The Price of Liberty: African Americans and the Making of Liberia* (Chapel Hill, NC: University of North Carolina Press, 2009), 35.

189 **Um escritor de uma publicação do sul,** *De Bow's Review,* **buscou** "Free Negro Rule", *DeBow's Review* 3:4 (abril de 1860), 440.

189 **Sherman e o secretário de guerra dos Estados Unidos, Edwin M. Stanton, encontraram-se** Veja *The War of the Rebellion: A Compilation of the Official Records of the Union and Confederate Armies* (Washington, DC: U.S. Government Printing Office, 1895), 37–41.

189 **"ficará a cargo das pessoas libertas"** "Sherman's Special Field Orders, Nº 15", em *The Empire State of the South: Georgia History in Documents and Essays*, ed. Christopher C. Meyers (Macon, GA: Mercer University Press, 2008), 174.

190 **a ordem de Sherman privou os negros** Horace Greeley, "Gen. Sherman and the Negroes", *Nova York Daily Tribune,* 30 de janeiro de 1865.

191 **"na plataforma de acomodações iguais"** Henry W. Grady, "In Plain Black and White: A Reply to Mr. Cable", *Century Magazine* 29 (1885), 911.

191 **desviaram recursos para espaços exclusivamente brancos** "Jim Crow's Schools", *American Educator,* Summer 2004, disponível em www.aft.org/periodical/american-educator/summer-2004/jim-crows-schools.

191 **pressuposto "integracionista de que a separação obrigatória das duas raças"** "Plessy v. Ferguson 163 U.S. 537 (1896)", in Abraham L. Davis e Barbara Luck Graham, *The Supreme Court, Race, and Civil Rights* (Thousand Oaks, CA: SAGE, 1995), 51.

191 **a maioria das crianças negras preferia bonecas brancas** Para ensaios sobre os experimentos com bonecas, veja Kenneth B. Clark e Mamie P. Clark, "The Development of Consciousness of Self and the Emergence of Racial Identification in Negro Preschool Children", *Journal of Social Psychology* 10:4 (1939), 591–99; e Kenneth B. Clark e Mamie P. Clark, "Racial Identification and Preference among Negro Children", in *Readings in Social Psychology,* ed. E. L. Hartley (Nova York: Holt, Rinehart & Winston, 1947); Kenneth B. Clark, *Prejudice and Your Child* (Middletown, CT: Wesleyan University Press, 1988).

191 **"Separar (crianças não brancas) de outras"** "Brown v. Board of Education", LII Collection: U.S. Supreme Court Decisions, Cornell University Law School, disponível em www.law.cornell.edu/supremecourt/text/347/483.

192 ***Distrito Escolar Independente de San Antonio versus Rodriguez*** Veja Paul A. Sracic, *San Antonio v. Rodriguez and the Pursuit of Equal Education: The Debate Over Discrimination and School Funding* (Lawrence, KS: University Press of Kansas, 2006).

294 • **NOTAS**

192 **"existem escolas negras e instruções e instrutores preparados"** Zora Neale Hurston, "Court Order Can't Make Races Mix", *Orlando Sentinel*, 11 de agosto de 1955.

192 **"acho que a integração em nossas escolas públicas é diferente"** "Deacon Robert Williams", em *Reflections on Our Pastor: Dr. Martin Luther King, Jr. at Dexter Avenue Baptist Church, 1954–1960*, eds. Wally G. Vaughn e Richard W. Wills (Dover, MA: The Majority Press, 1999), 129.

193 **um corpo docente de 80% de pessoas brancas** "The Nation's Teaching Force Is Still Mostly White and Female", *Education Week*, 15 de agosto de 2017, disponível em www.edweek.org/ew/articles/2017/08/15/the-nations-teaching-force-is-still-mostly.html.

193 **têm 40% menos probabilidade de acreditar que ele terminará o ensino médio** Seth Gershenson, Stephen B. Holt, e Nicholas W. Papageorge, "Who Believes in Me? The Effect of Student-Teacher Demographic Match on Teacher Expectations", *Economics of Education Review* 52 (junho de 2016), 209–24.

193 **Estudantes negros de baixa renda que têm pelo menos um professor negro** "IZA DP N° 10630: The Long-Run Impacts of Same-Race Teachers", Institute of Labor Economics, março de 2017, disponível em www.iza.org/publications/dp/10630.

193 **A integração tornou-se "uma via de mão única"** Barack Obama, *Dreams from My Father: A Story of Race and Inheritance* (Nova York: Crown, 2007), 99–100.

194 **"A experiência de uma educação integrada"** David L. Kirp, "Making Schools Work", *The New York Times*, 19 de maio de 2012, disponível em www.nytimes.com/2012/05/20/opinion/sunday/integration-worked-why-have-we-rejected-it.html.

194 **A porcentagem de estudantes negros do sul que frequentava escolas brancas integradas** "The Data Proves That School Segregation Is Getting Worse", *Vox*, 5 de março de 2018, disponível em www.vox.com/2018/3/5/7080218/school-segregation-getting-worse-data.

194 **"sempre pensei que a integração fosse a principal meta de melhores relações raciais"** Tamar Jacoby, "What Became of Integration", *The Washington Post*, 28 de junho de 1998.

194 **"usando apenas operários, arquitetos, advogados e instituições negros"** Martin Luther King, "'Where Do We Go from Here?,' Address Delivered at the Eleventh Annual SCLC Convention", 16 de abril de 1967, The Martin Luther King, Jr. Research and Education Institute, Stanford University, disponível em kinginstitute.stanford.edu/king-papers/documents/where-do-we-go-here-address-delivered-eleventh-annual-sclc-convention.

195 **"apenas homens brancos" com "peles" diferentes** Kenneth M. Stampp, *The Peculiar Institution: Slavery in the Ante-bellum South* (Nova York: Alfred A. Knopf, 1967), vii.

Capítulo 14: Gênero

199 ***A Cor Púrpura*, de Alice Walker** Alice Walker, *The Color Purple* (Boston: Harcourt, 1982).

199 **"A Família Negra: Um Caso de Ação Nacional"** Daniel P. Moynihan, *The Negro Family: The Case for National Action* (Washington, D.C.: U.S. Government Printing Office, 1965).

200 **"As reverberações" do relatório de Moynihan "foram desastrosas"** Deborah Gray White, *Too Heavy a Load: Black Women in Defense of Themselves, 1894–1994* (Nova York: W. W. Norton, 1999), 200.

200 **a "meta imediata da mulher negra atual"** "For a Better Future", *Ebony,* agosto de 1996.

200 **O racismo tinha focado "ampla" e "claramente" o homem negro** Charles Herbert Stember, *Sexual Racism: The Emotional Barrier to an Integrated Society* (Nova York: Elsevier, 1976), ix, 66.

200 **Para um grande número de homens negros, o movimento Black Power** Veja Eldridge Cleaver, *Soul on Ice* (Nova York: Dell, 1991).

201 **"agora atingiu 68%"** Charles Murray, "The Coming White Underclass", *The Wall Street Journal,* 29 de outubro de 1993.

201 **mulheres negras casadas tendo menos filhos** Angela Y. Davis, *Women, Culture & Politics* (Nova York: Vintage Books, 1990), 75–85; e "The Math on Black Out of Wedlock Births",*The Atlantic,* 17 de fevereiro de 2009, disponível em www.theatlantic.com/entertainment/archive/2009/02/the-math-on-black-out-of-wedlock-births/6738/.

203 **"movimento feminista negro"** Kimberly Springer, *Living for the Revolution: Black Feminist Organizations, 1968–1980* (Durham, NC: Duke University Press, 2005).

203 **o Coletivo Combahee River** Veja Keeanga-Yamahtta Taylor, ed., *How We Get Free: Black Feminism and the Combahee River Collective* (Chicago: Haymarket, 2017).

204 **"duplo perigo" do racismo e do sexismo** Frances Beal, "Double Jeopardy: To Be Black and Female", in *The Black Woman: An Anthology,* ed. Toni Cade Bambara (Nova York: New American Library, 1970), 92.

204 **"as preocupações da mulher contemporânea negra deste país" e "perversa negra vadia"** Toni Morrison, "Preface", em *The Black Woman,* 11.

204 **"linchamento high-tech"** Veja "How Racism and Sexism Shaped the Clarence Thomas/Anita Hill Hearing", *Vox,* 16 de abril de 2016, disponível em www.vox.com/2016/4/16/1408576/anita-hill-clarence-thomas-confirmation.

296 • NOTAS

204 **"Ao discutir as experiências das mulheres negras"** Philomena Essed, *Understanding Everyday Racism: An Interdisciplinary Theory* (Newbury Park, CA: SAGE, 1991), 31.

205 **"Mapeando as Margens"** Kimberlé Crenshaw, "Mapping the Margins: Intersectionality, Identity Politics, and Violence Against Women of Color", *Stanford Law Review* 43:6 (julho de 1991), 1242.

205 **esterilizações involuntárias de mulheres negras** Roberts, *Killing the Black Body*, 90–96.

205 **mulheres negras com alguma instrução superior ganhando menos** Veja "Usual Weekly Earnings of Wage and Salary Workers, Fourth Quarter 2018", Bureau of Labor Statistics, U.S. Department of Labor, 17 de janeiro de 2019, disponível em www.bls.gov/news.release/pdf/wkyeng.pdf.

205 **mulheres negras tendo que buscar instrução especializada para ganhar mais** Veja "Usual Weekly Earnings of Wage and Salary Workers, Fourth Quarter 2018."

206 **a riqueza média de mulheres brancas solteiras ser de US$42 mil** "Lifting as We Climb: Women of Color, Wealth, and America's Future", Insight Center for Community Economic Development, Spring 2010, disponível em insightcced.org/old-site/uploads/CRWG/LiftingAsWeClimb-WomenWealth-Report-InsightCenter-Spring2010.pdf.

206 **Mulheres indígenas e negras experimentam níveis de pobreza mais elevados** Veja "Black Women: Supporting Their Families — With Few Resources", *The Atlantic*, 12 de junho de 2017, disponível em www.theatlantic.com/business/archive/2017/06/black-women-economy/530022/.

206 **Mulheres negras e latinas ainda ganham menos** "The Gender Wage Gap: 2017 Earnings Differences by Race and Ethnicity", Institute for Women's Policy Research, 7 de março de 2018, disponível em iwpr.org/publications/gender-wage-gap-2017-race-ethnicity/.

206 **Mulheres negras têm probabilidade três a quatro vezes maior de morrer** "Why America's Black Mothers and Babies Are in a Life-or-Death Crisis", *The New York Times*, 11 de abril de 2018, disponível em www.nytimes.com/2018/04/11/magazine/black-mothers-babies-death-maternal-mortality.html.

206 **Uma mulher negra com pós-graduação tem maior probabilidade de perder o bebê** "6 Charts Showing Race Gaps Within the American Middle Class", Brookings, 21 de outubro de 2016, disponível em www.brookings.edu/blog/social-mobility-memos/2016/10/21/6-charts-showing-race-gaps-within-the-american-middle-class/.

206 **Mulheres negras continuam tendo probabilidade duas vezes maior de ser encarceradas** "A Mass Incar-ceration Mystery", The Marshall Project, 15 de dezembro de 2017, disponível em www.themarshallproject.org/2017/12/15/a-mass-incarceration-mystery.

NOTAS • 297

206 **controlou a sexualidade da mulher branca** Para um estudo completo das políticas de mulheres na era de linchamentos, veja Crystal Nicole Feimster, *Southern Horrors: Women and the Politics of Rape and Lynching* (Cambridge, MA: Harvard University Press, 2009).

206 **estavam recriando a era da escravatura** Rachel A. Feinstein, *When Rape Was Legal: The Untold History of Sexual Violence During Slavery* (Nova York: Routledge, 2018); and Daina Ramey Berry e Leslie M. Harris, eds., *Sexuality and Slavery: Reclaiming Intimate Histories in the Americas* (Athens, GA: University of Georgia Press, 2018).

207 **Casey Anthony, mulher branca da Flórida que o júri absolveu** "'What Really Happened?': The Casey Anthony Case 10 Years Later", CNN, 30 de junho de 2018, disponível em www.cnn.com/2018/06/29/us/casey-anthony-10-years-later/index.html.

207 **as prisões de homens negros caíram 24%** A taxa de encarceramento de homens negros é de 2.613 em cada 100 mil; a de homens brancos é de 457; a de mulheres negras de 103; e a de mulheres brancas, de 52, segundo o Bureau of Justice Statistics, conforme mostrado em "A Mass Incarceration Mystery", The Marshall Project, 15 de dezembro de 2017, disponível em www.themarshallproject.org/2017/12/15/a-mass-incarceration-mystery.

207 **Homens negros criados no topo da faixa de 1% de milionários** "Extensive Data Shows Punishing Reach of Racism for Black Boys", *The New York Times,* 19 de março de 2018, disponível em www.nytimes.com/interactive/2018/03/19/upshot/race-class-white-and-black-men.html.

208 **"Discursos feministas e antirracistas contemporâneos deixaram de considerar identidades interseccionais"** Crenshaw, "Mapping the Margins", 1242–43.

Capítulo 15: Sexualidade

209 **que 32% das crianças criadas por casais negros de pessoas do mesmo sexo vivem na pobreza** "LGBT Families of Color: Facts at a Glance", Movement Advancement Project, Family Equality Council, and Center for American Progress, janeiro de 2012, disponível em www.nbjc.org/sites/default/files/lgbt-families-of-color-facts-at-a-glance.pdf.

209 **seus pais têm mais probabilidade de serem pobres do que casais negros e brancos heterossexuais** Veja "Beyond Stereotypes: Poverty in the LGBT Community", *TIDES,* Junho de 2012, disponível em williamsinstitute.law.ucla.edu/williams-in-the-news/beyond-stereotypes-poverty-in-the-lgbt-community/.

210 **"a questão do sexo"** Havelock Ellis, *Studies in the Psychology of Sex,* Volume 1 (Londres: Wilson and Macmillan, 1897), x.

210 **um popular resumo dos escritos de Lombroso** Havelock Ellis, *The Criminal* (Londres: Walter Scott, 1890).

298 • **NOTAS**

210 **"No que se refere aos órgãos sexuais, parece possível"** Havelock Ellis, *Studies in the Psychology of Sex,* Volume 2 (Filadélfia: F. A. Davis, 1933), 256.

210 **médicos racistas compararam** Morris, "Is Evolution Trying to Do Away with the Clitoris?", Artigo apresentado na reunião da American Association of Obstetricians and Gynecologists, St. Louis, 21 de setembro de 1892, disponível em archive.org/stream/39002086458651.med.yale.edu/39002 086458651_djvu.txt.

210 **"anormalmente proeminente em praticamente todas as circunstâncias"** Perry M. Lichtenstein, "The 'Fairy' and the Lady Lover", *Medical Review of Reviews* 27 (1921), 372.

210 **que "ocorre especialmente em mulheres não brancas"** Ibid.

212 **Homens negros gays têm menor probabilidade de fazer sexo sem proteção e usar drogas** "What's at the Roots of the Disproportionate HIV Rates for Black Men?", *Plus,* 6 de março de 2017, disponível em www.hivplusmag.com/stigma/2017/3/06/whats-root-disproportionate-hiv-rates-their-queer-brothers.

213 **"afirmar que todas as vidas negras importam"** "Black Lives Matter Movement Awarded Sydney Peace Prize for Activism", NBC News, 2 de novembro de 2017, disponível em www.nbcnews.com/news/nbcblk/black-lives-matter-movement-awarded-sydney-peace-prize-activism-n816846.

213 **A expectativa média de vida de uma mulher negra transgênero nos Estados Unidos** "It's Time for Trans Lives to Truly Matter to Us All", *Advocate,* 18 de fevereiro de 2015, disponível em www.advocate.com/commentary/2015/02/18/op-ed-its-time-trans-lives-truly-matter-us-all.

213 **a partir de histórias pessoais da ativista transgênero Janet Mock** Veja Janet Mock, *Redefining Realness: My Path to Womanhood, Identity, Love & So Much More* (Nova York: Simon & Schuster, 2015); Janet Mock, *Surpassing Certainty: What My Twenties Taught Me* (Nova York: Atria, 2017).

215 **observando Kayla Moore defendendo seu marido** "Kayla Moore Emerges as Her Husband's Fiercest and Most Vocal Defender", *The Washington Post,* 15 de novembro de 2017, disponível em www.washingtonpost.com/politics/kayla-moore-emerges-as-her-husbands-fiercest-and-most-vocal-defender/2017/11/15/5c8b7d82-ca19-11e7-8321-481fd63f174d_story.html.

216 **"apesar de termos tido a escravidão"** "In Alabama, the Heart of Trump Country, Many Think He's Backing the Wrong Candidate in Senate Race", *Los Angeles Times,* 21 de setembro de 2017, disponível em www.latimes.com/politics/la-na-pol-alabama-senate-runoff-20170921-story.html.

Capítulo 16: Fracasso

218 **"nosso cuidado parental" e "em algum modo, da boa conduta negra"** Veja David Scholfield and Edmund Haviland, "The Appeal of the American Convention of Abolition Societies to Anti-Slavery Groups", *The Journal of Negro History* 6:2 (abril de 1921), 221, 225.

NOTAS • 299

219 **"A redução do preconceito"** "Raising Us in the Scale of Being", *Freedom's Journal,* 16 de março de 1827.

219 **juízes da "persuasão de elevação"** Veja Ibram X. Kendi, *Stamped from the Beginning: The Definitive History of Racist Ideas in America* (Nova York: Nation Books, 2016), 124–25.

221 **"Vocês não adquiriram a estima"** William Lloyd Garrison, *An Address, Delivered before the Free People of Color, in Philadelphia* (Boston: S. Foster, 1831), 5–6.

221 **"realizar o importante trabalho de redenção nacional"** "'What we have long predicted… has commenced its fulfillment'", em *The Boisterous Sea of Liberty: A Documentary History of American from Discovery Through the Civil War,* eds. David Brion Davis e Steven Mintz (Nova York: Oxford University Press, 1998), 390.

221 **se encaixa em sua criação pessoal** Para uma boa biografia de Garrison, veja Henry Mayer, *All on Fire: William Lloyd Garrison and the Abolition of Slavery* (Nova York: W. W. Norton, 2008).

221 **assustador crescimento da escravidão** Edward E. Baptist, *The Half Has Never Been Told: Slavery and the Making of American Capitalism* (Nova York: Basic Books, 2016).

222 **"Se eu pudesse salvar a União sem libertar nenhum escravo"** Abraham Lincoln, "To Horace Greeley", in *The Collected Works of Abraham Lincoln,* Volume 5, ed. Roy P. Basler (New Brunswick, NJ: Rutgers University Press, 1953), 388.

222 **"medida de guerra necessária"** Abraham Lincoln's Emancipation Proclamation, 1 de janeiro de 1863, American Battlefield Trust, disponível em www.battlefields.org/learn/primary-sources/abraham-lincolns-emancipation-proclamation.

222 **"não queriam ter nada a ver com os negros"** Veja Leonard P. Curry, *Blueprint for Modern America: Nonmilitary Legislation of the First Civil War Congress* (Nashville: Vanderbilt University Press, 1968), 79.

222 **O "partido do homem branco"** Veja Francis P. Blair Jr., *The Destiny of the Races of this Continent* (Washington, D.C., 1859), 30.

222 **defender militarmente o negro de terroristas racistas** Para um estudo excelente do declínio da Reconstrução, veja Eric Foner, *Reconstruction: America's Unfinished Revolution, 1863–1877* (Nova York: Harper Collins, 2011).

222 **"A celeridade por motivos egoístas"** Mayer, *All on Fire,* 617.

223 **"Durante anos, acreditava-se na teoria de que a maioria dos líderes negros"** W.E.B. Du Bois, "A Negro Nation Within a Nation", em *W. E. B. Du Bois: A Reader,* ed. David Levering Lewis (Nova York: Henry Holt, 1995), 565.

223 **"surpreendente ignorância"** Gunnar Myrdal, *An American Dilemma: The Negro Problem and Modern Democracy* (Nova York: Harper, 1944), 48.

223 **"Não há dúvidas, na opinião do escritor"** Ibid., 339.

300 • NOTAS

223 **"Gunnar Myrdal tinha sido surpreendentemente profético"** Gene Roberts e Hank Klibanoff, *The Race Beat: The Press, the Civil Rights Struggle, and the Awakening of the Nation* (Nova York: Vintage Books, 2007), 406. Além dessa avaliação, este é um excelente trabalho de jornalismo.

223 **"discriminação contra grupos minoritários nesse país exerce um efeito adverso"** Mary L. Dudziak, *Cold War Civil Rights: Race and the Image of American Democracy* (Princeton, NJ: Princeton University Press, 2011), 100.

223 **"nos envolvermos nessa luta mundial"** e **Setenta e oito por cento dos norte--americanos brancos concordaram** Ibid., 185–87.

224 **Em 1967, Martin Luther King Jr. admitiu** Martin Luther King, "'Where Do We Go from Here?,' Address Delivered at the Eleventh Annual SCLC Convention", 16 de abril de 1967, The Martin Luther King, Jr. Research and Education Institute, StanfordUniversity,disponívelemkinginstitute.stanford.edu/king-papers/documents/where-do-we-go-here-address-delivered-eleventh-annual-sclc-convention.

224 **Observe o aumento do apoio branco** Lawrence D. Bobo et al., "The *Real* Record on Racial Attitudes", em *Social Trends in American Life: Findings from the General Social Survey Since 1971,* ed. Peter V. Marsden (Princeton, NJ: Princeton University Press, 2012), 38–83.

224 **Observe o aumento do apoio ao Obamacare** "Support for 2010 Health Care Law Reaches New High", Pew Research Center, 23 de fevereiro de 2017, disponível em www.pewresearch.org/fact-tank/2017/02/23/support-for-2010-health-care-law-reaches-new-high/.

225 **era libertar os "Seis de Jena"** Para uma boa entrevista que detalha o caso, veja "The Case of the Jena Six: Black High School Students Charged with Attempted Murder for Schoolyard Fight After Nooses Are Hung from Tree", *Democracy Now,* 10 de julho de 2007, disponível em www.democracynow.org/2007/7/10/the_case_of_the_jena_six.

227 **usei a frase de Malcolm X fora de contexto** A citação completa é: "Quando estava na prisão, li um artigo — não fique chocado por eu dizer que estive na prisão. Você ainda está na prisão. É isso que os EUA significam: prisão." Veja Malcolm X, "Message to the Grassroots", 10 de dezembro de 1963, disponível em blackpast.org/1963-malcolm-x-message-grassroots.

228 **"O ato do presidente Roosevelt em entreter esse crioulo"** Stephen Kantrowitz, *Ben Tillman & the Reconstruction of White Supremacy* (Chapel Hill, NC: University of North Carolina Press, 2000), 259.

229 **o massacre de Hamburg** Ibid., 64–71.

229 **"O propósito de nossa visita a Hamburgo foi espalhar o terror"** Benjamin R. Tillman, *The Struggles of 1876: How South Carolina Was Delivered from Carpetbag and Negro Rule* (Anderson, SC, 1909), 24. Discurso na Reunião dos Camisas Vermelhas em Anderson, disponível em babel.hathitrust.org/cgi/pt?id=mdp.39015079003128.

NOTAS • 301

231 **Naquele dia, milhares de nós pensamos que estávamos protestando** Veja "Thousands Protest Arrests of 6 Blacks in Jena, La.", *The New York Times,* 21 de setembro de 2007, disponível em /www.nytimes.com/2007/09/21/us/21cnd-jena. html.

232 **conseguiram reduzir com tranquilidade as acusações para simples agressão** "Plea Bargain Wraps Up 'Jena 6' Case", CBS News, 26 de junho de 2009, disponível em www.cbsnews.com/news/plea-bargain-wraps-up-jena-6-case/.

232 **sustentaram aquelas corajosas mulheres negras** Para um relato fascinante em primeira mão sobre o boicote, veja Jo Ann Gibson Robinson, *The Montgomery Bus Boycott and the Women Who Started It: The Memoir of Jo Ann Gibson Robinson* (Knoxville, TN: University of Tennessee Press, 1987).

Capítulo 17: Sucesso

235 **Hillary Clinton e Bernie Sanders falaram sobre "racismo institucional"** "Hillary: 'America's Long Struggle with Race Is Far from Finished,'" *The Hill,* 23 de setembro de 2015, disponível em thehill.com/blogs/ballot-box/ presidential-races/ 245881-hillary-americas-long-struggle-with-race-is-far-from; e "The Transcript of Bernie Sanders's Victory Speech", *The Washington Post,* 10 de fevereiro de 2016, disponível em www.washingtonpost.com/news/post-politics/wp/2016/02/10/the -transcript-of-bernie-sanderss-victory-speech/.

236 **"racismo é tanto manifesto quanto dissimulado"** Kwame Toure e Charles V. Hamilton, *Black Power: The Politics of Liberation* (Nova York: Alfred A. Knopf, 2011), 4–5.

238 **"Indivíduos 'respeitáveis' podem se absolver"** Ibid., 5.

239 **A chuva caía** História de Travyon Martin, veja *Rest in Power: The Trayvon Martin Story,* Paramount Network, disponível em www.paramountnetwork.com/shows/rest-in-power-the-trayvon-martin-story.

240 **o Movimento do Campus Negro** Ibram X. Kendi, *The Black Campus Movement: Black Studies and the Racial Reconstitution of Higher Education, 1965–1972* (Nova York: Palgrave, 2012).

241 **Zimmerman à atendente da polícia** "Transcrição da chamada telefônica de George Zimmerman para a polícia", disponível em archive.org/stream/326700-full-transcript-zimmerman/326700-full-transcript-zimmerman_djvu.txt.

Capítulo 18: Sobrevivência

248 **produz educação pública** Para mais sobre o conceito de escolas públicas, veja Keisha N. Blain e Ibram X. Kendi, "How to Avoid a Post-Scholar America", *The Chronicle of Higher Education,* 18 de junho de 2017.

302 • NOTAS

249 **cópias de bandeiras Confederadas** com desenhos de bolas de algodão no interior de vários prédios. "Confederate Flags with Cotton Found on American University Campus", *The New York Times,* 27 de setembro de 2017, disponível em www.nytimes. com/2017/09/27/us/american-university-confederate.html.

251 **Cerca de 88% de pessoas diagnosticadas com câncer de cólon no estágio 4 morriam em cinco anos** "Survival Rates for Colorectal Cancer, by Stage", American Cancer Society, disponível em www.cancer.org/cancer/colon-rectal-cancer/ detection-diagnosis-staging/survival-rates.html.

252 **que o batimento cardíaco do racismo é a negação, o batimento cardíaco do antirracismo é a confissão** "The Heartbeat of Racism Is Denial", *The New York Times,* 14 de janeiro de 2018.

255 **trilhões de dólares em tributos que gastamos** "War on Terror Facts, Cost, and Time- lines", *The Balance,* 11 de dezembro de 2018, disponível em www.thebalance. com/war-on-terror-facts-costs-timeline-3306300.

ÍNDICE

A

abolicionistas brancos, 218–219
Abraham Lincoln, 222
abuso racista verbal e não verbal, 49–50
adaptações transgeracionais, 106
afro-americanos, 72
agressores brancos, 207
Alemanha nazista, 55
Al Gore, 134
Alice Walker, 120
anatomia, 210
ancestralidade, 57
Andrew Johnson, 141
Angela Davis, 129, 202
ansiedade econômica, 50
anticapitalista antirracista, 165
anti-humano, 144
antirracismo, 13, 25
    biológico, 47
    comportamental, 101
    cor, 117
    corporal, 75
    cultural, 89
    espaço, 181
    étnico, 61
    fracasso, 217
    gênero, 197
    queer, 209
assimilacionistas, 25, 57
assistência social, 168
ativismo, 226–227
Audre Lorde, 23
autodeterminação política e econômica negra, 16
autosseleção imigrante, 73
autossuficiência negra, 32

B

Barack Obama, 50, 113, 128, 169, 194
Bernie Sanders, 140, 235
Bill Clinton, 56, 76
Bill Cosby, 94
bioética, 57
Black Lives Matters, 141–142, 241
Black Power, 129, 178, 200
blaxploitation, 178
branquitude, 40
Brasil
    colonização, 43
bronzeamento, 130

C

Calvin Coolidge, 66–67
capitalismo, 171, 174
carga dupla, 173
categorias raciais, 58
Charles Darwin, 55
Charles Hamilton, 236
Chris Rock, 150, 151
ciclo da pobreza, 168
clareamento de pele, 130
colonizadores das Américas, 43
colorismo, 106, 117, 120
    ideias, 120
comportamento, 104–105
    versus cor, 121
coragem, 135
covardia, 228
crimes
    negros contra negros, 162
    violentos, 85–87
Cuba, 173
cultura, 104

D

dark ghetto, 167
David Hume, 33
defasagem de desempenho, 109, 111
defesa impotente, 149, 153–154
Denmark Vesey, 159
derrotismo, 106
desempenho acadêmico, 111
desigualdade racial, 18–19
dessegregação, 196, 223
direita alternativa, 20
disparidades econômicas entre classes-raças, 167
Dom Henrique, 41–42
Donald Trump, 9, 140, 152

E

ebonics, 91
E. Franklin Frazier, 94, 180
eleições dos EUA
    2000, 156
    2016, 104
Elijah Muhammad, 136–137
elitismo, 166–167
encarceramento em massa, 22, 130, 162
erro fundamental de atribuição, 110
escolas segregadas, 194
escravidão, 105, 158–159
    America Latina, 43
estereótipo, 50
esterilizações involuntárias, 205
estratégia integracionista, 190
estrutura matriarcal, 200
estudos afro-americanos, 183
eugenia, 55
evangelho, 15

F

fábula do homem e do leão, 99
feminismo, 202
    negro, 199
Francis Galton, 55, 112
futuro pós-racial, 120

G

gangues, 78
garotos de Scottsboro, 128
generalizações, 107
gênero, 212
genocídio dos índios, 43
George W. Bush, 113, 134
Gomes de Zurara, 42, 44–45
Grande Depressão, 174
Grande Migração, 21
Guerra Civil, 105
guerras culturais, 50
gueto, 166
Gunnar Myrdal, 35, 92

H

hierarquia racial, 43, 111–112
Hillary Clinton, 206, 235
hip-hop, 96
Holocausto nazista, 91
homofobia, 210
homossexuais negros, 203–204

I

ideal de beleza pós-racial, 119–120
imigrantes
    caribenhos, 73
    de pele escura nos EUA, 121
    negros nos Estados Unidos, 72–73
integracionistas, 195–196
interesse próprio, 247
interseccionalidade, 205
irresponsabilidade pessoal, 102

J

Jeb Bush, 134
Jeff Sessions, 67
Jesse Jackson, 91, 102
Jim Crow, 106
John McWhorter, 96, 128

K

Karl Marx, 174
Ku Klux Klan, 97
Kwane Toure, 236
Kwanzaa, 94, 182

L

legislação de direitos civis, 223–224
  1866, 141
legisladores racistas, 222
leis
  de identificação eleitoral, 22–23
  de imigração, 65–66
  segregacionistas de Jim Crow, 10, 159
liberais, 112, 176
Lyndon B. Johnson, 19, 26–27

M

má atuação como pais, 106
mães solo, 200–201
Malcolm X, 129, 139, 222
maldição de Cam, 54
manifestação, 231–232
Maria Stewart, 203
Martin Luther King Jr., 102, 180, 192, 224
Massacre de Hamburg, 229
materialismo, 106
Maulana Karenga, 182
medo, 228
Melville Herskovits, 95
Michael Bradley, 144
Michael Jackson, 130
microagressão, 49
monogênese, 55
movimento de liberação gay, 203
movimento feminista negro, 202
mudanças climáticas, 21, 143
multiculturalismo, 98

N

nacionalismo étnico, 20
Nathan Glazer, 94, 98, 180
negação, 9, 252
neutralidade, 9–10
névoa liberal do progresso racial, 50

O

Obamacare, 22, 143
O. J. Simpson, 150
  julgamento, 62
orgulho cultural negro, 16

P

padrão de beleza, 124
paradoxo de cor da pele, 121
penas de prisão, 121
persuasão
  de elevação, 219
  educacional, 221, 229
pessoas oprimidas, 106
Peter Prioleau, 159
Philomena Essed, 204
pobreza, 168
poder
  de resistência, 155–156
  institucional, 154
  racista, 19
policial assassino, 161
poligênese, 54–55
políticas
  anti-imigração, 67
  antirracistas corretivas, 248
  raciais, 18–19
  racistas, 58, 237–238
povos indígenas, 43
preconceito implícito, 50
presunção racista, 116
Primeira Guerra Mundial, 112
programas de ação afirmativa, 143
protesto, 231–232
puberdade racial, 39

R

raça, 37
    concepção, 41–42, 42
racismo, 13
    antibranco, 133
    biológico, 47, 52–53, 55
    classista, 165
    comportamental, 101
    corporal, 75
    cultural, 89, 98
    espaço, 181
    étnico, 61, 63–64, 74
    gênero, 197, 204
    individual, 236
    institucional, 235–236
    metastático, 255
    queer, 209
rap, 96
reformistas antirracistas, 113
relatividade cultural, 99
revolta de escravizados, 159
Revolução Haitiana, 159
Richard Nixon, 27
Richard Spencer, 9
Ronald Reagan, 162

S

salário do elitismo negro, 170
Sammy Sosa, 130
Samuel Stanhope Smith, 125
segregacionistas, 25, 52, 57
Seis de Jena, 225
seleção natural, teoria, 55
síndrome pós-traumática da escravidão,
    106
solidariedade, 16, 196
Soul Liberation, 13, 15
Steve Bannon, 67
supremacistas brancos, 143

T

teologia negra da libertação, 14–17
teoria
    confrontação de cores, 145
    da maldição, 54
    de duas origens, 144
tese de opressão-inferioridade, 106, 168
testes
    das bonecas, 191
    padronizados, 110
Theodore Roosevelt, 92, 228
Thomas Jefferson, 20
Tom Skinner, 14–17
transfobia, 212–213
transtorno de estresse pós-traumático,
    106
Trayvon Martin, 239
tribalismo, 50

V

vantagem migratória, 73
viés de correspondência, 110
violência, 85–86

W

Wallace Fard Muhammad, 137–138
W.E.B. Du Bois, 30–31, 106, 128, 223
William Hannibal Thomas, 159–160
William Lloyd Garrison, 105